讲解各种典型股价走势形态　　准确把握个股买卖时机

用技术打开股市财富之门

股市
廖聊吧

（修订版）

廖英强　编著

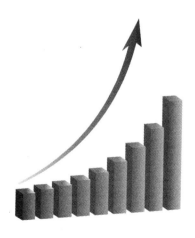

上海三联书店

序

　　市场永远是正确的，尊重趋势是我们不变的原则。想要摆脱输家的命运，成为股市的赢家，需要的是认清趋势，并且做对动作。虽然无法预测天机，尤其是交易市场的价格变动，但我们可以经由技术分析学习到：如何控制风险，如何创造利润。

　　任何人初入股海，如果没有高手带领，没有正确的方法引导，都有可能迷航。在股市当中，谁没有交过学费？谁没有住过"套"房？

　　每个人的股市经历是不一样的，就好像人生经历，有的人用尽心血，绞尽脑汁，所以在他的脑海里留下了很多智慧；有的人犯过很多错误，经历过很多磨难，所以在他的生命中，留下很多经验。

　　请你翻开自己的过去检视一下，你是否经历过崩盘？是饱受重创还是幸运躲过？如果受伤，您是选择退出江湖还是跌倒了再爬起来？每个人在股市里的经验和受伤程度，都会影响日后的操盘习惯和心态，决定是"先苦后甜"还是"乐极生悲"。所以，不要小看自己的过去，但重要的，并不是你究竟碰过几次漩涡，触过几次礁石，而是最后你的位置是否偏离了航向？能不能真正找到目标？

　　"散户"两个字，往往和"悲情"划等号。进入股市的时间长短不一，有执迷不悟的，有汲取教训的。在奋斗的过程中，最后的结果才最重要。无论曾经走过多少弯路，最重要的是你是否找到了武功秘籍或者藏宝图，一旦拥有了，过去的冤枉路，就别再计较了，那都是值得的！

　　股市操作是一项挑战，也是一种乐趣。人生最大的悲哀就是无知，股市最大的心魔是恐惧与贪婪，不甘与不舍。聪明的人，借他人的智慧自用；平庸的人，以自己的痛苦换取经验；愚笨的人，熬过了痛苦，却忘记了经验！当你失败的时候，千万不要气馁，少听专家的理论，相信赢家的经验！

　　笔者经历股市十几年，听过多少赢家的欢笑，看过多少输家的泪水，我在他们身上努力学习，仔细思考。本书详解了各项操作的技术，归纳借鉴了众多股市前辈的著作，结合了本人多年的实战经验，望与投资者共勉。

廖英强

2012年12月

Content

Content

Content

Content

Content

Part 1

趋势篇

趋势是你永远的朋友。

趋势来临之前，你准备好了没？

趋势是一条鞭，顺势的人拿鞭抽打逆市的人。

利用正乖离赚钱，利用多空趋势赚钱。

线上做多拉回找买点，线下做空反弹找卖点。

认清方向勇敢进场，障碍只在停损金额。

不断累积实战经验，成为股市赚钱高手。

趋势不容易改变

然而一旦改变

短时间内很难再改变

MA指标

Moving Average，简称MA。

原本的意思是移动平均，由于我们将其制作成线形，所以一般称之为移动平均线，简称均线。

中国人凡事讲究中庸，遇到不平的事情取平均做成最后的仲裁往往争议就很小，投资市场判断行情也有这种特性——面对忽涨忽跌的价格，研究者就用各种各样的数学程式将行情取其平均画出来供人参考。这种把行情平均化的做法就形成一套学问与市场规则。

毋庸置疑，许多投资老手都曾经质疑过移动平均线"其实没有那么神奇"，更确切的事实是，均线不是万能，但没有均线，却是万万不能。

移动平均线是判断趋势的重要工具之一，对于初学者，简直是太重要了！因为移动平均线要去的方向，就是股价要去的方向！

透过本书的内容，不管你是新手还是老手，都能够对移动平均线有进一步的认识，对其应用则更得心应手。

移动平均线的认识

基本认识

移动平均线的计算

　　股市的技术指标有很多，移动平均线是投资者最常用的指标之一。它是计算一定时间内行情的平均价格，在追加新行情的同时平均值也会随之推移。

　　比如"5日移动平均值"，就是计算从今天起过去5天内的股价（以收盘价格为准）的平均值；明天则继续计算过去5天内的平均值时再去掉最早的数值，添加最新的数值重新计算。（这个方法在后面的"均线的扣抵"中会详解。）这样一来，"移动平均"的数值，就可以实现对固定期间内股价变动进行分摊，可以看出股价的"移动"，判断出行情的方向所在。

移动平均线是趋势+支撑+压力

　　不管采用什么方式计算的移动平均值，都是把一段行情"平均化"的结果，因此移动平均线可视为买方的平均成本线，当它朝某一个方向移动，通常会持续一段时间（几天或者几个月），再改变方向移动。因此，

从移动平均线行进的方向可以大致上看出行情移动的趋势。

　　所以，移动平均线也就是趋势线。

　　均线是买方的平均成本。以5日平均线为例，如果这条移动平均线的走势是向上的，股价在均线的上方，说明这段期间大家的买进成本在不断地增加，今天买进的人比5天前买进的人愿意花较多的钱买入，成交价格在不断地提高，意味着投资人是看好未来的行情的。如果这个时候想买进的人仍然继续增加，那么5天前的价格，5天的平均价格对于现在的价位来说，就是相当便宜的了。所以，当股价跌到5天平均价格的时候，就会有为数不少的投资人认为"这个价位便宜"而买进。因此在均线上扬的前提下，当行情跌到均线附近时，价格可能随时反弹。

　　如此，我们可以得出结论：向上的移动平均线有支撑和助涨的功能。

　　反之，如果股价跌破均线之后继续向下移动，移动平均值因为是不断加入新的价格计算的，因此，均线的角度也会一直向右方下跌，这代表在这一定期间内持有该股的新进投资人

越来越不积极，原先的持有者也处于亏损的状态。

对于亏损的投资人而言，心中最迫切期盼的，往往不是获利而是"只要回到成本价格，或者不要赔太多，能顺利出场就好"。所以，在下跌趋势中，只要行情来到均线或者均线附近，就可能出现一大批想解套出场的投资人。

一方面，急于解套的卖压会将行情再次向下打压；另一方面，股价的供给会增加，若没有新的需求出现，股价更容易下跌。因此，当移动平均线出现向下运行而行情又触碰到均线附近，非常容易出现压力把行情"打"下去。

如此，我们可以得出结论：向下的移动平均线有压力和助跌的功能。

移动平均线的设置和使用的基本原则

不管你采用的是哪一条或者哪一组移动平均线，判别的道理是相通的。

首先，均线的时间周期越长，交易就越安全，也就是风险越低，但由均线所传达出来的交易机会就越少。所以，参考长天期均线操作，资金周转次数是很低的，但据此讯息交易安全性高；反之，均线的时间周期越短，由均线所传达的交易机会就越多，依此讯息交易风险就相对加大。

再者，均线上扬代表趋势偏多，均线下降代表趋势偏空。均线上扬就是做多的理由，均线下降就是做空的理由。

以上是均线应用的最基本原则。

股价与移动平均线位置的转换

将数值平均化之后，其变动将晚于及时行情所发生的变动。

当行情趋势上升时，移动平均线位于股价的下方；当行情趋势下跌时，移动平均线位于股价的上方。当股市由上升趋势转为下跌趋势时，原本位于股价下方的移动平均线必然会逐渐走向股价的上方。也就是说，原本位于上方的股价，会与移动平均线相交并且向下俯冲。相反，当股市由下降趋势转为向上趋势时，原位于股价上方的移动平均线必然会逐渐走向股价的下方，股价会与移动平均线相交并且向上攀高。

以上所述是根据已发生的事实推论出必然会出现的图形，但是，根据股价与移动平均线的相交，并不能得出"股市必然逆转"的结论。若想判断行情是否逆转，应进一步观察相交后的走向。如果股市确实出现了逆转，那么股价必然和移动平均线相交，且相交后各自保持和原先相反的

股市廖聊吧

方向。

也就是说，当下降的走势转为上升走势时，原本在平均线下方的股价将走向移动平均线的上方出现"交叉"，并且让股价保持在均线的上方。但若股价仅仅是一度突破后，很快又与均线相交，再又回到均线的下方，这就不能解读为上升趋势。因此，趋势在此转变时，如果出现了股价推移到均线上方的情况，那么接下来要注意的是股价与移动平均线的关系是怎样的。反之，推断上升走势转为下降走势的道理也一样。

行情会向移动平均线靠近吗?

有些人以为行情会有"向移动平均线靠近"的特性。虽然从股价图看起来好像总是如此，但事实上均线的数字是由最新行情计算后得到的，应该说，移动平均线会受到行情的影响，也就是均线是客，股价是主。至于为什么看起来好像行情总有向均线靠拢的原因，大部分是因为投资人心态上觉得，行情已经离自己买进的成本涨很多，会有"赚够了"、"可以卖了"的想法，进而卖出股票，行情因此下跌。从图表上来看，好像均线把行情拉回来一样；反向的道理一样，当行情下跌很多时，投资人容易萌生"跟之前相比，现在很便宜"，"应该买进了"的想法。大家一窝蜂买进，而让行情看起来向均线靠拢。

其实，这是投资者心态的反应。

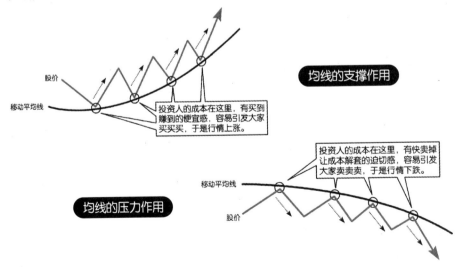

股价

移动平均线

均线的支撑作用

投资人的成本在这里，有买到赚到的便宜感，容易引发大家买买买，于是行情上涨。

投资人的成本在这里，有快卖掉让成本解套的迫切感，容易引发大家卖卖卖，于是行情下跌。

移动平均线

均线的压力作用

股价

均线的特性

股价技术分析者利用均线来分析动向，主要因为均线具有以下特性：

趋势的特性

移动平均线能够表示出股价趋势的方向，利用不同周期组合，可判断股价的波动方向。

稳重的特性

均线的起落相当平稳，不像K线会起起落落地震荡。

安定的特性

均线不轻易出现反转，必须股价趋势真正明朗了，均线才会出现反转。股价开始上涨时，均线仍持续向下，等到股价上涨确立时，均线才止跌回升。股价开始回档时，均线仍持续向上，等到回档确立时，均线才止涨回档。

越短期的均线安定性越差，越长期的均线安定性越强，但也因此使得均线有延迟反应的特性。

助涨及支撑的特性

由于股价反应比平均线快，股价从均线下方向上突破，均线也开始向右上方移动，因此均线可视为多头支撑线，股价回至均线附近自然会产生支撑；股价回跌至均线附近便是买进时机，称为均线的助涨功能。

直到股价上升缓慢或开始回档时，均线开始减速移动，股价再跌至均线附近，均线失去助涨功能，股价可能跌破均线，最好卖出以待。

助跌及压力的特性

股价向下移动速度较快，移动平均线向下移动速度较慢。股价从均线上方向下跌破，均线也开始向右下方移动，因此均线可视为空头压力线，股价回升至均线附近自然会产生压力；股价回升至均线附近便是卖出时机，这是均线的助跌功能；直到股价下跌缓慢或开始上涨，均线开始减速移动，股价再涨至均线附近，均线失去助跌功能，股价可能突破均线，最好持股续抱。

移动平均线的系统理论

格兰碧八大法则

移动平均线的使用方法中，最广为人知的是格兰碧于1960年代提出的格兰碧八大法则。下为简图：

下图中，① 和 ⑤ 是股市即将发生逆转的标志，②、③、⑥、⑦ 是趁行情下跌时买进和趁行情上涨时卖出的标志，④、⑧ 是在股市跌、涨到达极点的时候，乘机卖出或者买入做逆向操作的标志。

格兰碧八法简图

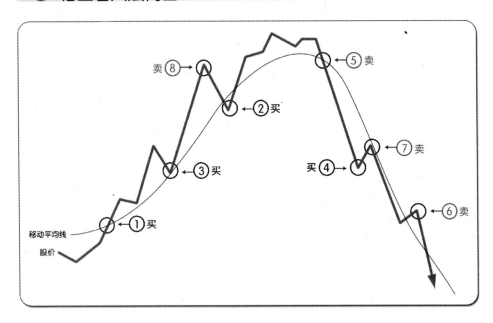

股市逆转的信号——法则 ① 和法则 ⑤

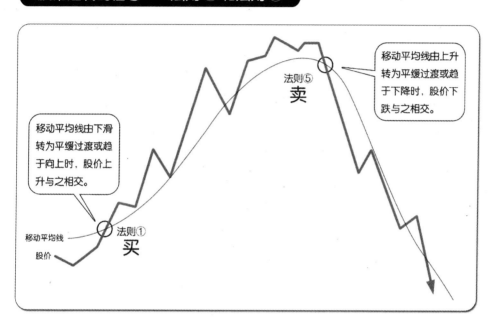

移动平均线由下滑转为平缓过渡或趋于向上时，股价上升与之相交。

移动平均线由上升转为平缓过渡或趋于下降时，股价下跌与之相交。

法则⑤
卖

法则①
买

移动平均线
股价

详解

法则 ① ：

移动平均线由下滑转为平缓过渡，或者趋于向上移动时，股价推动移动平均线上升，并与之相交，预示着行情由下跌转为上涨，是建议买进的信号。

法则 ⑤ ：

移动平均线由上升转为平缓过渡，或者趋于向下移动时，股价推动移动平均线下跌，并与之相交，预示着行情由上涨转为下跌，是建议卖出的信号。

这两种法则中，有一个必要的条件是"移动平均线是否出现平缓过渡，趋于向原有方向的反方向移动"。换而言之，仅仅出现股价穿透移动平均线上方或者下方的情况，不能看作是买进或者卖出的信号。必须本来是上升趋势，慢慢变趋势缓和，缓和到如一条水平线，接着慢慢转为下跌，再由上而下穿透均线。反之亦然。

行情下跌时买、上涨时卖的信号——法则③和法则⑦

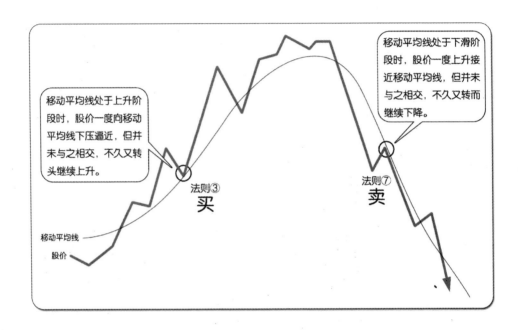

移动平均线处于上升阶段时，股价一度向移动平均线下压逼近，但并未与之相交，不久又转头继续上升。

移动平均线处于下滑阶段时，股价一度上升接近移动平均线，但并未与之相交，不久又转而继续下降。

法则③ 买

法则⑦ 卖

移动平均线

股价

详解

法则③：

移动平均线正处于上升阶段时，股价一度向移动平均线下压靠拢，但并未与之相交，转而继续上升。这是在以行情上升为前提的情况下，趁股价相对便宜时买进的信号。

法则⑦：

移动平均线正处于下跌阶段时，股价一度上升就快要接近移动平均线，但并未与之相交，不多久又转而继续向下。这是在以行情下降为前提的情况下，趁股价相对高位赶快逃命卖出的信号。

忽然下跌买、忽然上涨卖的信号——法则②和法则⑥

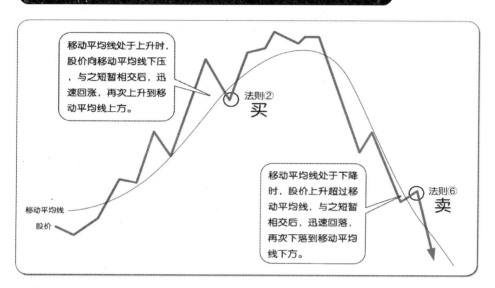

图中文字：
移动平均线处于上升时，股价向移动平均线下压，与之短暂相交后，迅速回涨，再次上升到移动平均线上方。

法则②
买

移动平均线处于下降时，股价上升超过移动平均线，与之短暂相交后，迅速回落，再次下落到移动平均线下方。

法则⑥
卖

移动平均线
股价

详解

法则②：

移动平均线处于上升时，股价跌到移动平均线之下，并与之短暂相交后迅速回涨，再度上升到移动平均线上方。这是在行情被判断为上涨的情况下，趁忽然低价机会买进的信号。**注意：买点在股价站回上扬的均线时，即可买在上扬的均线上方。**

法则⑥：

移动平均线处于下降时，股价上升穿透移动平均线，并与之短暂相交后迅速回落，再度下落到移动平均线下方。这是在行情被判断为下跌的情况下，趁突然高价机会逃命卖出的信号。**注意：卖点和空点在股价跌破下降的均线时，即下降的均线下方。**

法则②和法则⑥中，股价虽然一度与移动平均线相交，但如果移动平均线与即时的价格走势并没有互相确认，而且股价与之短暂相交后，再回到其既有的走势，并不能说明行情出现逆转。法则①和法则⑤中，同样也是将股价和移动平均线的相交作为买进或者卖出的信号，但那时的行情走势与移动平均线的趋势是同步确认的情况，两者是不同的。

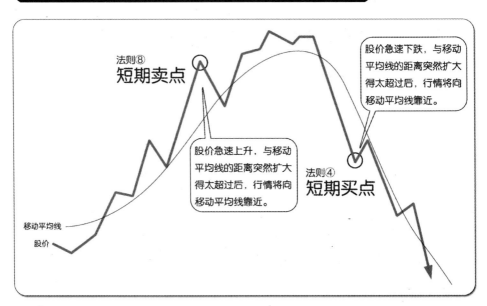

详解

法则④：

股价和移动平均线双双处于下降趋势时，股价突然大幅下跌，与移动平均线之间的距离明显扩大，这显示市场上卖出已经超过限度，极可能出现回升，因此建议短期买进。

法则⑧：

股价和移动平均线双双处于上升趋势时，股价突然大幅上涨，与移动平均线之间的距离明显扩大，这是短线涨幅已经到达顶点的信号，极可能出现下跌，因此建议短期卖出。

法则④和法则⑧中，虽然是在急速上升中短期卖出，在急速下跌中短期买进，但千万不要理解为"正当急速上升时就卖出"或"正当急速下降时就买进"。的确，急速上升或下降的股价可能因投资人天生畏惧或讨厌急涨、急跌的心理，而使得股价出现调节，因此，已经放空的人看到法则④就应该赶快回补，已经做多买股票的人看到法则⑧就应赶快卖出，这样的理解是没有问题的。因为这两个法则是逆向操作，是对于已经顺势而为的人来说的一种保护措施。

移动平均线的特性与结构

特性

平均线是阶段成本的显示，里面记录着人性的欲望和恐惧。在平均线的抑扬中也承载着市场人心的起伏。所有参与者的情绪变化也都可以在平均线里清楚呈现。平均线更是投资人行为的一种积累，既像积木砖块建筑，也像鱼群羊群的集体行动，所以会有"结构"现象，也有"趋势"方向。人类的行为，冥冥中也会有不自觉的循环倾向，这在股票市场中尤其是平均线的动态中清晰可见。平均线本身具有几个特性：

 趋势

每日的K线累计会铺陈一条或涨或跌的多空大道，股价通常和其之间会呈一定的互动，且互为影响。既然是趋势就会有方向，方向非涨即跌，横盘的现象当然有，移动平均线也会忠实显示。

稳定

移动平均线既然是多日累计的数据，就自然会呈现平滑、稳定的波动，不像单日的红黑K线变化无常，因此更方便掌握多空。

成本

移动平均线是成本的反应，因此会形成支撑与助涨、压力与助跌。当股价在平均线成本之上，则股价涨多拉回过程中，接近或破平均线，平均线本身即会因股价近成本而不卖，支撑于是显现。跌破均线在成本之下，逢低加码买进的力量会把股价再往上推升。反之，跌破平均线而平均线呈下行中，则任何反弹接近平均线都是卖点，其原理就在人性。当股价套牢时，人心只想解套已无赚钱念头，因此只要股价回到本钱，解套卖压自然出笼。平均线是趋势的化身，在下跌趋势允许线下反弹，但趋势像宪法，反弹像法律，一相抵触，法律自然无效。

股市廖聊吧

结构

平均线的结构是研究平均线的重心所在，基本上我们可以从八个方面进行探讨，分别是：交叉、排列、开口、斜度、背离、扣抵、鸭嘴理论和共振。

 交叉

最基本的交叉分两大类：黄金交叉和死亡交叉。

"黄金交叉"是指至少两条代表不同周期的平均线在相对低档交叉往上，这里须特别注明是同时上扬，则当时的交叉即可定义为黄金交叉。

注：若交叉时只有一条线上扬，另一条仍下移，就不能称之为标准的黄金交叉。

顾名思义，"死亡交叉"是指至

少两条代表不同周期的平均线在相对高档交叉往下，这里也须特别注明是同时下移，则当时的交叉即可定义为死亡交叉。

这两个交叉正好形成对称。死亡交叉是指短天期平均成本的移动线向下交叉中天期甚至长天期平均线，且压迫其平均线也跟着齐步下移，形成全面性的空头架构。黄金交叉是指短天期的平均成本的移动平均线向上穿越中天期甚至长天期平均成本移动线，且扭转其平均线也跟着同步上扬，形成全面性的多头架构。

而当短天期平均线往上穿越或往下跌破其他较长均线之后，并无力进一步改变其他中长均线方向，则表示当时只是短线的局部反弹或回档格局，并未影响原先的中场轨道。这样的交叉还不能称之为标准的黄金交叉或死亡交叉。

 排列

两条均线不管是黄金交叉还是死亡交叉，之后都会有排列的现象。排列通常也分两种：多头排列和空头排列。黄金交叉之后，两条均线或三条均线甚至六条均线（如5日，10日，20日，60日，120日，

250日）齐步上扬，则可称之为标准的多头排列，这是多头走势最盛的现象，量价未严重失控之前，任何的拉回都是买点。多头排列就是做多的理由！

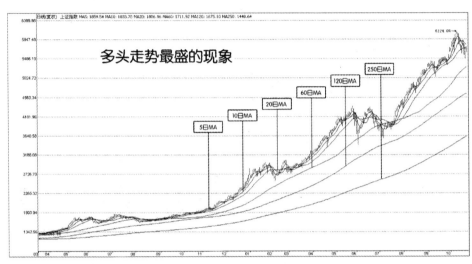

上述5日和10日通常是代表短线趋势，而20日代表中线趋势，60日代表中长线趋势，至于长线趋势，以120日半年线和250日年线做观测。

空头排列状况正好相反。空头排列下的短线反弹，皆是卖点空点。空头排列就是做空的理由！

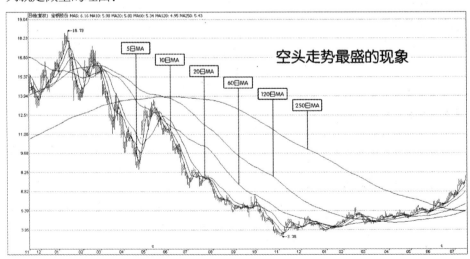

在排列过程，短期均线会逐一跌破或突破其他不同均线，然后再引导次长均线往下或往上穿越更长均线，以此类推，直到形成标准的空头、多头排列，这个过程需要时间，而且是在行进间进行多空工程。因此从操作的观点来看，其实从容应对的时间是相当充分的。在这种背景下，只要用心，对多空趋势的正确研判有足够的理论依据！

开口

有排列就一定会有开口，开口的大小显示短中长期均线的成本差距，这个成本差会提供趋势中的反弹与回档空间。不过基本上仍以中长期趋势为主方向。开口中的反弹或回档是一种修正的过程，短线操作可以利用。

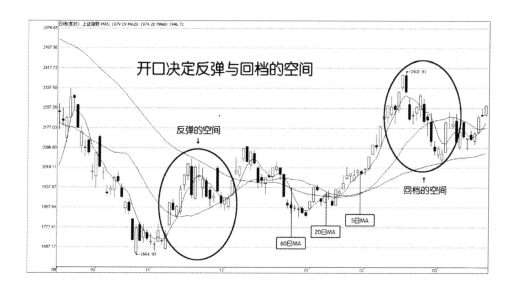

开口决定反弹与回档的空间

股市**廖**聊吧

斜度

斜度代表多空的阶段气势，斜度越陡代表力量越强。从上往下直坠式的下滑代表了空头力量快速拉升也会形成多头的强力气势，陡峭的走高方向正是多头极力的表现。这两者的阶段极端并非常态，一般而言，越陡峭则持续时间越短；相对角度适中，则延续的时间越久。

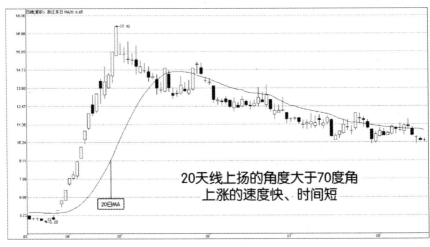

20天线上扬的角度大于70度角
上涨的速度快、时间短

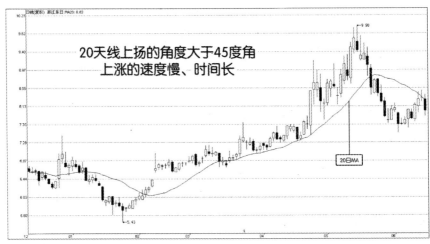

20天线上扬的角度大于45度角
上涨的速度慢、时间长

有开口就有斜度。如果均线是水平的，股价走得比较平稳，处于盘整期，这一段我们不应该考虑进货，应多观察股价的走势，用之后说的均线扣抵的方式了解后期均线的走势。

如果均线呈45°角，均线走的力度较稳定，时间也会长久一些，这时的均线有很大的助涨助跌性。

如果均线的斜度更大，例如70°角，均线助涨助跌的力度也最大，但是持续的时间不会太长。

背离

当股价拉升，偏离平均线一定程度后会产生往均线拉回的走势，逢高回档的意义在此。相对，当股价快速跌挫，偏离平均线一定程度后会产生往均线拉回的走势，逢低回补的意义也在此。至于正负乖离的程度只能依过去的历史经验法则做经验沿用，最好不要单独使用，必须搭配其他技术指标，切记！

扣抵

扣抵是很重要的观念和动作。为了维持固定期间的移动平均线的方向，一定要有扣抵的动作。比如5天平均线为了维持5天的动态平均，则每一天新增参数出现后必须把5天前的旧参数扣除。这样可以推测这条均线的趋势方向。扣抵的意义除了维持天数的完整，也能预知未来可能的趋

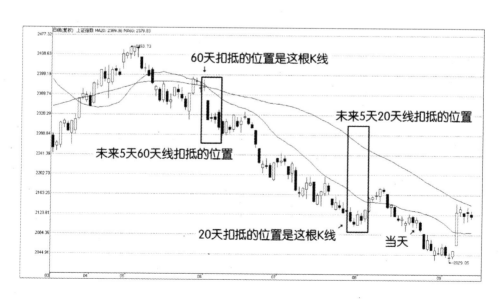

势方向。因此善用"扣抵"是趋势的秘诀之一。扣抵不只适用在均线，均量的扣抵预测也可灵活运用。

扣抵公式：以5天线为例，可以推算出第二天5天线的价格。

明天5天线的价格=（今天5天平均线价格×5+今天收盘价格−5天前收盘价格）/5。

如果要计算10天线、20天线等均线的价格，就把公式中的5改为10或者20，依此类推。

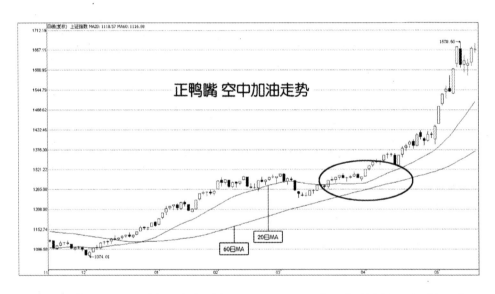

如图所示，60天前的收盘价格远远高于当日的收盘价格，根据扣抵公式的数学原理，即60天线的方向在未来一段时间内仍然是向下运行的，代表中期趋势仍然继续向下。同理，20天移动平均线的扣抵的位置同样高于当日的收盘价格，意味着未来几天的收盘价格只要低于扣抵的价格，20天线的方向仍然是向下压制股价的运行，只有当收盘价格高于扣抵的价格时，均线的方向才会得到扭转。

均线的特性是稳定，均线的缺点是迟钝，用扣抵的方法，可以提前把握均线的方向，即能预判趋势的方向。

鸭嘴理论

前提一：涨势的保障是月线上扬；跌势凭借是月线下降。

含义：长期的均线是上扬的，短期的均线由于涨多的原因出现了拉回修正，向长期均线靠拢。但由于长期均线的支撑作用，股价又转而向上，形成一个类似鸭嘴的图形，这种图形的出现，一般属于强势中最强的一种，俗称"空中加油"。

前提二：回档最大的支撑是上扬的季线；反弹最大的压力是下降的季线。

反过来的形态是倒鸭嘴。长期均线向下，短期均线由于超跌的原因出现了反弹，向长期均线靠拢。但由于长期均线的压力作用，股价未破均线，转而向下，形成倒鸭嘴的图形。这种图形的出现，是弱势反弹中最弱的一种，俗称"多杀多"。

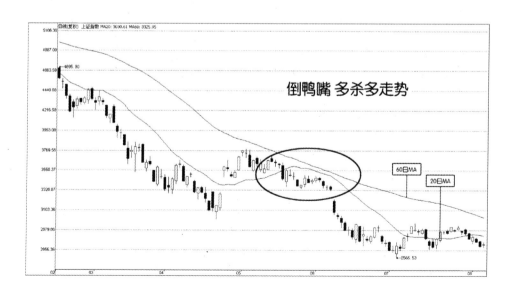

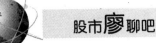

共振效应

短期均线向上穿越长期均线时，当天或者第二天，股价会向反方向拉回：这期间内我们不能因为看到黄金交叉就盲目抢进，应等拉回修正共振效应完毕后，考虑买进。同样，如果短期均线向下跌破长期均线，当天或者第二天，股价会朝着反方向反弹，这期间我们不能因为看到死亡交叉就盲目卖出，应等反弹后共振效应完毕，再行卖出。

下图为短天期共振现象，当5天线、10天线和20天线形成有效黄金交叉的时候，股价会有一个反向的拉回动作，原因是5天线10天线和20天线市场买入成本在这个时刻，这个点位，达到了价格的统一。所以，如果投资者熟悉均线的这个现象，大可不必追高，安心等待共振拉回的买点出现，逢低介入。

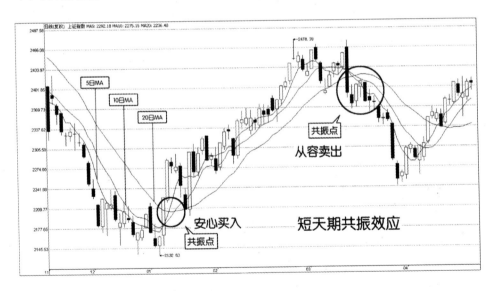

平时我们在学习过程当中都忽略了很多细节，
您注意过这些吗？

共振效应的大小由均线的参数决定，参数越大，共振效应的幅度越大。如20天线和60天线的共振效应，比起60天线和120天线产生的共振效应要小得多。120天线与250天线所产生的共振效应是最强烈的，可能会产生反向的波段行情。

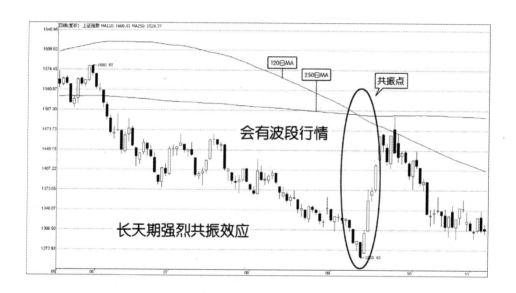

买卖就在一念之差
敲确定的时候一定要三思

均线实战

长期中期短期移动平均线的设置、含义与使用方法

年线的意义与操作

年线为250天移动平均线，代表的意义是一年的市场持股成本，它是一条长期的趋势线。它的方向代表是中国经济趋势的方向。年线的方向如果是向上的，代表中国的经济处在一个长期稳定增长的发展过程，如果年线的方向是向下的，说明中国的经济正处在一个结构调整的过渡阶段。在中国股市22年的运行过程中，每一次股价站在年线上方，代表中国经济发展势头良好，也会给股市带来一波轰轰烈烈的牛市，如果选择这个时候来到股市，投资者的收益会相当丰厚；股价在年线下方的时候，中国经济就处在一个经济结构调整、相对弱势发展时期，对于长线的投资者来说，应该选择回避，甚至离开股市。

观察中国股市的运行轨迹，22年以来，总共有4次站在年线上方，平均5年一次：（以年线的方向转折为准）

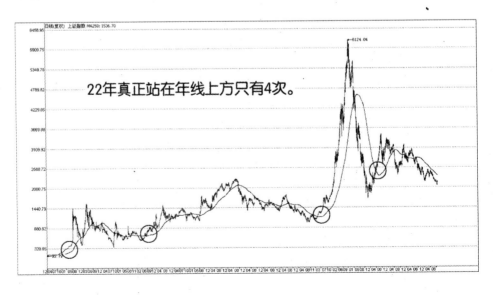

图中文字：22年真正站在年线上方只有4次。

1.1991年12月20日100点开盘~1993年12月24日1000点 涨幅：10倍

2.1996年4月18日590点~2001年8月6日2060点 涨幅：3倍以上

3.2006年1月25日1150点~2008年4月16日4580点 涨幅：4倍

4.2009年6月18日2300点~2010年5月19日3030点 涨幅：40%

　　这个期间中小板涨幅巨大：2009年6月19日3300点~2011年8月18日6300点，涨幅接近1倍。

　　作为一个长线的趋势投资者，如果选择在这个期间进入股市投资，会获得巨大的收益，享受资产倍增的乐趣。反之，如果在此外的时间进入股市，你将会成为一个资产被别人分配的对象。所以，对我们股民来说，看准趋势的方向，选择正确的时间，做对正确的投资，才能立于不败之地。

　　如果按照年线的规律操作，时间周期应该是5年操作一次，每次会有数倍的投资收益。

季线的意义与操作

　　季线是60天移动平均线，代表一个季度3个月的市场平均成本。在专业投资者的眼中，这是一条中期趋势线。我们称之为景气线，代表国家的景气，经济的景气，行业的景气，公司的景气。股价能够有效地站在景气线的上方，且景气线的方向是向上的，我们就可以参与中线趋势的投资。每年这样的机会会有1~2次，每次站上景气线的时间会在3个月左右，指数的涨幅在10%~15%。当然，景气状况好的时候，站在景气线上方的时间会相对长一些，涨幅会更多；反之，景气状况不好的时候，这个投资期会相对缩短，收益也会减少。

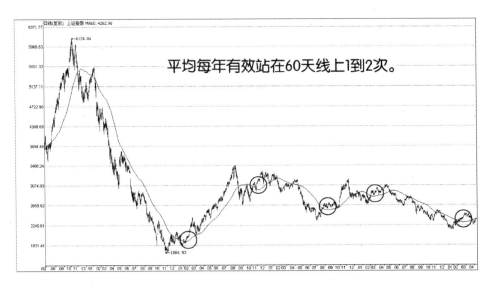

平均每年有效站在60天线上1到2次。

如果按此规律进行投资操作的话，一年中，允许进场操作的机会只有1～2次，每年累积收益会在30%左右。

月线的意义与操作

月线是20天移动平均线，是市场一个月的持股成本。我们又称之为生命线，是一条短期的趋势线。生命线的意义为：线上为生，线下为死，对于投资者的操作有指导性的意义。在实战操作中，以此为短线进出场的依据和标准。无论牛市熊市，每年股价有效地站上生命线，且生命线的方向是向上的短线投资机会，会有3～4次，每次的投资收益在10%～15%。

按此规律操作，时间周期是1年操作3～4次，每年的累积收益为40%～60%。

结合上述三条移动平均线，投资者就能对股市和个股的长期、中期、短期趋势有一个正确的判断。

尊重趋势，遵守规律，投资者每年就能获得稳定的收益。（如下图）

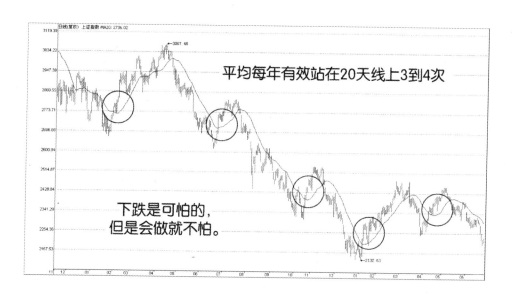

平均每年有效站在20天线上3到4次

下跌是可怕的，
但是会做就不怕。

移动平均线选股与操作

　　长线的投资者依据年线来操作，中线投资者依据季线来操作，短线的投资者依据月线来操作，只要严格执行纪律，每年都能获得稳定的收益。

　　对于投资者来说，月线（20天平均线）是买进和卖出铁的规律。上证指数每年站上月线的机会是3～4次，在此期间是投资者买入和持有股票的安全时期，投资者要选择的是股价站上20天线的个股。如何利用移动平均线来选择涨幅远超大盘的牛股呢？

　　买入股票即是做多，个股做多的理由是均线翻阳且呈多头排列的状态。在均线的排列这一章节中，我们介绍了多头最盛的现象，即日线的短天期和长天期的均线呈完美的多头排列，选择这样的个股会给投资者带来相当丰厚的收益。

　　选股我们建议是用周线和月线。周线平均线参数设置为5、10、20、30、40、50（周平均线），这一组平均线必须是完全多头排列的状态。月线平均线参数设置为5、10、20（月平均线），这一组平均线也必须是多头排列。选出这样的个股，当日线站上20天平均线的时候，勇敢地介入，必定会获得丰厚的收益。

这一组周线的设置视觉冲击效果非常强烈，能够发出明显买入做多持股的信号。每一根均线的方向都是资金博弈结果，告诉我们什么叫顺势而为。

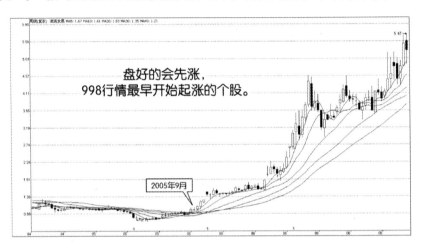

盘好的会先涨，
998行情最早开始起涨的个股。

2005年9月

月线是更长期的持股成本，每一根月线平均线的上扬都是主力深度介入的现象，股价站上20月线的意义在于主力给予市场中所有的长线持有者一个获利的状态，主力志在高远，股价必涨无疑。

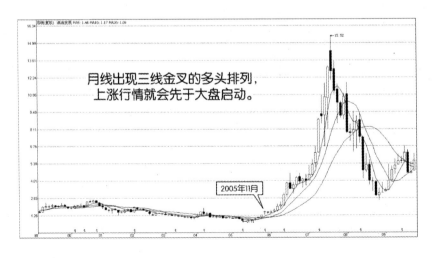

月线出现三线金叉的多头排列，
上涨行情就会先于大盘启动。

2005年11月

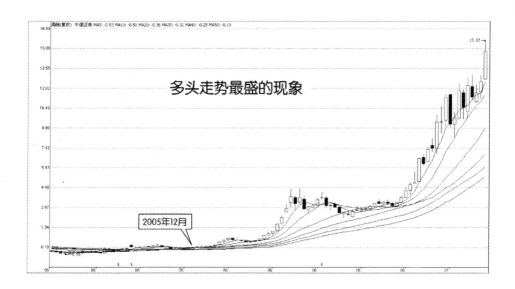

多头走势最盛的现象

2005年12月

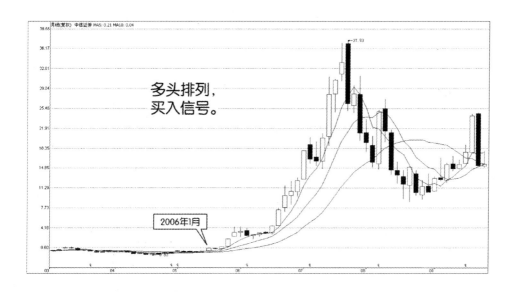

多头排列，
买入信号。

2006年1月

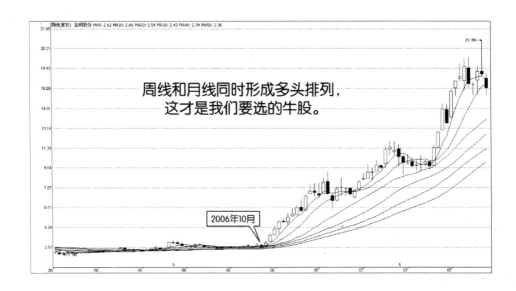

周线和月线同时形成多头排列，
这才是我们要选的牛股。

2006年10月

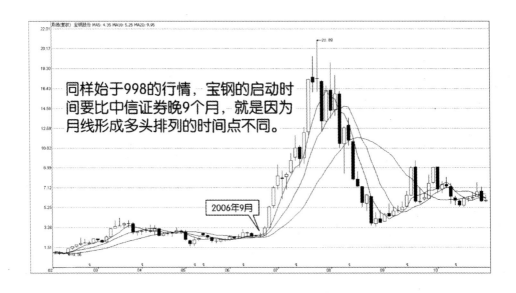

同样始于998的行情，宝钢的启动时
间要比中信证券晚9个月，就是因为
月线形成多头排列的时间点不同。

2006年9月

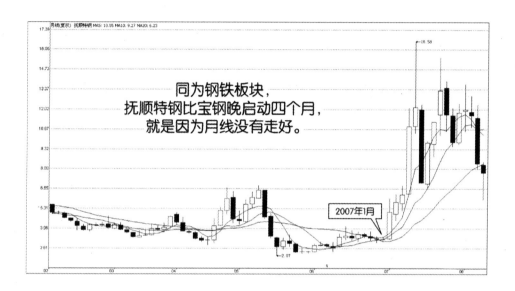

同为钢铁板块，
抚顺特钢比宝钢晚启动四个月，
就是因为月线没有走好。

2007年1月

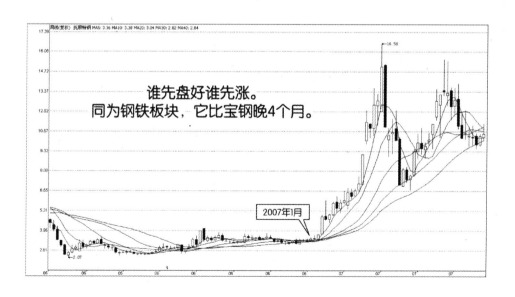

谁先盘好谁先涨。
同为钢铁板块，它比宝钢晚4个月。

2007年1月

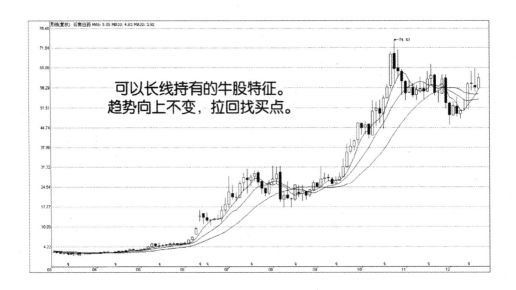

可以长线持有的牛股特征。
趋势向上不变，拉回找买点。

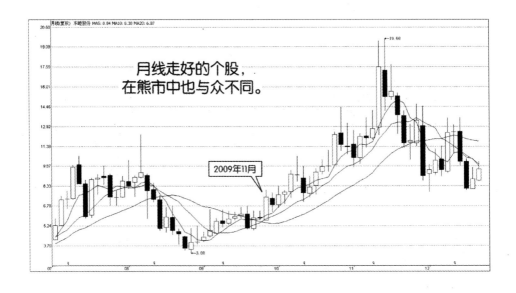

月线走好的个股，
在熊市中也与众不同。

2009年11月

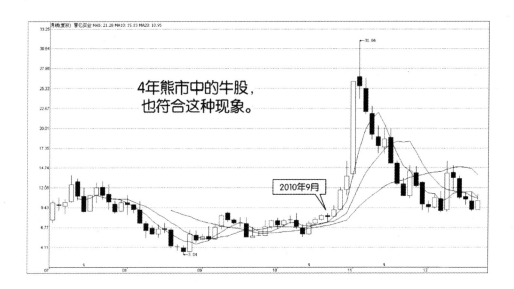

4年熊市中的牛股，
也符合这种现象。

2010年9月

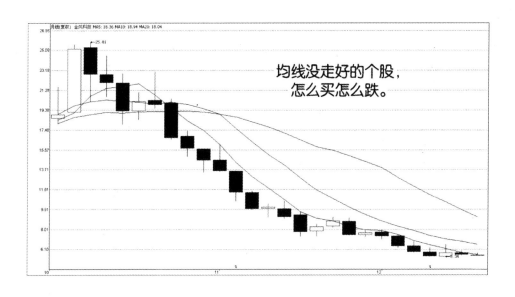

均线没走好的个股，
怎么买怎么跌。

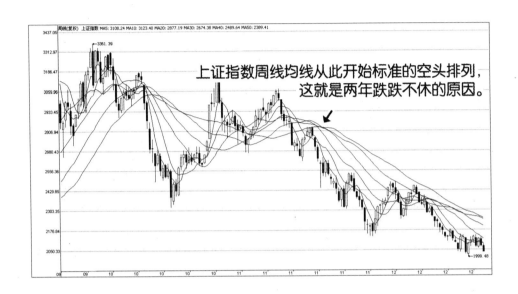

上证指数周线均线从此开始标准的空头排列，这就是两年跌跌不休的原因。

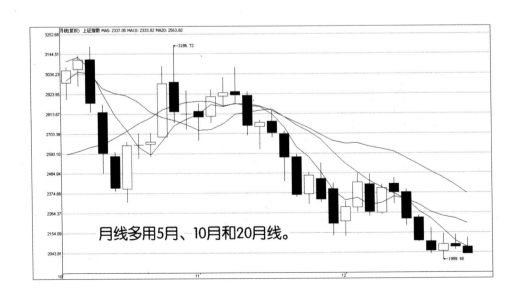

月线多用5月、10月和20月线。

MACD指标

Moving Average Convergence & Divergence，简称MACD。

指数平滑异同移动平均线，它是一项利用短期指数平均数指标与长期指数平均数指标之间的聚合与分离状况，对买进、卖出时机作出研判的技术指标。

一条移动平均线很简单，两条移动平均线也不难，但是把一条又一条的平均线平滑计算之后其差值再加以平滑，再把它们有的画成线，有的画成棒，有的在0轴之上，有的在0轴之下……

MACD的计算公式很复杂，但只要掌握其要点，就可以让投资人在执行波段交易的判断时多了一个如虎添翼的参考指标。

认识MACD

MACD的计算方式

MACD由Gerald Apple于1979年发表，中文译为"指数平滑异同平均线"，由MA就知道这个指标跟"移动平均线"脱不了关系，后面的C为Convergence（聚合），与D即Divergence（分散），则表述了价格与移动平均线之间的分分合合——所谓价格的回归理论；当然也告诉了我们，在价格走完大涨大跌后，行情续走，但是因速度的迟缓（盘涨或盘跌），这时移动平均线间的差值变小，与仍创新高（或新低）的价格曲线，形成为一种背离现象，才得此盛名。

MACD在市场中名气很大，尤其因为使用的参数偏大，而常被使用在中长波段上，它在盘整阶段，几乎没有任何反映，因此短线进出，捞不到好处。

资讯叫出的MACD，特征大约都是虚实二线，（一般资讯的实线走法较快为DIF，虚线较慢为MACD），另外还有一个柱状图形（此为DIF/MACD两条线的差值），在0轴上下移动，提供买卖讯号，一看就知道目前应该如何处理行情。

计算MACD，先需一个数值就是DIF差值，也就是快慢两根EMA移动平均线的差值（EMA12-EMA26），这组参数很少有人去更改，可以说是制式参数。

 公式：

DIF = EMA12 - EMA26 —— 正值为多头；负值为空头。

MACD = DIF的9天平均值。

柱状图 = DIF - MACD —— 正值买进；负值卖出。

MACD的应用与价值

简单来讲MACD的应用有两大功能，第一是"发现"交易机会；第二是"保护"到手的收益。若一定要比较的话，后者（保护功能）会比前者（发现功能）更常被用到。想要把MACD用得好，就得先有个了解，这项指标无法因出现某个讯号而立刻让投资人反应买进或卖出。因为MACD是一项中长期的分析工具，当行情波动不明显时，其信号也不明显；而当行情上下波动很厉害时，MACD的移动也很慢。它就是这么一个看趋势用的慢吞吞的家伙，此外它的基本构成又比别的技术指标复杂，总共有以下5个：

1. 快速线（短期均线）：DIF

2. 慢速线（长期均线）：MACD

3. 0轴（多空分界）；

4. 红色差离柱（在0轴之上，代表多头）

5. 绿色差离柱（在0轴之下，代表空头）

MACD最基本的用法，可以看指标在0轴之上或者之下，在之上表示多头，之下为空头。

在所有的分析软件中，
MACD作为各个软件的首选，
注定了其在技术分析中的地位。

MACD的基本看图法：
DIFF和MACD两条线在0轴之上，投资人以持股的"多头思维"为主。

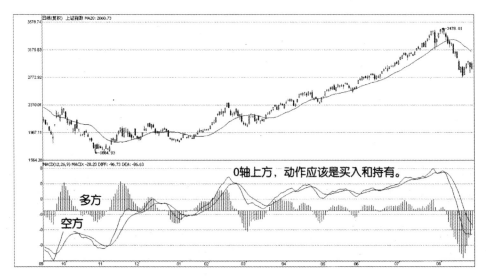

MACD在0轴之下，站在卖的立场思考。

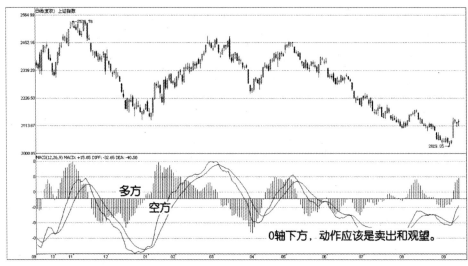

MACD行情判断法

黄金交叉

MACD运用时要掌握几个大要点，包括快速线 DIF 与慢速线 MACD这两条线的黄金交叉、死亡交叉及红色柱、绿色柱，还有他们发生的位置是在0轴之上或之下，两者判断方式也不一样。

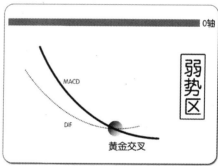

进的讯号。对于这种黄金交叉，预示反弹行情可能出现，但不表示下跌已经结束，也就是说股价可能只是暂时反弹，行情很快就会结束又会再一次下跌，如果一定在这里买进的话，要有停损计划。

🌐 **情况1**

指标在0轴以下的弱势区黄金交叉——

股价或者指数在0轴以下运行很长时间后，DIF与MACD先横行再黄金交叉。表示行情在低价区出现一波比较大的跌势后可能反弹，是短线买

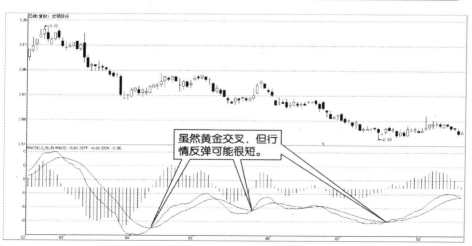

情况2

指标在0轴附近黄金交叉

说明：0轴附近的强势黄金交叉——

0轴附近的强势交叉，表示股价是经过了一番整理，在此即将出现一轮比较大的涨势，属于中长期买进的讯号。这样说来，在0轴附近的黄金交叉是好的买进时间点，但它又分为两种情况。

◆ **第一种情况**

行情经过一段时间的横向整理，

当股价在底部小幅上升接着股价放量向上突破，MACD同时出现黄金交叉，这是长期买进的讯号！

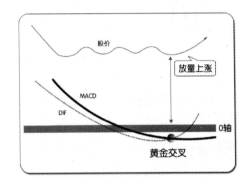

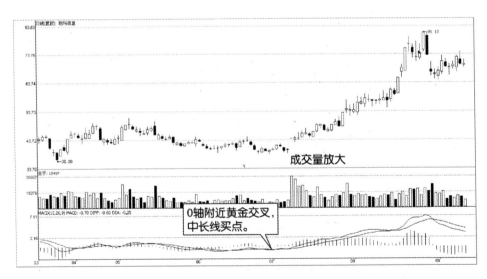

长期横盘不跌，量能极度萎缩，

所有的指标都在等待，作为投资者同样也要有耐心。

◆ 第二种情况

　　当股价从底部启动，已经出现一轮涨幅比较大的行情，并经过上涨途中一段长时间的中价位整理，然后股价再次向上扬升，这个时候MACD又在0轴附近出现黄金交叉，属于中线买进的讯号。

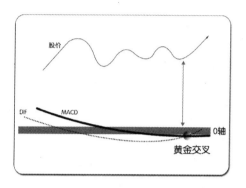

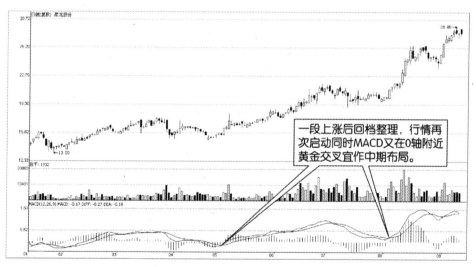

一段上涨后回档整理，行情再次启动同时MACD又在0轴附近黄金交叉宜作中期布局。

指标既然发出了明确的信号，

就应该勇敢地跟进。

情况3

指标在0轴以上黄金交叉

　　说明：指标在0轴以上的强势区黄金交叉——

　　表示股价在高价圈整理之后，看起来行情好像又有一波涨势要再起的样子。这个时候对于积极性较高的投资人也算是买进的讯号，但只适合短线买进，若你的胆子没有那么大，就应该保守以对。

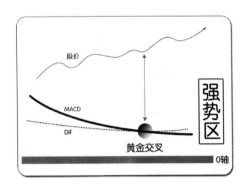

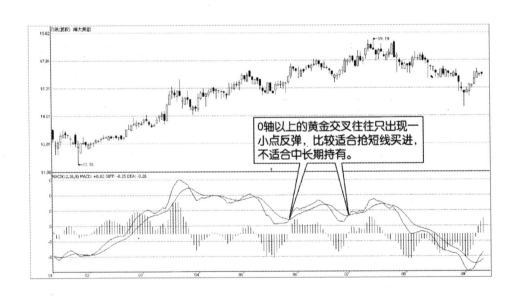

0轴以上的黄金交叉往往只出现一小点反弹，比较适合抢短线买进，不适合中长期持有。

这些使用方法在分时里也同样适用

红柱绿柱

把 DIF减去MACD若为正数就在0轴上方画红柱；若为负数则在0轴下方画绿柱，差离柱的增减也是MACD指标使用重要的一环，原则上当上面的红柱缩减时，表示上涨动能渐弱；当下面的绿柱缩减时，表示下跌的动能渐弱。

 情况1

看见红柱，且DIF和MACD都在0轴以上时

红色柱的放出表示市场的多头力量强于空头力量，但不是"见红就买"哦！它还有三种情况：

第一种是红柱出现时DIF和MACD都在0轴以上，说明股市处于多头行情，股价将"继续上涨"——当MACD指标在0轴上方经过短暂的回档整理后，红柱再次放出时，投资人可继续做多买进。

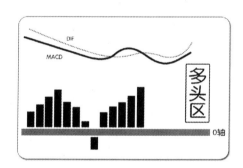

 情况2

绿柱缩短，且DIF和MACD都在0轴以下时

当 DIF 和 MACD 都 在 0轴 以 下时，说明股市处于空头行情，股价将"继续下跌"——当MACD指标中的绿柱经过一段时间的低档运行，然后慢慢缩小，如果红柱出现，表示股价可能出现反弹，但中长期下跌趋势并没有改变。此时，积极型的投资人可以在设好停损点的情况下短线少量买进，稳健型的就别买进。

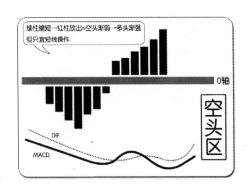

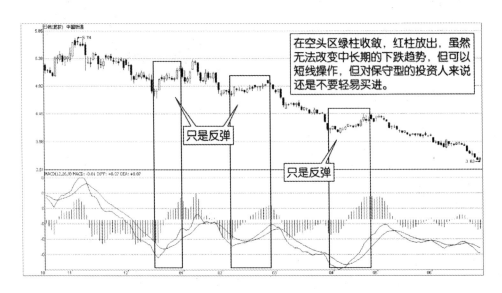

0轴下方，反复诱多，套多杀多。

情况3

底部黄金交叉后上行靠近0轴时又放出红柱，买！

当DIF和MACD都在0轴以下，并经历至少一次黄金交叉，运行方向已经愈来愈靠近0轴，这个时候如果红柱放出来（特别是第二次放出来），表示行情在经过长时间的整理后下跌已经结束了，股价在大量买盘的推动下，将展开新一轮的上涨行情。这也是投资中长线买入的好时机。这个时候对有长期投资计划的投资人可以买进等待上涨。

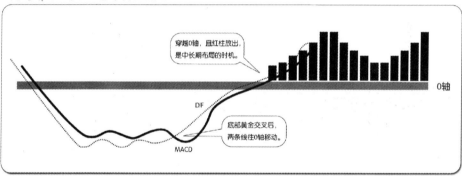

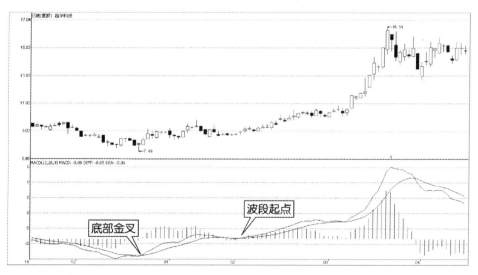

情况4

0轴附近两线交缠，绿柱底部抬高，买!

当DIF和MACD都在0轴附近运行很长一段时间，绿色柱也出现一底比一底高的形态，表示股价长期下跌已经结束，行情将在成交量的配合下开始新一轮新的中长期上升趋势，投资人可以在这里开始分批买入。

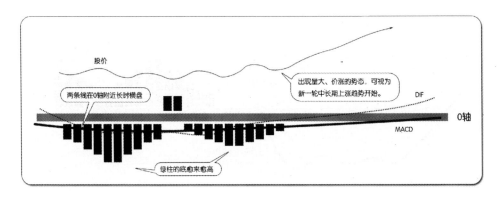

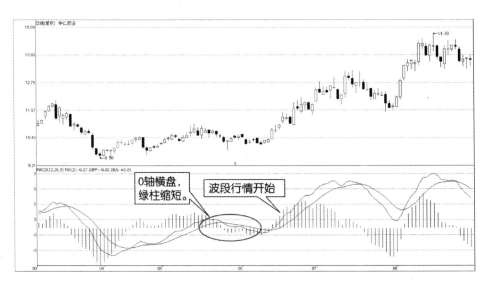

MACD周线日线搭配寻找长线牛股

MACD指标所产生的交叉讯号虽然迟钝，但其稳定的特性能为波段趋势交易加分不少。本书特意介绍了利用MACD周线选股，方法一样，但是精准度要远高于日线，可提高资金的安全度，搭配日线操作，适用于长线和短线的投资者。

 DIF与MACD在0轴之上时买的信号

当DIF与MACD在0轴之上，说明大趋势处于多头市场，这时如果DIF与MACD黄金交叉，并不像均线一样属于买进信号，一般来说，黄金交叉的位置距离0轴愈近，拉升行情的力量和未来的涨幅会愈大；相对而言，黄金交叉点距离0轴愈远，则力量愈弱，时间愈短。在0轴上方较远的地方黄金交叉，意味着行情已经过一段涨幅，再度拉升可能仅剩一波反弹，再度重拾升势的几率会降低。股票的操作原则是出现明显且明确有把握的信号才入场，其余宁可放弃不冒险。

因此，周线的应用方法是：认0轴附近DIF和MACD黄金交叉作为基本原则。

周线选择个股后，再利用日线追踪，日线的要点如下：

1. 选择股价刚站上季线（60天线）最理想，如果行情已经站上季线很久，有可能太贵或者太晚了。

2. 选择成交量有放大的个股。

3. 如果能够选到日线的MACD也刚好上升到0轴上方或者在0轴附近黄金交叉的就更好。

002447壹桥苗业周线图，2012年5月18日当周MACD在0轴附近黄金交叉，波段买入信号出现。

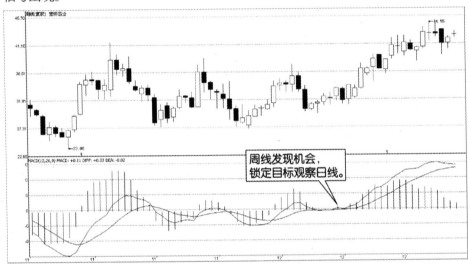

周线发现机会，锁定目标观察日线。

周线5月18日当周出现波段买入信号，日线5月18日出现了0轴上方的黄金交叉买点。在指数下跌的背景下，波段涨幅接近40%。

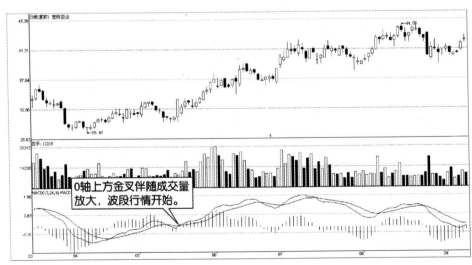

0轴上方金叉伴随成交量放大，波段行情开始。

再看壹桥苗业的月线，MACD一直处于0轴上方的多头区域，2012年5月份金叉（即黄金交叉）后形成月线级别的上涨。

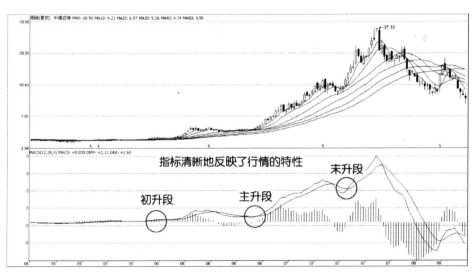

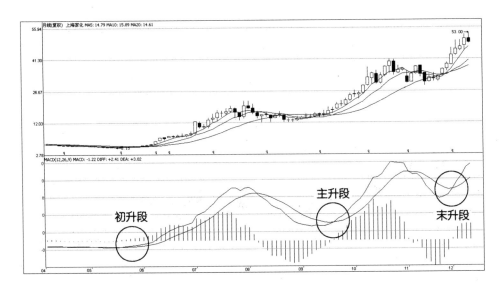

　　月线均线多头排列+MACD的各个涨升波段可以长期持有的个股，适合长线
投资者。

EXPMA指标

如何选择中长线长期上涨的个股呢？让神奇的EXMPA指标告诉您！它可是选股利器。

神奇的EXPMA

很多投资者在操作过程中不知道如何去选择长期上涨的个股，在这里向大家介绍一个选股的工具：EXPMA指标。EXPMA指标是在周线上运用，它的参数是12和50，其中12代表短期的支撑与压力；50代表长期的支撑与压力。我们把这条长期线叫做牛市与熊市的分水岭。如果一只个股能够持续上涨走牛的话，那么它必然是站在50这条长期线的上方。这个工具只是选股用的，在实际操作过程中还是要以日线的生命线——20天平均线为主。

当股价站上这条长期EXPMA线之后，股价呈现长线走牛的形态。但是，当股价跌破这条长期线，且短期线和长期线死亡交叉之后，呈现的则是股价逐渐下跌的熊市走势。

选股对于操作来讲是非常重要的，在一年中可能会有百分之十几的个股走势与我们所列出的这种站在长期的EXPMA线上的相同，但是大部分的个股都是在这条长期线的下方。对于投资者来说，如果每周根据这个指标进行一次选股的工作，可以为以后的操作提供一些依据，并且尽量不要买在长期线下方的股票。

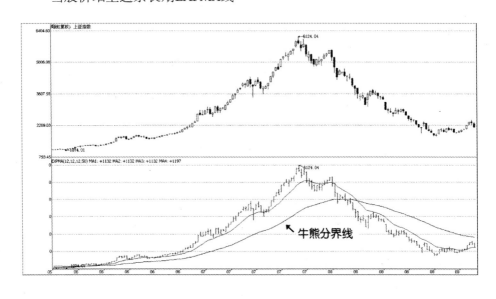

云南白药，周线EXPMA在2009年2月份短期线12和长期线50黄金交叉，且短期线一直支撑股价上行，走了一年多的牛股行情。这样的个股选择出来以后，根据日线的20天平均线操作，获利非常丰厚。

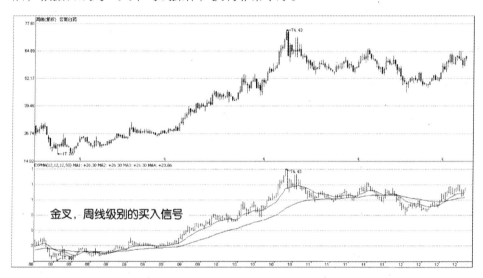

如果还有月线的保护，行情则更加稳健健康，牛股特征更明显。

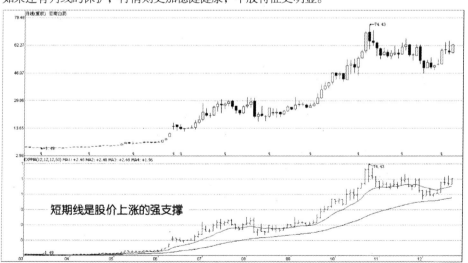

　　EXPMA指标能够寻找牛股，同样能够回避熊股，周线和月线的EXPMA指标都是死叉的股票请不要参与交易，获利机会很小。

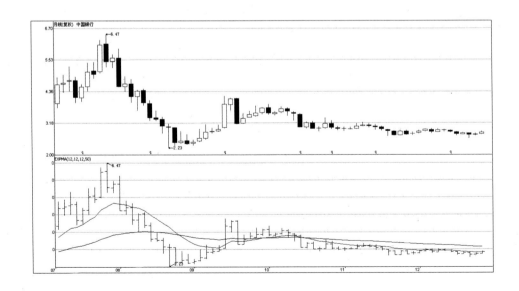

上涨常态　下跌常态

涨有涨的样子

跌有跌的样子

尊重多空趋势

遵守进出机制

涨跌八卦图

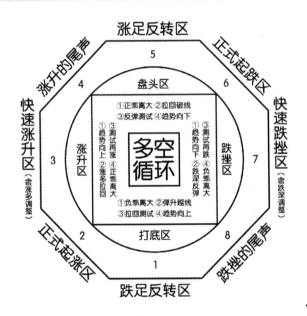

涨足反转区
涨升的尾声
正式起跌区
4 5 6
快速涨升区（会涨多调整）
盘头区
①正乖离大 ②拉回破线
③反弹测试 ④趋势向下
快速跌挫区（会跌深调整）
涨升区
①趋势向上 ③测试再涨
②涨多拉回 ④正乖离大
多空循环
①趋势向下 ③测试再跌
②跌深反弹 ④负乖离大
跌挫区
3 7
①负乖离大 ②弹升越线
③拉回测试 ④趋势向上
打底区
2 8
正式起涨区
跌挫的尾声
跌足反转区
1

多头走势的特色

1. 盘头不成反成底【看似盘头实则打底】
2. 低点不再，屡创前高【底部垫高】
3. 假跌破，真突破【多头市场只怕你不敢熬】
4. 多头走势利用利空找买点【甩轿·诱空·洗盘】
5. 盘久必涨【惜售使然】
6. 量来价扬【有量就有价】
7. 盘涨·轮涨·全面大涨
8. 长多对短空

空头走势的特色

1. 盘底不成反成头【看似打底实则盘底】
2. 高点不再，屡创新低【头部渐低】
3. 空头走势利用利多找卖空点【诱多·养多·多杀多】
4. 盘久必跌【买盘缩手使然】
5. 假突破，真跌破【不要追高，摊平】
6. 量来价挫【有量就惨】
7. 盘跌·轮跌·多杀多
8. 长空对短多

总纲

　　本技术是从道氏理论中衍生出来的，在实战中，从月线、周线、日线甚至分时上都可以采用，能够很好地把握入场、出场和停损的具体点位。每一个高点和低点都是主力资金运作留下的痕迹，可以提供良好的支撑、突破和压力点位的参考。本指标对于期货操作者尤为适用。

上涨常态

一、低点不破，屡创新高，
二、拉回不破上扬的均线，
三、拉回不破上波涨幅的1/2，
四、拉回不破上扬的趋势线，
五、拉回不破前波低点。

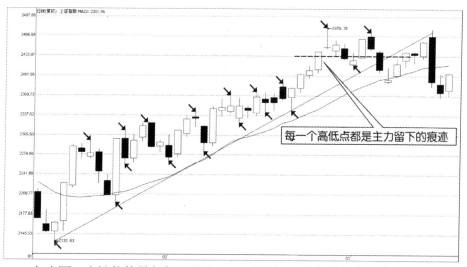

每一个高低点都是主力留下的痕迹

　　如上图，上涨趋势是如何开始的呢？又如何寻找高低点呢？首先始于2132的两根阳线突破了前面的高点，且回调没有再跌破2132，所以这时候2132就形成了本波上涨的第一个重要低点。每一次创新高，拉回之后再创新高，这个拉回的低点就定义为"前低"，在一波涨升过程中，过前高之

后的每一个底点都必须高于前一波低点，这个"前低"是不允许被跌破的，一旦跌破，趋势就有可能终结。如图：最后一次跌破"前低"了，上涨趋势就宣告结束，同时又跌破了上扬的均线，跌破了上扬的趋势线，所以，选择的动作应该是：卖出离场。

下跌常态

一、高点不再，屡创新低，　　　　　四、反弹不过下降的趋势线，

二、反弹不过下弯的均线，　　　　　五、反弹不过前波高点。

三、反弹不过上波跌幅的1/2，

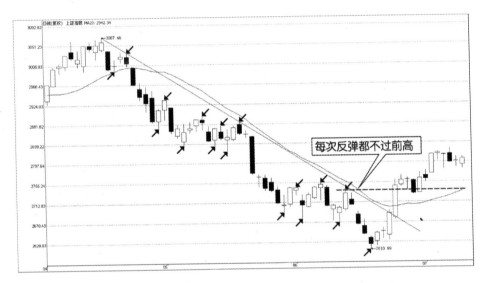

　　如上图，一波下跌行情的开始，必然是从跌破"前低"开始的，同时跌破了均线和上升趋势线。在下跌过程中，每一次见新低后的反弹，都不会越过前一波反弹的高点。如何寻找这个高点呢？每一次破底后的反弹之后的再度破底，这个高点就定义为"前高"。直到这个"前高"被突破，且突破均线和下降趋势线，本波下跌趋势才宣告结束。

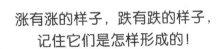

涨有涨的样子，跌有跌的样子，
记住它们是怎样形成的！

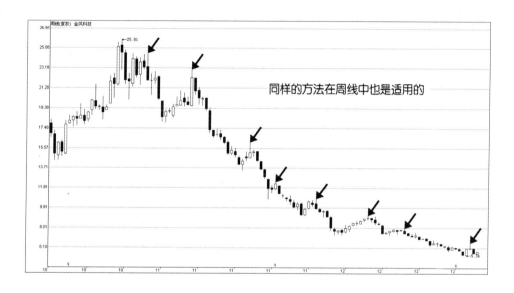

同样的方法在周线中也是适用的

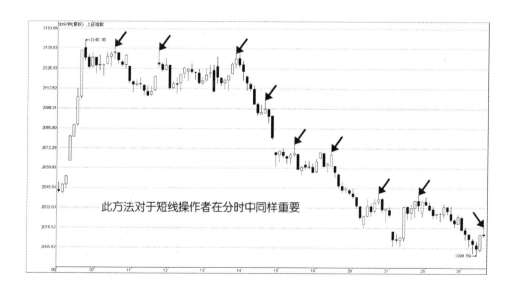

此方法对于短线操作者在分时中同样重要

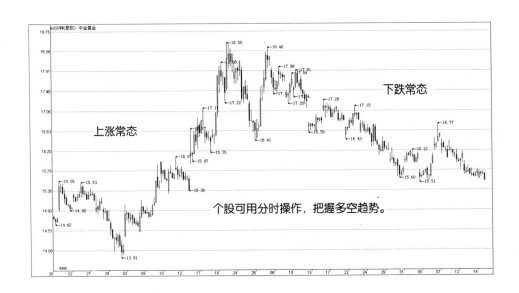

低点不过屡创前高是涨，高点不再屡破前低是跌。

上涨常态不须预设压力，下跌常态不要预设支撑。

涨升是为了之后的跌挫，跌挫是为了之后的涨升。

上涨常态找变态卖空点，下跌常态找变态买补点。

涨升过程一定注意气势，跌挫过程不管有无本质。

涨势跌势都是我们的朋友，懂得趋势就能成为好友。

单根K线的解析

观察行情,判断趋势,K线是最原始的工具,也是最强大的武器。

如何运用就先从其基本元素开始。

K线的认识

K线能够记录行情的历程，简单的利用一根根K棒就能够记录商品股市的开盘、收盘、最高、最低四个价位。行情上涨时采用阳线，名称和视觉上就给人一种光明、充满希望的印象；行情下跌时采用阴线，给人一种暗淡、不快乐的印象。这是很聪明也很直观的方式，也让人只靠图标就能清晰地预感股价的动向。

K线传达了市场的气氛。举例来说，若收盘价格远远高于开盘价格，画出来的K线就会形成较长的阳线。这就解读为"形势看好"、"多头强劲"；如果同样是阳线，但是长度较短，那给人的感觉就是"形势还可以"、"多头不弱"，但是，"积极性较弱"。

如果收盘价格远低于开盘价格，画出的K线是长阴线，就会给人"形势暗淡"、"令人沮丧"的感觉；而短阴线则给人一种"似乎有点弱势"的感觉。

阳线和阴线的长短，可以预示发展方向及其发展势头的强弱。

前途如何？K线告诉你。

K线除了实体分为阴、阳之外，K线还用影线表示"最高价"和"最低价"。

影线很好用，它让K线不仅能显示阴和阳，而且形成阴阳的过程也能因影线而被标识。例如，实体长度比较短，但是上面的影线很长，即出现"上影线"的K棒时，意味着：尽管行情在上升，但很快就从最高点下跌。

所以看到带长上影的阳线，即使是阳线，也不能太乐观。

反之，如果是下影线长而实体长度较短的"下影线阴线"，表示行情即便有大幅下跌，却很快从最低点反弹。因此，看到带长下影线的阴线，行情也并不一定暗淡。

组合K线实体、长度和影线，最基本的有9种类型。从单根K线来看，应对投资人心理层面有不同的主观判断。

每一个K线就是一个战场，了解它们的战况，

对于你研判势至关重要。

K线的好处

K线能称为买卖的灵感

　　尽管K线无法绝对准确，但能提高对行情判断的准确性。投资人应以这样的基本心态看待之。

记录行情的历程

　　研究趋势、观察形态、看基本面、看筹码都能预测股价，为什么还要研究那一小根棒棒呢？

　　最简单的理由是，即使能从其他方式看到行情的结果，但没有K线的记录，投资人仍无法了解价格形成的历程。

　　例如，前一天的收盘价是49.50元，今日涨了1块钱也就是收盘价是50.50元，以文字的陈述是行情涨了1块钱，但形成背景可能有多种——

　　第一种是，开盘价低于前一天仅开49.00元，行情却头也不回地一路上涨到50.50元。

　　第二种是，开盘价比前一天高出2元为51.50元，但是盘中受某因素影响仅以50.50元收盘。

　　第三种是，开盘价为49.50元冲高到52.50元后下跌，仅以50.50元收盘。

　　上述3种类型，虽然陈述上都是比前日"涨了1元"，但过程中的走势给人留下的印象却截然不同。

直接表现出行情气氛

　　行情走势所留下的"印象"，不仅是自己会有，进入股市的其他人们也都在关注股价的波动。比方说，如果个股业绩良好，但是实情是卖出的压力给人越来越大的印象时，那么投资人可能会信心动摇地认为"很多人想卖掉……看来，是不是也应该卖掉呢？"

　　另一面，当投资人想要进一步了解最后价格形成的背景，其管道也就是K线。

　　因为K线将开盘价、最高价、最低价和收盘价这4种数字，用一根棒棒表示出来，只要一看到棒棒的形状就了解丰富的资讯。

短线交易者尤其需要仰赖

　　长线投资人可能对于K线并没有浓重的好奇心，但对于打算进行短线交易的人来说，由K线以了解整个行情变化的细微就很重要了。

更进一步来说，无论是重大变化还是趋势转换，总是从一根K线开始。

一根关键性的K线往往可以预测"开始出现变化"，而若能再配合K线出现的历史价位区间进行研读，就会发现K线确实蛮准确地预示着行情的未来。

同样是比前一天上涨1元，但行情历程却不同。

①开盘价49.00元→收盘价50.50元

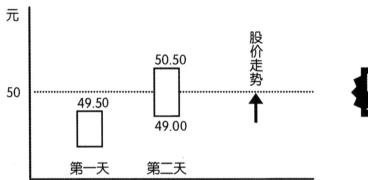

②开盘价51.50元→收盘价50.50元

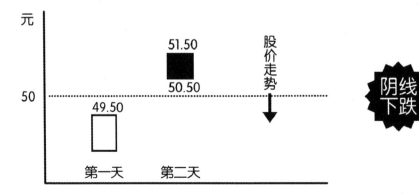

③开盘价49.00元→最高价52.50元→收盘价50.50元

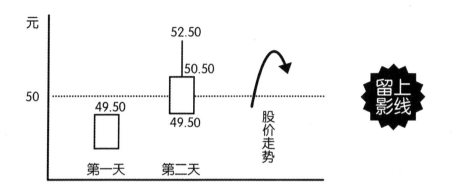

K线什么时候"不灵"？

★行情绝对不可能因投资人把技术分析（包括K线）熟练到出神入化，就有"百发百中"神功。所以还是应该设停损点。

★当大环境的利多或利空消息势头很强的时候，K线失灵率就提高，极端一点说，一档盘整很久的股票前一天才收了一根超完美的大阳线，"理论上"隔天应该再续涨的，却突然遇上恐怖攻击，行情被强力的消息面左右当然会全面跌；同样的，假设因政策大利多资金全涌进大户、中户、散户一起买买买，K线分析也容易失灵。

K线的基本九种形态

①		大阳线	明
②		大阴线	暗
③		小阳线 （有点烦人）	较明
④		小阴线 （有点烦人）	较暗
⑤		十字线 （搞不清楚方向）	彷徨
⑥		下影线阳线	明
⑦		下影线阴线 （比较暗淡，但也有些希望）	暗
⑧		上影线阳线 （比较明朗，但也有些隐忧）	光明
⑨		上影线阴线	惨淡

单K的基本形态

K线形态共有12种，将当日之K线与前一日收盘价比较，大致可分为上涨、平盘附近与下跌三种状况，借以比较出当日K线的强弱，如此就不必去记一大堆K线符号术语，看图就可研判走势强弱。

	形态	说明	上涨	平盘附近	下跌
1		收盘＝最高＞开盘＝最低	开高走高 持续看涨	开低走高 多头尚强	开低反弹 接手颇强
2		最高＞收盘＞开盘＝最低	高档整理 走势尚强	攻击乏力 整理趋坚	低档整理 走势转弱
3		收盘＝最高＞开盘＞最低	开高震荡 持续看涨	震荡走高 强势整理	开低震荡 止跌反弹
4		最高＞收盘＞开盘＞最低	高档震荡 走势颇强	上下震荡 走势尚强	低档震荡 可能止跌
5		最高＝开盘＞最低＝收盘	开高拉回 买气转弱	开高走低 转趋弱势	开低走低 持续看跌
6		最高＞开盘＞最低＝收盘	拉高无力 走势已弱	震荡走低 慎防重挫	反弹无力 持续看跌
7		最高＝开盘＞最低＞收盘	开高震荡 走势尚强	杀盘乏力 继续整理	开低震荡 走势已弱
8		最高＝开盘＞最低＞收盘	震荡走低 陷入整理	上下震荡 慎防拉回	低盘护盘 可能反弹
9		最高＝收盘＝开盘＞最低 （T字线）	高档洗盘 持续看涨	向下测撑 支撑强劲	震荡走低 走势极弱
10		最高＞开盘＝收盘＝最低 （倒T线）	欲振乏力 保守应对	向上测压 弱势整理	反弹无力 持续看跌
11		最高＞收盘＝开盘＞最低 （十字线）	高档震荡 可能变盘	上下震荡 整理待变	低档震荡 可能变盘
12		开盘＝最高＝最低＝收盘	跳空涨停 持续上涨	交投冷淡	跳空跌停 持续下跌

应用－卖压：上影线＋黑K棒之价位为空方主导力量。

卖压：下影线＋红K棒之价位为多方主导力量。

双K理论

两根K线的比较与意义

	五点作价	前一天与当天	多头模型的后续	空头模型的后续	多头	空头
1	开盘点数的比较与意义	开高	多头常态开盘	利多消息反应		
		开平	多头谨慎开盘	空头谨慎开盘		
		开低	利空消息反应	空头常态开盘		
2	最高点数的比教与意义	之上	多头续航常态	多头用力反击		
		一样	多头力量受阻	多头力量增强		
		之下	多空短兵相接	空头续航常态		
3	最低点数的比较与意义	之上	多头续航常态	多空短兵相接		
		一样	空头力量增强	空头力量受阻		
		之下	空头用力反击	空头续航常态		
4	收盘点数的比较与意义	之上	多头续航常态	反应或者反转		
		一样	多空持平待变	多空持平待变		
		之下	反应或者反转	空头续航常态		
5	多空交战点比较与意义	之上	多头续航常态	多空变盘前兆		
		一样	多空力量相当	多空力量相当		
		之下	多空变盘前兆	空头续航常态		
6	五点之内的上下与起伏	常态	多头盘中的常态	空头盘中的常态	当天多空结论	
		变态	多头盘中的变态	空头盘中的变态		

盘中K线战法

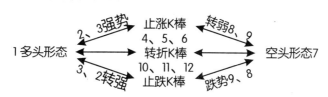

	状态	定义	多空操作策略			后续
1	止跌 K 棒	站在当根的交战点之上	1.初步止跌	2.假性止跌	3.确认止跌	1.转强 2.跌势
2	转强 K 棒	站在前后两根交战点上	1.转折买补	2.多空分歧	3.注意反转	1.涨势 2.止涨
3	涨势 K 棒	持续两根站在交战点上	1.乘胜追击	2.等待获利	3.注意卖讯	1.止涨 2.转弱
4	止涨 K 棒	站在当根的交战点之下	1.初步止涨	2.假性止涨	3.确认止涨	1.转弱 2.涨势
5	转弱 K 棒	跌落前后两根交战点下	1.转折卖空	2.多空分歧	3.注意反转	1.跌势 2.止跌
6	跌势 K 棒	持续两根站在交战点下	1.乘胜追击	2.等待获利	3.注意买讯	1.止跌 2.转强

	多头模型				空头模型		
	形态	多空意义	五点作价		形态	多空意义	五点作价
1	⊥	涨升中呈跳空缺口	多头强力作价	7	T	跌挫中呈跳空缺口	空头强力作价
2	⊥	低点不再又越前高	多头常态作价	8	T	高点不再又破前低	空头常态作价
3	⊥	不破前低但越前高	多头缓步作价	9	T	不越前高但破前低	空头缓步作价
4	⊥	涨升中遇短兵相接	多头变盘前兆 1（隔天看三 K）	10	T	跌挫中遇短兵相接	空头变盘前兆 1（隔天看三 K）
5	⊥	涨升中的空头抵抗	多头变盘前兆 2（隔天看三 K）	11	T	跌挫中的多头抵抗	空头变盘前兆 2（隔天看三 K）
6	⊥	涨升中的空头反击	多头变盘前兆 3（隔天看三 K）	12	T	跌挫中的多头反击	空头变盘前兆 3（隔天看三 K）

股市廖聊吧

基本图形

阳线

学习K线和学习所有技术一样，基本功愈扎实将来变化运用也会愈灵活，所以，本书把形成K线形状的走势图画出来——举例，对于初学者的理解十分有益。

首先看构成K线的根源：下图表示股价一天变动的情景：

交易时间从上午9:30～11:30，下午从13:00～15:00。

第一盘出现的价位是50元。

当天出现的最低的价格是11:00的48元。

当天出现的最高的价格是14:00的53元。

最后的收盘价格是52元

当日走势图的重点包括开盘价、最高价、最低价和收盘价四个价位。根据这四个价位即可画出K线。

看K线时，心里要想象当天股价进行的方式，回到K线的根本源头，再配合阳线、阴线、上下影线所代表的意义，对行情的掌握就能驾轻就熟。

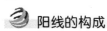

阳线的构成

如下走势图，开盘价格即为48.50元，收盘价格为53元。开盘即为最低价格，收盘为最高价格，未出现

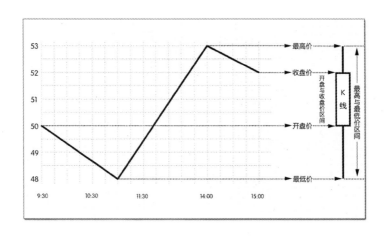

上下影线，从曲线的走势图可以了解到，从开盘到收盘，股价一路升高，可以感受到投资人的心理状态是：只要能买到，贵一点也没有关系。这样对于前景光明的期盼，可以使股价有光明的未来，故称为阳线。

如图这样的阳线，开盘价格与收盘价格差价较大，称为长阳线。这样的K线让人感受到市场出现积极想买入的动能，至少出现长阳线的当天气氛是如此的。但是，是否出现长阳线就是积极的买入信号呢？显然，并非完全如此。

 解读长阳线

不同位置的长阳线意义当然不同。

股市是两股势力的博弈：多方和空方的赛场。当多方胜利的时候，表现的结果就是股价上涨；当空方胜利的时候就是股价下跌。

在这里我们用一场拳击比赛做个比喻，请想象一下，若两个参赛者交战数个回合，两人势均力敌不相上下一段时间了，突然其中一方奋力博击，获得了一次很大的胜利。作为观众，此时几乎可以放胆猜测现在胜利的一方将会继续赢下一回合。理由很简单：胜利一方找到了压倒性的方法和优势可以击败对手。

拳击场上的大胜，就好像股价摆脱长期盘整出现的长阳线，多、空交战很多回合，纠缠不清，此时多方忽然出现压倒性的胜利，所以，投资人应该选择在目前胜利的一方，胜算会较大，也就是说，在长期盘整后出现的长阳线，可能还会继续出现多方胜利的结果。

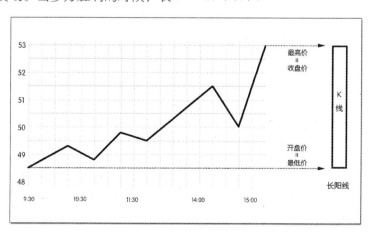

长阳线出现在三种关键位置的行情判断

· 股价盘整状态时，出现长阳线

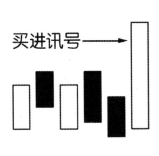

买进讯号 →

多头又胜一回合

突破平台
买进信号

下跌局面中出现的长阳线

还是用拳击场作比喻吧：本来一直输的选手，已经被打得节节败退，但是突然出现一次赢得很大的胜利，观众也会很有信心地站在胜利的一方，感觉局势会扭转。因为之前的节节败退，给了多方喘息的机会，一旦酝酿反击的势力并且发挥出来（即拉出一根长阳线），接来下继续朝多方走的机会就会大大增加。

· 在股价渐渐下滑时，出现长阳线

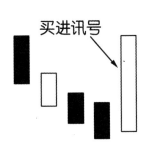

买进讯号

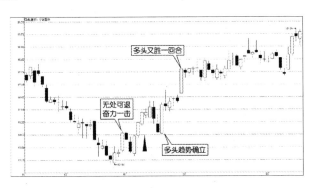

多头又胜一回合

无处可退
奋力一击

多头趋势确立

前面两种情况都是赢了会继续赢，涨了之后继续涨，第三种情况属于多方突然发挥了强大的力气，狠狠地击倒了对方，那么之后的情况可能不妙哦！试想，一位已经赢了好几个回合的拳击手，使用剩余的全部力量，赢得了冲刺，那就意味着之后可能就没什么力气了！此时，出现的长阳线可能是"最后的灿烂"，为卖出信号。

· 在股价渐渐上涨时，出现长阳线

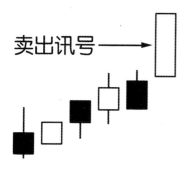

卖出讯号 →

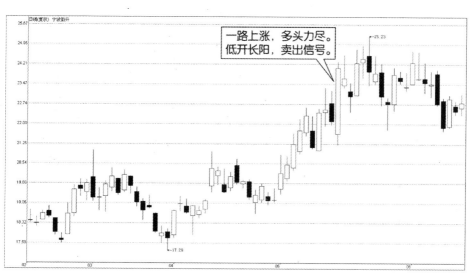

一路上涨，多头力尽。
低开长阳，卖出信号。

阴线

可是，并非出现长阴线就是卖出的信号。这里也可以用拳击比赛为例：

阴线的构成

如下走势图，开盘价格即为52元，收盘价格为49元。开盘即为最高价格，收盘为最低价格。未出现上下影线，从曲线的走势图可以了解到，从开盘到收盘，股价一路下挫，想卖的市场动能远远大于想买的市场动能，投资者的心态是不抱任何希望而抛售股票，前景灰暗，故称阴线。

如图这样的阴线，开盘价格与收盘价格差价较大，称为长阴线。

解读长阴线

长阴线的出现可以看出市场出现积极卖出的悲观气氛。

若两个参赛者打了好几个回合，两人势均力敌不相上下一段时间，突然，空方用力一击，把行情往下压下去，投资者此时可以看空市场。为什么呢？显然是胜利的一方（空方）找到击败对手的题材，把对手（多方）往下压。空方大获全胜就是股价在多、空交战很多回合且不分胜负的情况下，空方出现一次压倒性的胜利。于是，投资人应该选战目前胜利的一方胜算较大，意思就是出现长阴线后，可能还会出现空方胜利。

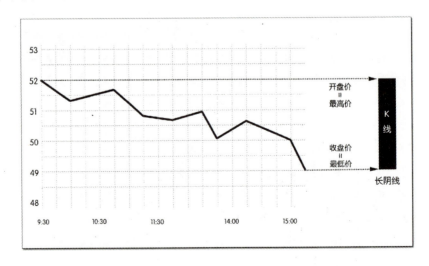

长阳线出现在三种关键位置的行情判断

· 股价盘整状态时，出现长阴线

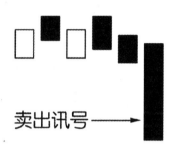

卖出讯号 →

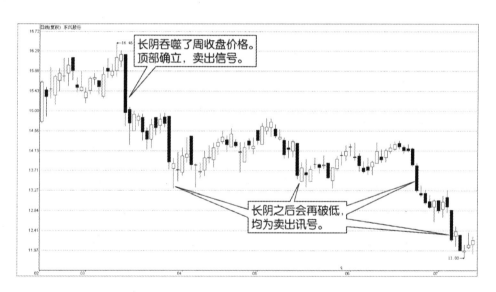

长阴吞噬了周收盘价格。顶部确立，卖出信号。

长阴之后会再破低，均为卖出讯号。

　　然而，若行情本来就处于跌势中，空方又发挥强大的力气，那么情况可能就要逆转。试想，一位已经赢好几回合的拳击手，使用剩余的全部力量，赢得了一场冲刺战，之后很可能已经没有剩下多少力量了。因此，跌势中出现长阴线，可看成"想要卖的人全部一起出动把股票全部卖出了"。之后，空头已经很难再使出力气，反而应视为买进信号。

·在股价渐渐下滑时，出现长阴线

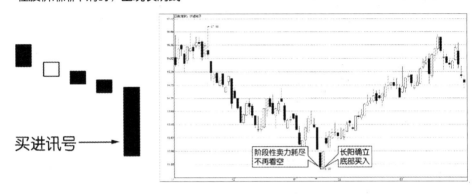

买进讯号 ——→

如果长阴线出现在上涨局面中呢？

在一场本来是对方（多方）得胜的战役中，空方突然逆转为自己有利的方向把行情往下压，显然，一定已经积累相当条件与能量才有办法让行情逆转，所以，接下来应该站在空方角度来布局。

·在股价渐渐上涨时，出现长阴线

卖出讯号

日本人发明的K线理论已经在证券市场当中存在了400年，
必然有其存在的原因和理由。

上影线

 上影线的构成

图例1走势，开盘价格为49元，最高价格为52.50元，最低价格为49元，收盘价格为49.50元，因为收盘价格比开盘价格高，所以称为阳线，但K棒上多出一根上影线。

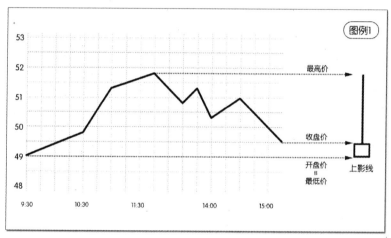

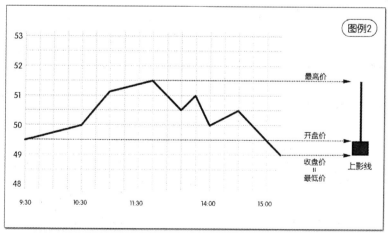

股市廖聊吧

看到带着上影线的K线时，可以回想画成这根K棒的当日走势图。收盘价格比开盘价格高，故股价有向上的趋势。但是在比收盘价格更高的价格出现的时候，有卖压出现，无法再上涨。图例1在52.50元。附近，存在很多想卖掉股票的人，即在此上方有一个抑制股价上升的墙壁。

图例2是阴线，同样在51.50元附近有一个抑制股价上升的墙壁。

解读上影线

在上升趋势中出现阳线，感觉向上行情应该会持续上升吧！不过，若出现上影线会让人仿佛看到上面有墙壁。因为预感上面存在着墙壁，且是在上升的趋势中，投资者就可以合理推论，这附近或许就是山顶，并可以做预测：若明天出现代表下跌的阴线，或许之后股价会开始下跌。（见下图）

· 股价渐渐上涨时出现长上影线

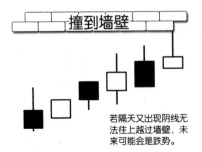

若隔天又出现阴线无法往上越过墙壁，未来可能会是跌势。

上影线让人感觉上面有墙壁，关键在于上影线的长度。若是短的上影线，可以算是薄的墙壁，应该先观望一下，因为薄的墙壁被打穿几率是比较高的。（见下图）

· 墙壁的厚度也要考虑

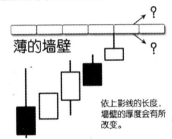

依上影线的长度，墙壁的厚度会有所改变。

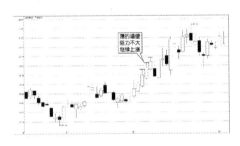

若是长的上影线，可以视为厚的墙壁，想象成厚的混凝土墙壁。想打穿这种墙壁是困难的。要打穿这种墙壁，力量要相当强才行（例如业绩很好或者大盘大涨）。若没有打穿墙壁的强势力量出现，当被这种厚的墙壁弹回，股价容易转为下跌，而且，不分当天收的是阳线或者阴线均是卖出信号。（见下两图）

厚的墙壁

卖出讯号 →

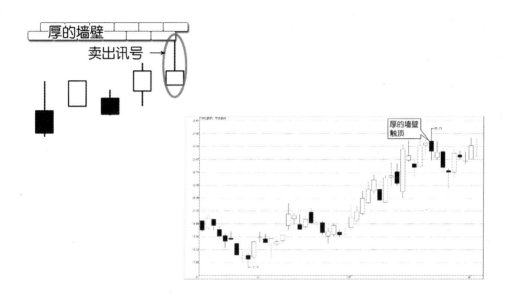

厚的墙壁

卖出讯号 →

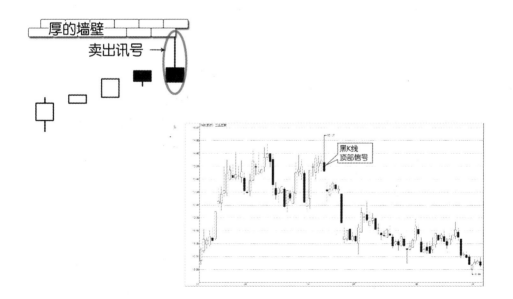

下影线

下影线的构成

　　图例1开盘为52元，且是最高价格，最低价格为49元，收盘价格为51元。因为收盘价格比开盘价格低，所以属于阴线实体的下方画出了一条下影线。

　　就此阴线来看，可以想象当天的走势。由于收盘价格比开盘价格低，

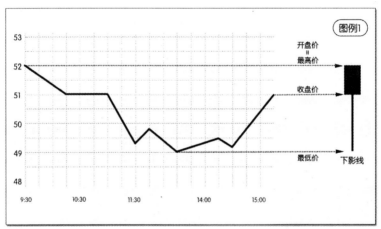

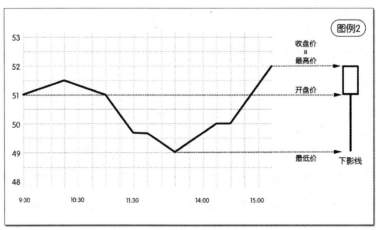

股价有向下的趋势。但是，当出现比收盘价格更低的价格时，被买盘托住而没有继续下跌。图例在49元附近有买盘，好似一面墙壁。图例2虽然收盘价格比开盘价格高，收的是阳线，同样下影线49元有一股支撑股价的买盘存在。

解读下影线

在下跌行情中出现阴线时，让人感觉下跌在继续。但若出现下影线，意味下面存在支撑着的墙壁，投资者可以猜测：这附近或许就是谷底。若明天出现阳线，或许之后股价就会上升。

· 下影线如墙支撑是买进迅号

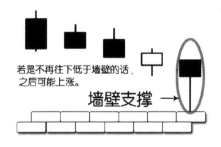

下影线让人预感下面存在着墙壁。但问题在于下影线长度。短的下影线，墙壁较薄，不牢固，容易被打破；长的下影线，墙壁较厚，不容易被打破。

· 下影线长短关系墙壁厚或薄

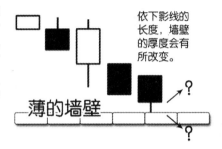

股价下跌，出现长下影线时，由于下面存在墙壁，被这种厚的墙壁支撑住，股价转为上升几率较高，可视为买进信号。

· 下影线长墙壁厚买进讯号强

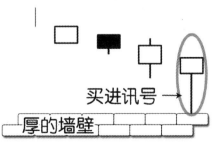

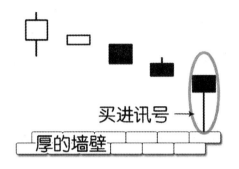

讲，大有力气用尽的味道！所以，在上升途中的下影线，为有裂缝的墙壁，事实上已经变得脆弱，出现下影线后，股价下跌的可能性在增大。

· 上升途中出现长下影线宜卖出

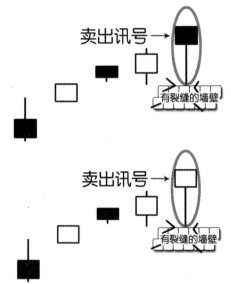

可当下影线在股价上升时出现呢？

再想象拳击比赛，多、空双方搏击，多方持续获胜，然而对手（空方）突然开始想要猛烈反击。此时，空方若只以平常的方式和对手战斗的话，会被对手乱扁一通，所以空方会用很大的力气反击，两者交战的结果，多方只能尽量扳回到稍赢（收盘阳线）或稍输（收盘阴线）的程度，不过，因为是上升途中，对多方来

十字线

开盘价和收盘价格相同，K线称为十字线。单就一根十字线来看，由于另有最低价和最高价，显然多、空双方势均力敌，所以当天没有分出胜负，无法判定强弱，只能看出上方和下方均有墙壁。但在上升行情途中出现十字线时，可以解释为行情续涨，但多空已经出现互不相让的平手局面了，未来仍会照这样上涨吗？会令人感到有点困惑，因而从此转为下降是常有的事情。所以，上升途中出现的十字星被视为是下跌的预兆；反之，下跌途中出现的十字线，则视为是上涨的预兆。

所以，十字线也称为十字变盘线，事实上，会以十字前后的K线配合加以判断。例如，在十字线后出现阳线，可判断为上涨中继；反之出现阴线，则判断为下跌中继。

· 十字线的出线有变盘的可能。

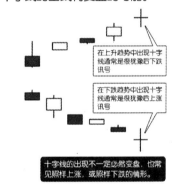

十字线的出现不一定必然变盘，也常见照样上涨，或照样下跌的情形。

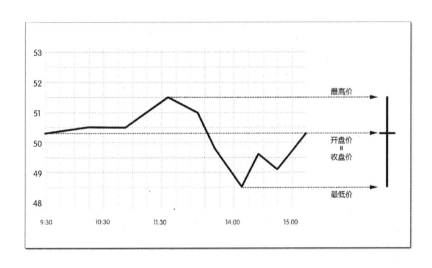

股市廖聊吧

出现十字线的行情判断

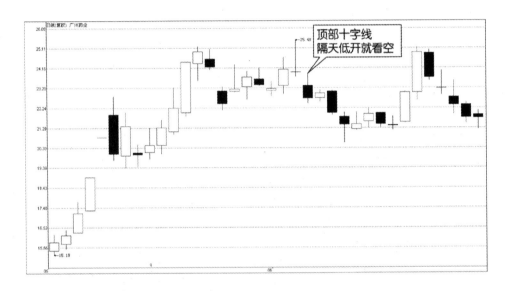

顶部十字线
隔天低开就看空

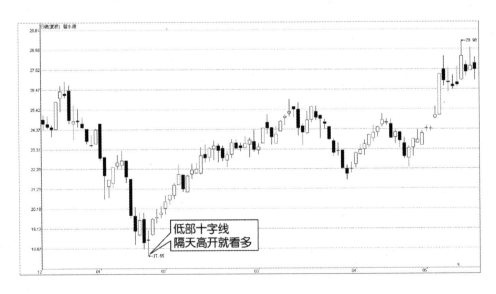

低部十字线
隔天高开就看多

吊人线

每种形态的K线都有不同的意义，这里详细说明一下吊线，定义是：下影线很长，实体很短，几乎没有上影线的K线，因为常出现在行情的最高点，且下影线时实体的2～3倍以上，样子就像一个人吊着脖子，所以也有人称为吊颈线。在行情的高点，吊人线的出现意味着整体上升趋势被破坏，如果隔天的K线的收盘价格在吊人线之下，更可以确认之后将出现空头走势，所以，在行情的波段高点看见它，溜之为妙。不过，若是行情正处于跌势，吊人线却又相当准确地预示着行情即将上涨的信息。

不寻常震荡的吊线

为什么同样的一种K线形态，会有截然不同的解释呢？重点在于那根长得很惹眼的下影线。从事交易，必须知己知彼，一面要认识到自己是散户，有散户的局限和交易心态，一面也要清楚地知道：市场上有一群人，他们跟散户不同，他们有策略，有资金，有股票甚至有公司派帮衬，这就是主力！吊线和散户与主力之间有什么关系呢？出现吊线行情的走势如下图所示，先是行情不理性慌慌张张被

卖出，疯狂的卖卖卖，几乎卖到跌停板（所以才会出现很长的下影线），但之后又被匆忙买进，把行情买到接近开盘价，投资人可以想象，当日线出现吊线，行情波动如此之大，只在几个小时内发生，到底发生了什么事情呢？

上升行情中的吊线：转空信号

假设是在一段很强的上升行情中，某一天股市开盘不久，忽然有一波很强的卖压，无外乎两种情况：

1.因为是在上升途中，所以很可能是主力乘机出货（或是涨幅获利满足）。一般散户见状，会跟着一起卖，结果廉价筹码释出，主力为了继续顺利出货，于是制造假象，快速把廉价筹码买进，行情就快速回升。像这种情况，主力一般一边买货一边出货，让散户迷惑，以为是主力洗盘，所以又跟随买进。上升途中的吊线就是这样形成的。但隔天K线若收盘价格在吊线之下，散户就应该觉醒，主力是真的出货了！

2.在行情的高档，散户卖压先涌现，这时候主力看情况不妙，若让散户先出货了，主力自己的股票怎么办？于是力挽狂澜把股价硬生生买上

股市廖聊吧

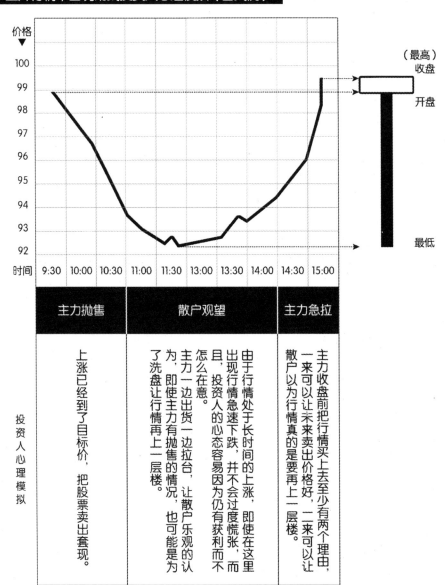

上升行情中出现吊线投资人心理模拟（日线例）

主力抛售	散户观望	主力急拉

投资人心理模拟

上涨已经到了目标价，把股票卖出套现。

由于行情处于长时间的上涨，即使在这里出现行情急速下跌，并不会过度慌张，而且，投资人的心态容易因为仍有获利而不怎么在意。

主力一边出货一边拉台，让散户乐观的认为，即使主力有抛售的情况，也可能是为了洗盘让行情再上一层楼。

主力收盘前把行情买上去至少有两个理由，一来可以让未来卖出价格好，二来可以让散户以为行情真的是要再上一层楼。

86

去，尤其是在尾盘时候，一定用尽全力把行情推升到至少开盘价，这样可以让一般散户误以为自己卖错了。如此，第二天主力才能够继续假拉抬、真出货的游戏，就会看到第二天开盘，主力会用少量资金把股价开高，漂亮的图形继续诱多散户，达到目的后，主力就把手中筹码卖给散户。

所以，结论是：处于高档区，不管吊线这根长长的下影线，是散户先发难还是主力先卖出，都是极度危险的！第二天都应该选择卖出！

 下跌行情中的吊线：转多信号

吊线若发生在跌势的末端，情况又完全不一样，反而是止跌信号。举例来说，习惯以均线决定进出的投资人，在下跌行情中，面对"跌跌不休"的行情，本来耐心就有限，若是跌破5日均线，就难以忍受，要是连破10日和20日均线，停损盘会涌出，所以，在跌势确立的情况下，发生续跌，狂跌就可以理解了。但是，观察日线会发现，行情下跌一大段之后，竟然有人无畏跌势地把价格急拉，甚至从几乎跌停的位置拉到平盘的位置，这种反弹可能是主力已经进场。

所以，吊线在跌势中出现，视为底部信号，可能不会立刻上涨，也要注意是否会在不久后上涨。

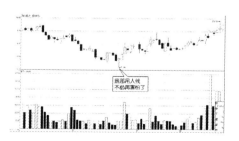

股市廖聊吧

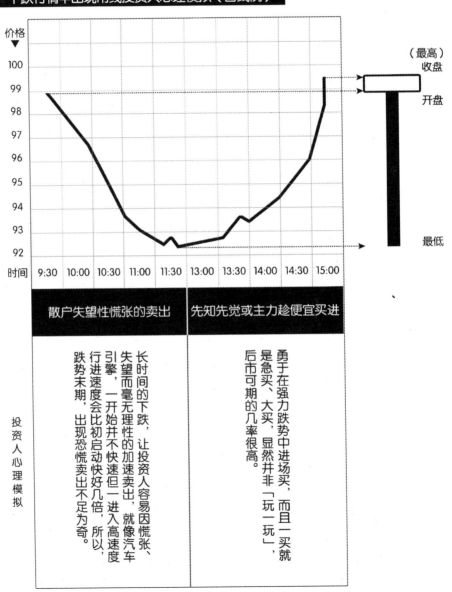

下跌行情中出现吊线投资人心理模拟（日线例）

投资人心理模拟

散户失望性慌张的卖出

长时间的下跌，让投资人容易因慌张、失望而毫无理性的加速卖出，就像汽车引擎，一开始并不快速但一进入高速度行进速度会比初启动快好几倍，所以，跌势速度会比初启动快好几倍，出现恐慌卖出不足为奇。

先知先觉或主力趁便宜买进

勇于在强力跌势中进场买，而且一买就是急买、大买，显然并非「玩一玩」，后市可期的几率很高。

88

关键行情掌握

上升、下跌、盘整结束的征兆

解读了单一根K线所代表的意义与其背后多空交战状况，而当这个各有自己股市的K线排列在一起的时候，又可以从这些排列中推演出像是连续剧般的故事。

投资人要做的，并不像市面上的K线书上死记位置与图形，而是像看电影一样要特别留心"关键剧情"。

什么是K线的关键剧情呢?

主要有三大类:

第一类，上升到下降时的卖出时机;

第二类，下降到上升时的买进时机;

第三类，突破盘整的买进时机。

"投资"这一码事，从来就没有绝对正确的标准答案，聪明的投资人先了解个别K线代表的意义后，应该运用自己的想力随着剧情的铺陈早一步推想"接下来应该是怎么的剧情最合理"，虽然，未来的行情只要上帝知道，但透过自己的经验累积与对未来行情的准备，逐步提高自己预测行情的准度是绝对可行的;而且，也因为对未来行情的发展有设想、有准备，在资金的运用上也会愈来愈灵活。

掌握三种关键行情

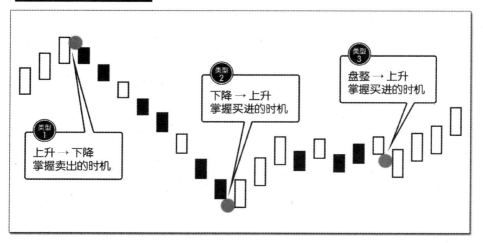

总结

进行K线预测

　　尽管"较长的上影线=惨淡的形势""较长的下影线=明朗的形势"，但即使出现了较长的上影线或较长的下影线，也并不等于那就是行情的转折点。

　　观察股价图可知，常见到在涨势中出现了带长上影线的"惨淡"讯号，但价格却继续上升的情况；相同的在下降走势中虽然出现下影线较长的K线，但行情却不受影响继续下跌的情况也很多。

K线判断，不能忽略整体走势

　　如此，该如何应用K线判断呢？要把握股价的整体走势！

　　例如，虽然未摆脱跌势，但行情已经没有再创新低，这时若出现了带较长下影线的K线，就可以预测"可能不久会反弹"。但是，是否真正出现反弹呢？

　　如果不观察下一根K线之后的走势也无法知道。何况在股价下跌的过程中，若没有出现止跌的迹象，即使出现了带着长下影线的K线，也不能就此认为"要反弹了"。也就是说，K线的行情判断，与它出现在什么位置很有关系。

　　因此，虽然K线很重要，不过，不能单凭K线就进行买、卖的判断，用实务的说法来说明就是，K线的时机用处在于已经从其他条件判断出"今天股价在××以上，可以买入"，但最后参考K线，它成为临门一脚的关键决定者。

　　比方从一般技术分析的角度看，行情一旦突破长期平稳的高价线（压力线），可视为价格要向上启动信号，但此时K线若是阴线、或出现K线带着较长上影线，买进前就得先观望，因为从K线的角度来看，实际上是存在着"卖出的压力很大"的味道，投资人可以在心里头盘算着"行情目前仅仅是勉强超过盘整而已，如果要维持强力的走势还需要努力，因为从K线来看，让人怀疑此后维持走势的能力"，在这种情况下，投资人应该作出"虽然出现买入信号，但先不出手"的决策。

预先做好对K线走势的预测

　　再假设买进的股票价格一直在稳步上涨中，但一段时间后却出现了带长上影线的K线，在这种情况下，尽管你认为长上影线只是由于行情在创新高，仍可以继续持有，但至少也应有"已经出现很长的上影线了，行情是否太高了呢"的警惕。

　　每日、每周、每月都会生成新的K线。每次新增的K线前，投资人要对即将出现的K线进行预测，即设想可能出现哪种类型的K线？以及图表会有哪些变化？以便决定采取的行动。若能这么做，交易决策就更能了然于胸。

1根K线的看盘范例

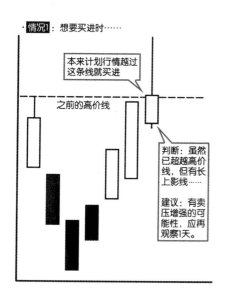

·情况1：想要买进时……

本来计划行情越过这条线就买进

之前的高价线

判断：虽然已超越高价线，但有长上影线……

建议：有卖压增强的可能性，应再观察1天。

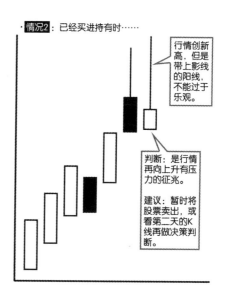

·情况2：已经买进持有时……

行情创新高，但是带上影线的阳线，不能过于乐观。

判断：是行情再向上有压力的征兆。

建议：暂时将股票卖出，或看第二天的K线再做决策判断。

每天的K线都是几百亿资金产生的战场

时常预测"下一根"K线

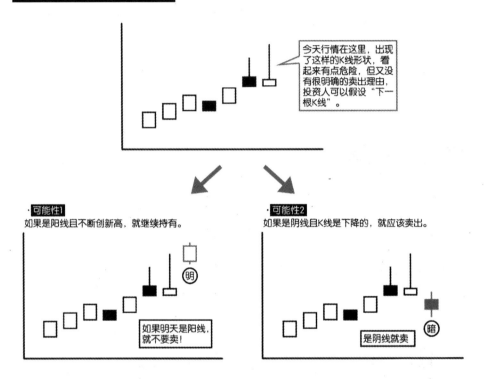

今天行情在这里，出现了这样的K线形状，看起来有点危险，但又没有明确的卖出理由，投资人可以假设"下一根K线"。

·可能性1
如果是阳线且不断创新高，就继续持有。

如果明天是阳线，就不要卖！

明

·可能性2
如果是阴线且K线是下降的，就应该卖出。

是阴线就卖

暗

有关K线的看盘法

★迄今为止，已看过根据当日走势图的日K线图，此外，还可以看时间更长的周线、月线或更短时间的60分钟线、15分钟线、5分钟线、1分钟线等，看图法是相同的。若习惯日线看图法，对其他图表也能很简单就理解。

★K线只是技术分析的一小部分，应要配合量、价、新闻面、资金面等等综合判断准确度才会大大提高。

并线的基本常识

两根、多根K线的合并

说穿了，K线就只是很单纯的记录了某一个时间段内的行情走势，死背图形、硬套公式会认为它是个复杂的难解题，但透过把两条、三条K线合并后分析，从K线找出市场的运动方向，就变得简单多了。

两根或多根K线并为一根K线方法很简单，整个并线的最高价、最低价就是整组想要并线的最高价与最低价；而并线后的开盘价就是第一根并线的开盘价，并线后的收盘价就是最后一根并线的收盘价。

合并前阴线多，上影线长

由此读者可以很简单的推演出结论，若把好几根阴线的K线并在一起，即使在这一群K线中间带有几根阳线，也很容易出现带长上影线的K线，在前面特别把这种图形做过分析，这是属于空头气氛浓厚的K线形状，价格不容易上涨。

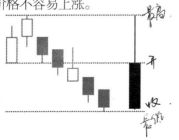

合并前阳线多，下影线长

若把好几根阳线的K线并在一起，即使在这一群K线中间带有几根阴线，也很容易出现带长下影线的K线，这是属于多头气氛浓厚的K线形状，价格不容易下跌。

实体大动能足，实体小动能弱

多根K线合并后，中间的实体愈长，代表动能愈大，也就是说，阳线中间的实体红棒棒愈长，上涨的势头就愈猛；阴线中间的实体黑棒棒愈长，下跌的势头就愈猛。若是合并后中间的实体很短，那就意味着上涨（下跌）的动能不足。

这种"动能足不足"的问题，对熟悉股价图的投资人很好用，因为它代表这行情未来还会朝既有的方向是强势的挺进中？还是已经出现疲态了？了解合并K线的投资人总能在第一时间快速地做出判断。

K线的合并

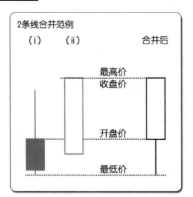

2条线合并范例

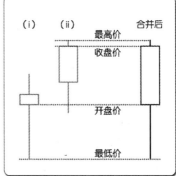

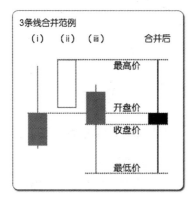

3条线合并范例

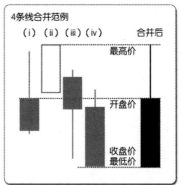

4条线合并范例

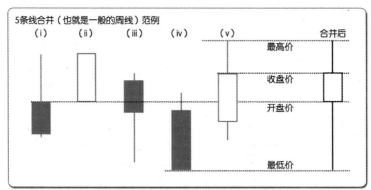

5条线合并（也就是一般的周线）范例

K线本身就是一个短线势头

初学者应该牢牢的把每一根（一组）K线的方向弄得很熟，这样一看到股价图上的K线组立刻就能反应到目前的价位最近"经历"了何种的走势，应该如何因应较有利？

单一根K线代表的走势

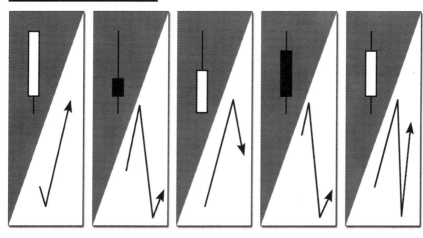

两根K线代表的走势

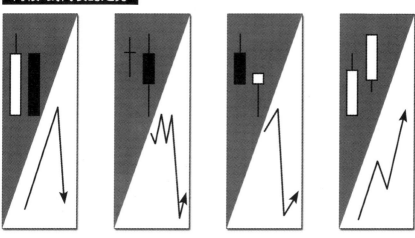

变盘有征兆

转折有迹象

K线十二招

纪律，技术，方法，策略，就能早知道

做对做到最大获利

做错做到最小停损

第一招 T字与倒T字

锤子线

解释：T字形指开盘价格等于收盘价格，然后带出一根下影线。倒T字形指开盘价格与收盘价格一样，然后有一根下影线。注意：只要开盘价格与收盘价格接近，影线的长度至少是实体部分的两倍，都可以看做T字形或倒T字形。

左图锤子线是个好的图形。行情下跌一段时间后，突然在低档出现了一个T字形，这就是多头出现了一个救亡图形。因为行情杀下去，最后多头把股价拉上去，收盘在当天最高价格或者几乎最高价格。当然，低档的T字形可能不止只有一根，有时会出现两次，这就更体现了多头的决心越来越强了。在这种情况下，只要后来开高，开平，走高上扬，创出T字高点后收盘，那么行情的反转形态就可以判断成立。这种形态称为锤子，它代表多头反攻的意思。

T字吊人线

T字吊人线，最主要的形态之一。涨升一段后盘中股价打压之后再收回高档，说明多头还很有力量。但从K线理论角度讲，这个K线已经给我们发出了警讯。吊人线的特征是：实体是人的头，下影线是身体。下面我们解释一下为什么叫吊人线和为什么遇到这个K线我们要警觉：当天股价开在高档，主力操作这些股票一路上涨之后，主力把它打下来，目的可能是要出货，可是下来之后主力发现一个情况：低档承接买力太弱了，如果继续出货很可能当天股票会跌停。试问：如果跌停的话，谁的损失最大？当然是手中筹码最多的主力了！所以主力发现不对劲，在尾盘的时候大单买进，把股价拉回高位，这叫尾

盘做价。当然，主力拉上去后会想，如果再把股价往上推的话，自己有可能被套，主力还是要出货，那么第二天的走势就相当重要。如果隔天开低，这种情况就很危险，代表主力出货的意愿很坚决。看到此图，代表行情真的要回档了。那么，隔天有没有可能开高盘呢？如果开高走低，还是主力拉高出货。如果T字形之后再来一个倒T字形，这种情况出现，回档几乎是确定的。当然，如果之后的价格依旧缓步走高，这个危机就自动化解了。

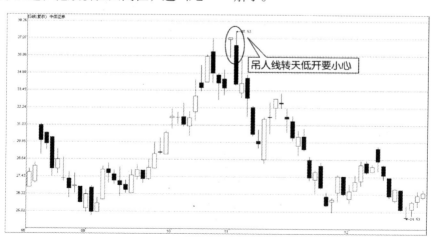

吊人线转天低开要小心

流星

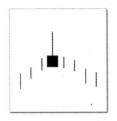

左图是流星，行情上涨一段之后，盘中拉高，收盘最低价格，K线是红是黑都没有关系，这个K线我们成为流星。高档的倒T字形，就像流行夹着尾巴从天而降，这个形态就告诉我们：行情快回了。西方人把这根K线叫做突兀线，因为这个K线的高点比邻近的K线都要高。

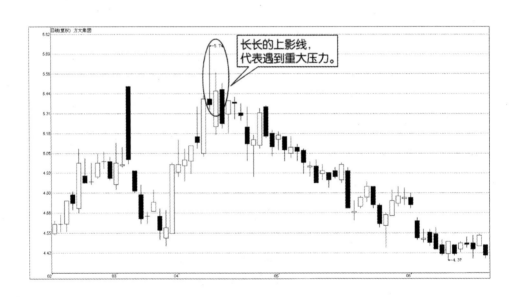

长长的上影线，代表遇到重大压力。

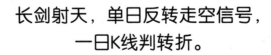

长剑射天，单日反转走空信号，
一日K线判转折。

倒状锤子

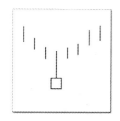

左图是倒T字形的重点，如果行情下跌一段之后出现这个倒T字，拉出一根上影线，最后还是收在最低，K线是红是黑都没有关系，这种情况虽然不能冒然说好，但不能再过多看坏。大家想一个情况，这个下跌的行情里，为什么多头还拉出一根长的上影线？上影线代表当天多头有反攻的企图，有反攻总是好现象，但是如果隔天继续跌，就无话可说了。如果隔天股价盘整，然后上行，或者开高走高，那它就具有反转的意味，代表在倒T这天杀出的人，隔天看到开高后回补。

总结要点：高档出现T字和倒T字，统统不好；低档出现T字和倒T字，统统都好。

倒状锤子，多头不甘寂寞。

三日K线定多空

第二招 白吞噬和黑吞噬

白吞噬

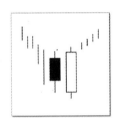

解释：白吞噬，这里的白就是红，重点是观察实体部分，如果右边的K线实体将左边的K线实体完全吃掉，这种情况出现在低点，就是个反转信号，俗称"阳包阴"。如果这种情况出现后，隔天继续开高，就能确认行情的反转。

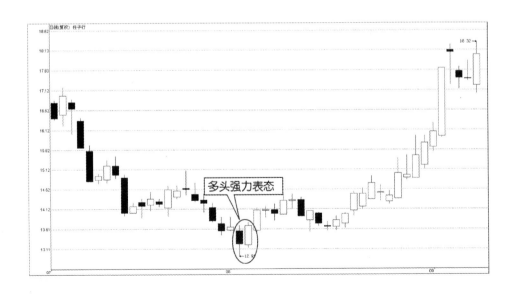

多头强力表态

黑吞噬

　　黑吞噬如左图，如白吞噬同理。即阴线实体将阳线实体全部吃掉，俗称"阴包阳"。出现这样的情况后，隔天如果低开，就能确认行情的反转。

空方在此宣誓，
应该选择卖出。

五日K线判趋势，
收盘价格破5日新低要小心。

底部阳线贯穿阴线

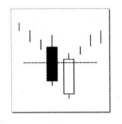

底部阳线贯穿，结构一次翻多。

封闭空方缺口，二次结构翻多。

并线上升三法，波段起涨开始。

头部阴线贯穿阳线

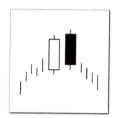

黑K和红K之后虽然并没有完全吞噬，但是它们形成一种现象，图中有一条虚线，代表黑K和红K的中轴线。只看实体部分，<u>后面的K线已经到达前面K线实体的一半的上方或者下方，这种形态叫</u>"贯穿"。贯穿不代表吞噬，但对于前面的走势造成了威胁，之后需要用心观察股价是上是下了。

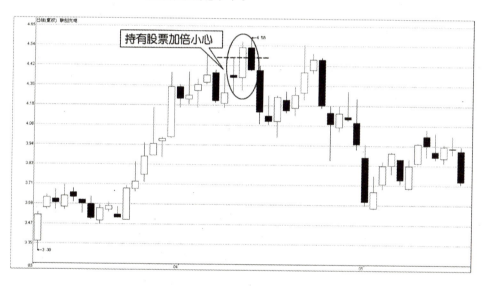

持有股票加倍小心

股价相对高档屡出变盘K线，
警惕股价单日反转走跌。

股市廖聊吧

第三招 母子线

头部母子线组合

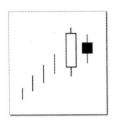

行情涨升一段之后，出现一根长红K线，隔天出现一根实体很小的阴线。主要看其实体部分，这种形态称之为母子形态。尤其是前面的红K特别长，隔天阴线实体特别小，那么母子的意味就更强烈。试想，一个母亲向上面走着，突然在她怀里加了一个小孩，这就造成了母亲的行动不便，产生停顿。重点是小实体一定要在大实体的里面。小K线实体是红是黑都没有关系。如果小K线实体越小，以至于称为十字线，那造成的变盘与停顿的力量就越大。

底部母子线组合

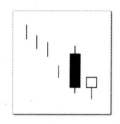

孩子拉住了趋势

底部母子线，

隔日需开高。

头部母子线+底部母子线

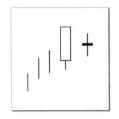

头部母子，久盘必跌，

横盘八天出转折。

底部母子十字线组合

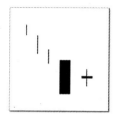

母子十字，也叫瘫痪形态。后面到底会不会瘫痪呢？我们还不得而知，但是看到这样的形态，就要格外小心了！

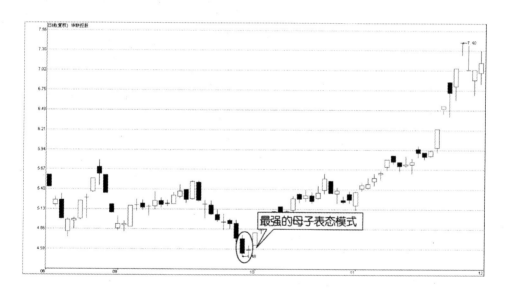

最强的母子表态模式

母子同心，

其力断金。

第四招　夜星与晨星

夜星

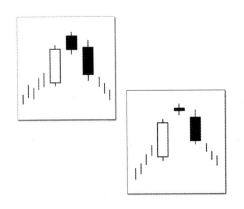

　　夜星的前提是一波涨升之后出现一根长红K线，隔天出现一根跃空小实体K线。出现跃空后，如果第二天出现一根中长黑K线，那么这个小实体K线（红黑皆可）就叫夜星，代表天黑了。特别注意第三根中黑K线，一定要贯穿第一根中红K线的一半，这种情况下，夜星就算成立，行情就会反转向下。

晨星

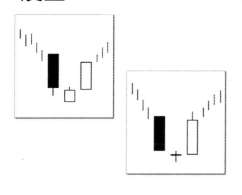

　　十字夜星和十字晨星，小K线实体是十字星，这样的图形反转的意味就更加强烈。
　　跃空不是跳空，跃空是实体不相交，影线相交，如果连影线也不相交，就叫跳空。

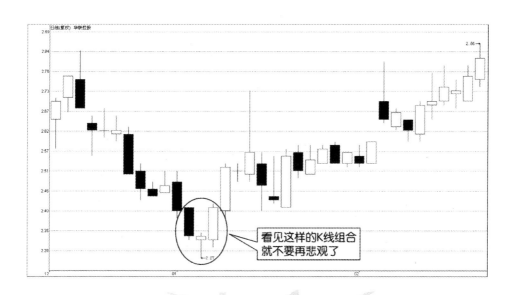

看见这样的K线组合就不要再悲观了

日出东方为落底反转常出的征兆，
积极寻找买点入场。

股市廖聊吧

第五招 十字弃婴与岛形反转

头部十字弃婴

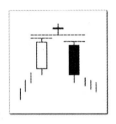

此图与夜星图很相似，但它们之间的差别，夜星是跃空，弃婴是跳空，且前后全是跳空。这种情况叫头部弃婴与底部弃婴。这是一个概念：在前面一招中的夜星和晨星是反转形态，十字夜星和十字晨星是强烈的反转形态，那么十字弃婴是超级强烈反转形态。

玩命了，你还不走吗？

112

底部十字弃婴

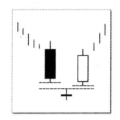

不禁会有这样的疑问：这不就是岛形反转吗？不错，这就是岛形反转的一种，正确的名字叫十字弃婴。

出现这样走势的K线别忘了买进

一字涨停封闭竭尽缺口

头部岛形反转

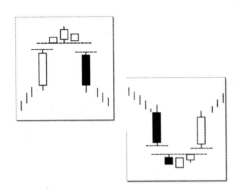

这是真正的岛形反转，上面有三根K线，它不见得只有三根，也许还会有更多，红K和黑K都可以，前面的K线与长黑K线的缺口不见得价格一样，但是它们要互相对应。这是一种反转态势。岛形反转部分缺口的现象，我们会在后面缺口篇详解。

跳空缺口指明方向

底部岛形反转

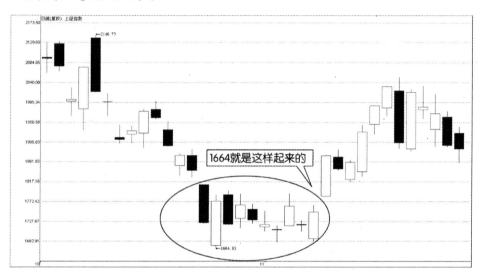

到了该贪心的时候了，
千万别错过。

第六招 高跳与低跳

高跳

高跳，首先是一波涨升后出现一根长红K线，然后没有再向上攻击，而是在高档止步横盘，类似前面的母子线，像母亲抱着孩子，股价开始停顿。这时，有人会认为行情可能涨不上去了，可能会在此位置出货。这时要重点关注右边，当一根长K线后，在高位高姿态整理，小K线四五根，或者更多，都没有问题，直到有一天向上跳空开盘，出现缺口，上去的这根K线格外有意义，称为高跳K线。原来的那根K线有人认为它处于停顿状态不敢买入了，没有关系，一旦看到这根跳空的K线一定要进，因为高跳行动意味着：后面还有一波行情，涨幅高低由其他条件方法来测量判断。在长红K线和高跳K线中，如果小K线很多，后面的涨幅会很大，这代表行情在这个位置做了充分的换手。

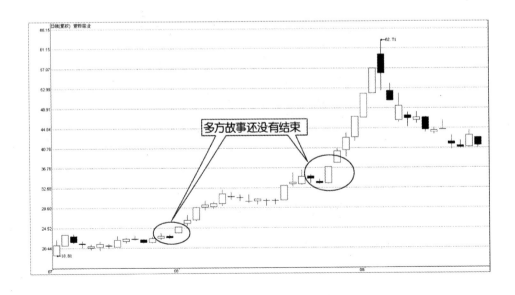

低跳

低跳，看到低跳行动的K线，一定要卖出，因为后面还有一波跌势在等待，和高跳一样，整理的时间越长，后面的跌幅越大。

这两种形态在股市中很常见，一定要特别注意。

空方酝酿许久终于表态，三十六计走为上计。

缺口指明了趋势，

请果断出局。

股市廖聊吧

第七招 白执带与黑执带

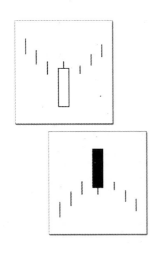

执带的意思就是K线，长红与长黑。为什么名字叫执带呢？执带是日本相扑的用语，就是两个选手各占一边，一白一黑，一方要把另一方推出一个圆圈，这个圆圈叫土围。执带就是选手抓住对方腰带。白执带的白，代表多头，多头一把抓住空头的腰带向外推，推出土围外边，多头就算胜利了，行情就要上涨。左上图和左下图，开盘就是最低价格或者最高价格，这是执带的一大特点。代表多方与空方当天没有后退一步。白执带中，当天可以有上影线，不能太长，短短的就可以。这种图形很有力量，可以在当天尾盘看到回不来的时候追，当天如果配合大的成交量，更可以确认。

白执带

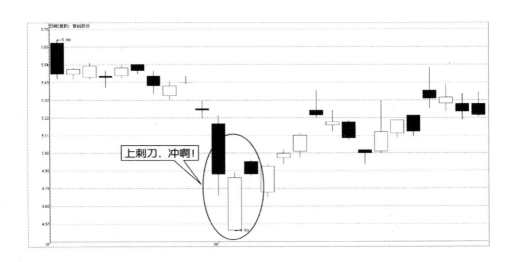

上刺刀，冲啊！

118

黑执带

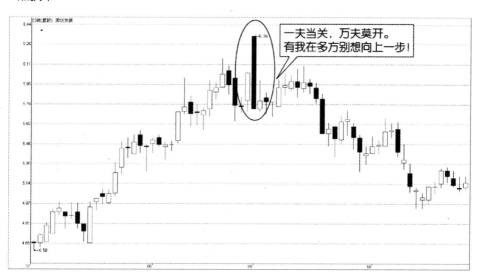

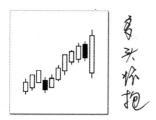

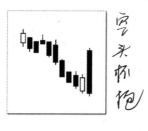

图中的长红和长黑可以有上下影线，就不是执带。虽然是长阳线，一波涨势上来后，中间是小红，中红，小阴相间，突然有一根长阳线，把前面的好几根K线都包住了，而且还创了新高。出现这种形态不要太高兴，它叫多头最后的怀抱，代表多头在这个地方力量不够，如果以后在这个地方开平，开低，或者低档整理，就有可能反转向下了。空头最后的怀抱是开高走低杀的大阴线，没有什么好可怕的了，空头快没劲啦！

多头最后的怀抱 顶部低开长阳

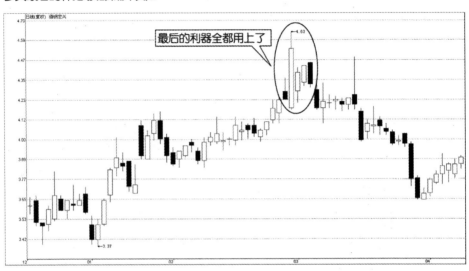

空头最后的怀抱 底部高开长阴

120

第八招 上升三法与下降三法

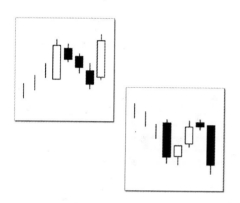

　　这是上升三法，代表一个上升的走势。某一天出现了长红K线，它没有继续涨，而是做了三天的整理，且三天全黑，属于最典型的形态。关键是三个黑K线的实体不能超出前面长红K线的实体，且第四根开高，收盘在红K最高点之上，这种形态叫作上涨连续形态，该股价之后会不断上涨。下降三法是跌势的连续形态。

上升三法

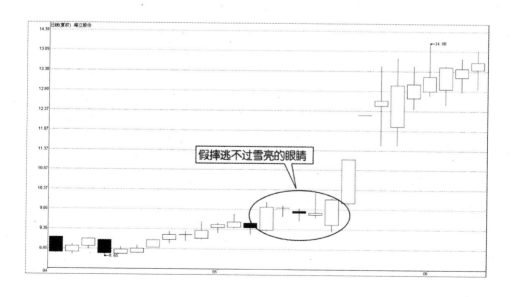

假摔逃不过雪亮的眼睛

下降三法

活用：整理不止持续3天，4天5天也可以，也不见得都是黑K，小红K也可以，或者实体稍微超过前面的K线也可以。

此时的下降三法好似凌迟，
给予多方希望再让多方绝望。

均线，K线，趋势线和缺口都是空方语言，
这样的个股即使有反弹也应站在卖方。

第九招　黑兵排列和红兵排列

高档出现黑兵，日本人称之为"乌鸦"。涨势到高档出现一个小乌鸦没什么，不想又来了一只大乌鸦，后面的小黑兵要比前面的略大一些。枝头上有两只乌鸦，就要特别小心了！有可能乌鸦会成群结队在后面聚集而来。如果有三根黑K线，而且看上去是逐渐向下，这种情况叫三鸦，日本人称之为"邪恶"，这种情况要特别小心行情是否反转向下。虽然三个黑K线不是长黑K线，也要警觉。

相对高档，乌鸦来了一只又一只，后市看跌。

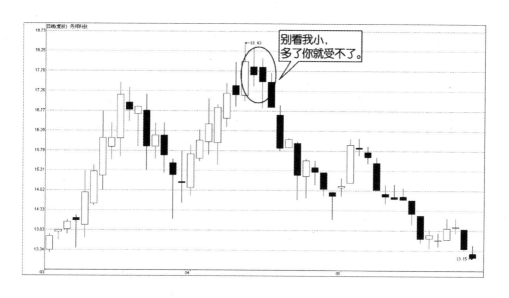

如果高档出现四根以上的黑K线，行情必会转而向下；低档连续出现四根以上的小红K线，行情必会向上。

相对低档，底部不短小阳线推升，后市看涨。

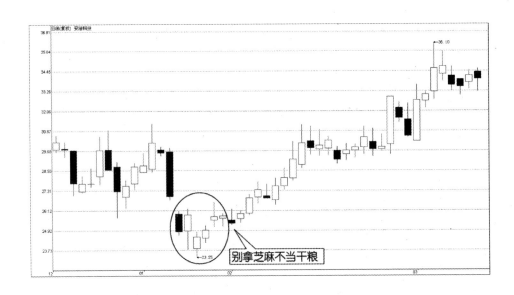

别拿芝麻不当干粮

底部连续小阳线推升，

都是波段起涨的信号。

第十招 K线的弧线

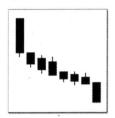

首先看到一个下跌的状态，显示一根大阴线，然后是连续小阴线慢慢下跌，如果下跌趋势渐缓，但还是续跌，这时要注意：这是根弧线，最后缓跌演变为急跌。所以在行情没有转变之前，不要着急抢入，后面可能急杀。同样，一根长红K线后，小阴小阳后往上涨，最后可能形成喷出。

一旦遇到变盘骗线的情况破坏了弧度，必须卖出股票。

下降的弧线

美妙的线条别迷了心窍

上升的弧线

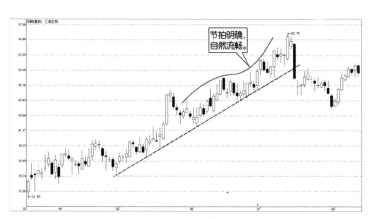

骗线

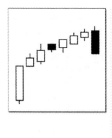

第十一招　隔离线

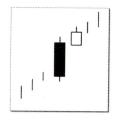 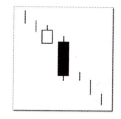 

隔离线常出现在期货品种中，上左图的走势是一波涨幅中突然有了黑K线，好像行情涨不动了，产生了停顿。你对后市可能会有怀疑，并且黑K线再带量，你就会更担心了。但是后面出现的这种K线就要注意：如果出现高开，且开盘的位置在前面的开盘位置上方，这种形态就称为隔离线，是多头隔离线，代表行情经过阴线换手后，涨势连续。见到这样的K线组合后，动作就应该是已买的，坚定持股，没有买入的要追。图例是标准形态，事实上，虽然高开比阴线的开盘价格略高或者略低一些都没有关系，关键是记住这种K线形态组合是涨势连续形态的一种强势表现。

上中图是标准的空头隔离线，

代表行情还要下跌。隔离线也叫中途站，意思是行情才走了一半。

上右图的意思是，行情下跌一段时间之后出现了一根长黑K线，有没有影线都无所谓，表明后面还要继续跌。重点在于：之后行情反弹起来，能否反转续涨，判断的标准是能否覆盖掉这根黑K线，收盘要在黑K的开盘价格上方，才能确认行情回升。如只走到这根黑K线的一半或者接近上端就回落，那这还只是一个反弹，因为多方没有把空方在前一波下跌中最具意义的这根K线覆盖掉。

相对上涨行情中的长红K线，要判断行情的回跌也是同理，看能否覆盖掉这根红K线，因为这是这波走势中多头主力发力的位置。

向下隔离

确认隔离，
不可恋战。

向上隔离

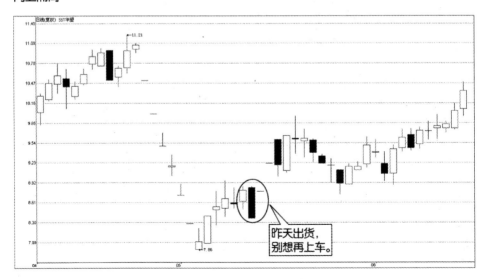

昨天出货，
别想再上车。

第十二招　K线多空版图之争

多空之争布于实体部分。

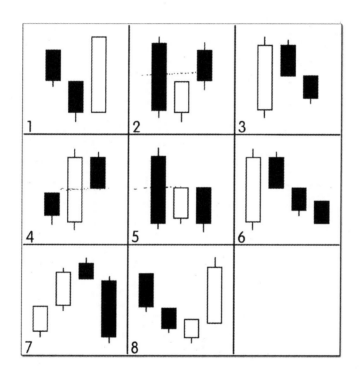

在这招讲的K线，特别强调一下，必须是K线实体部分，而不是影线。实体就是K线的开盘价格和收盘价格之间的部分。红K线和黑K线的实体就相当于多头与空头在当天建立起来的版图。实体加影线是当天的战场，这招的多空版图之争主要看实体部分。在当天多头的版图有没有扩增，或者空头的版图有没有失去。图

1中，两根黑K线建立了空头版图，但是第三天的红K线一下就把前面两根黑K线全部覆盖，这就是我们讲的白吞噬，表明多头胜了。图2，一个黑K线杀下来，接着一根红K线，这种情况先把前面黑K线的实体部分画一条中线，就会发现这根红K线没有超过这根中线，如果超过了，就叫贯穿，如果贯穿，多头对空头就构成了

威胁。第三天又收了一根黑K线，也没有贯穿前面黑K的中线，这种情况空头版图没有丢失，三天的交战是空头胜利了。图3，一根长红K线加两根黑K线，长红特别长，两根黑K线不大，但是如果把这两根小黑K线并线来看，就会发现已经形成了贯穿，对多方造成了威胁。虽然这种形态不构成反转，但足以引起警觉。接下来是图4，在长红K线的实体部分画一根中线，就很好去判断了。前两根K线形成了白吞噬，多头在第二天赢了，紧接着一个黑K线，多头在此败落了吗？并没有！画一根中线，就会发现虽然第三天出现了卖压，但并没有贯穿红K中线，对多头没有构成威胁。再看图5，同样在黑K线实体部

分画一根中线，请问它有没有在后面越过中线？没有！多头没有威胁到空方！然后的黑K比中间的红K线更长，形成吞噬，这是强烈的下跌形态，空方的版图将继续扩增。图6，白K之后三个小黑K，与图3做个比较，图3是贯穿，空头威胁了多头，图6是吞噬，空头显然赢了，当然第五根能不能形成上升三法，如果第五根上涨就是，要不然就会下跌了！图7与图8，你把两根K线并线就会发现一个白吞噬与黑吞噬，马上就清楚了。

多空版图之争，最重要的是实体部分，另外是长白K线与长黑K线的中线，还有一个重点是并线，连续的白K线和黑K线，可以把它并称一条。

伟大的军事家看到的是阵地得失

缺口九式

　　缺口就出现在K线中，K线十二招中就包含许多缺口。没有

缺口，K线就不够精彩，有缺口的形态才会显得完美。

第一式 趋势照着缺口产生的方向走

缺口的方向就是趋势的方向，并没有规定缺口一定得被填补。行情是看涨看跌，缺口有时会给你一个相当大的概念和明确的方向。很多人说，缺口总有一天会被填补，市场上流行的说法是缺口三天内会被补上，如果没有回补，那三个星期会回补，如果三个星期没有回补的话就三个月。那问题就来了：如果三个月、三年甚至三十年它都不回补呢？所以这点很重要，缺口并不一定要回补。

在上证指数3186～2319的下跌趋势中，连续出现向下的跳空缺口。

在上证指数2319～3186的上涨趋势中，连续出现向上的跳空缺口。

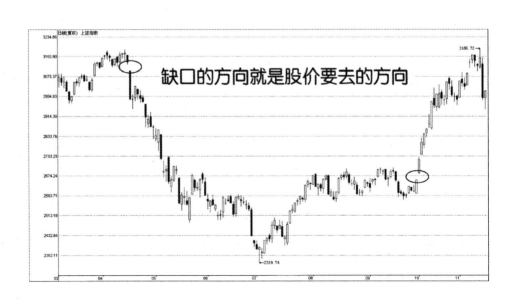

缺口的方向就是股价要去的方向

第二式　窗户与护城河

缺口（GAP），日本人称之为"窗"。开窗就形成缺口，关窗就是封闭缺口。向上的缺口表示多头开了一扇窗，多头就呼吸到新鲜空气，有利于多头行情向上发展。但是有一天行情回挫，如果缺口补齐就是关窗，如果没有补齐就是没有关窗，试想一下，窗户没有关严实还留了一条缝隙，它会不会透气呢？肯定会的啊！这表明多头就还能呼吸到新鲜空气，

那它就死不了，缺口的意义还存在。

有时候行情回挫回补缺口，补完了就马上回升，那这个窗户不是已经关了吗？是的，虽然窗户已经被关，但是没有锁紧！所以多头轻轻一推，窗户还是开了，这种情况下，我们把这样的缺口比喻为"护城河"，一侧为多方主力，一侧为空方主力。如果出现了向下的跳空缺口，当天K线的收盘价格和隔天K线的收盘价格就是

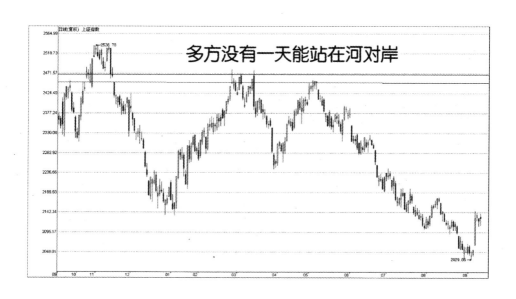

空方的护城河。如果多方反扑向上攻击，被歼灭和最危险的地方就是距离空方护城河最近的地方，可谓是战争第一线。如果多方不能攻过护城河并到达和对岸继续扩大战果，很容易被空方歼灭。

如左图所示，上证指数2011年11月18日形成的向下跳空缺口，构成了一条空方的护城河，多方的队伍一旦攻击到护城河，伤亡惨重，铩羽而归。

一日补缺，必死无疑。

三日补缺，半死半活。

五日补缺，九死一生。

第三式　缺口类型

缺口主要分两种：

1. 区域缺口，又叫形态缺口、普通缺口、一般缺口，指大盘或者个股在一个区域内盘整时出现的缺口。这种缺口对于股价涨跌没有意义，当天或者几天内就会被补上。

2. 趋势缺口，又叫突破缺口、连续缺口、竭尽缺口。指大盘或者个股在趋势行进过程中出现的缺口。分为三种，下面予以一一解释。

第四式 突破缺口

跳空突破整理形态，穿越重要的趋势线，行情起跑的讯号弹。

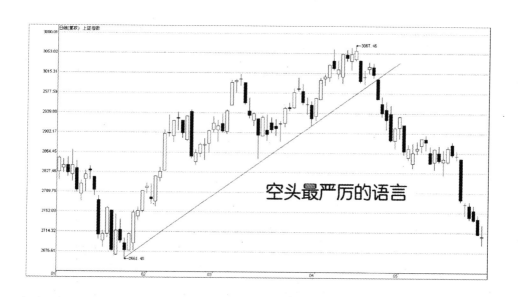

向下跳空缺口是危机，K线形成变盘线。

读懂盘面语言，做对正确动作。

第五式 连续缺口

又称逃逸缺口或者测量缺口。它经常配合数月来的最大量，且预告行情进行到一半。它必然是在趋势进行时形成的缺口。

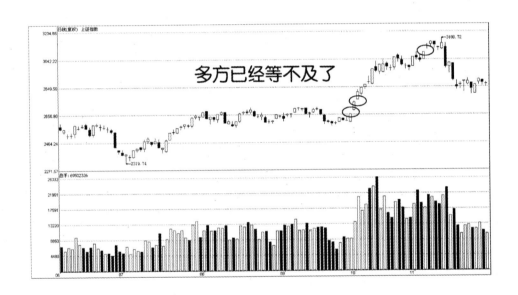

颈线缺口为中继，
高开放量要跟进。

第六式 竭尽缺口

强弩之末的大跳空，三天至一周内封闭缺口并且宣告结束趋势。

那么一直涨停或者一直跌停的连续缺口，应该怎样区分呢？因为股市有涨停板和跌停板，所以有些股票会连续出现很多缺口，而且如果那天的成交量几乎以后没有哪天的量可以得上，就要找竭尽缺口了！如果行情继续发展，直到有一个缺口在三天内或者一周内补不掉，那个缺口就是竭尽缺口，行情将发生反转。行情没有

缺口也可以大涨大跌。需要强调的是，上涨行情或者下跌行情中的第一个缺口肯定不是竭尽缺口，但是股价刚开始涨或者刚开始跌的时候没有缺口，趋势行进了一段时间之后出现了第一个缺口我们要视它为连续缺口，然后再去找竭尽缺口。

如下图，2319一路上涨至3186，最后以竭尽缺口被长阴线封闭来宣告行情的结束。

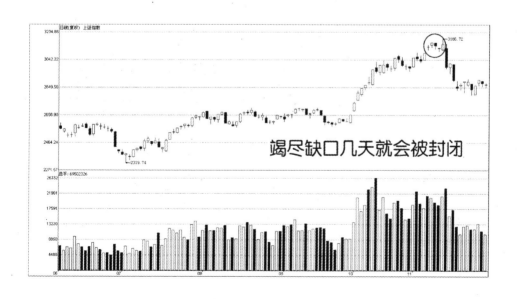

竭尽缺口几天就会被封闭

第七式 岛形反转

　　多空转换的大反攻，一波行情的总修正。

　　参看K线十二招中的岛形反转。空头被多头一路追杀，最后形成了向上的跳空缺口。但是如果出现了对称的向下跳空缺口，就可知道上面的孤岛就是空方的大本营了，多方已经很难短期再度攻克。它的力量到底有多强？前面提到："一波行情的总修正"中的"一波"，即波浪的意思，不管上一波涨还是跌，它都会至少向相反的方向走一波。

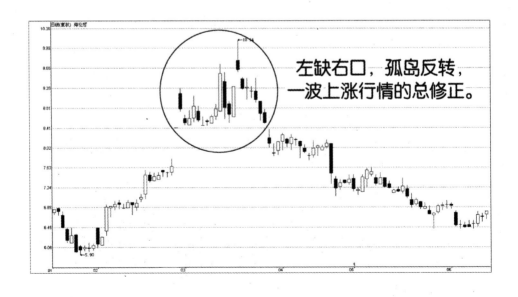

左缺右口，孤岛反转，一波上涨行情的总修正。

138

第八式　周线跳空

周线跳空虽然是巧合，却是选黑马股的密码。

星期一的开盘价格比上周所有的高点都要高，周五的收盘价格也高于上周高点，形成缺口，不能说所有的周线缺口都是大黑马，但是大部分都是。

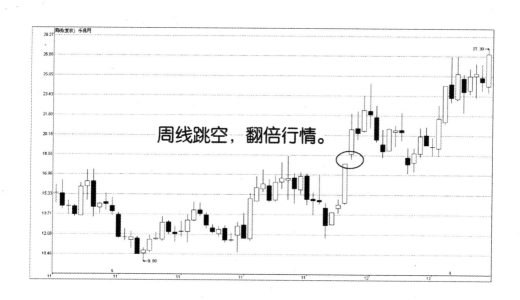

周线跳空，翻倍行情。

缺口是危机也是转机

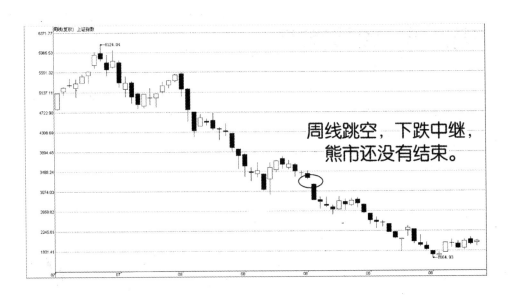

周线跳空，下跌中继，
熊市还没有结束。

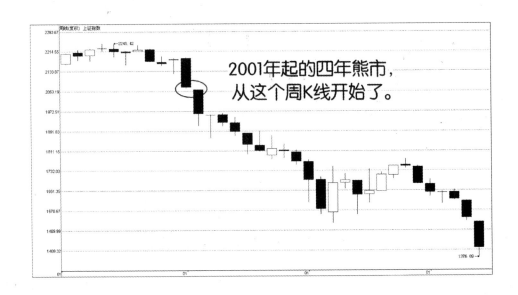

2001年起的四年熊市，
从这个周K线开始了。

第九式 缺口的特殊K线

十字晨星（夜星），高跳（低跳）行动。（详见K线图解）

高跳

高跳动作显示了趋势的方向

低跳

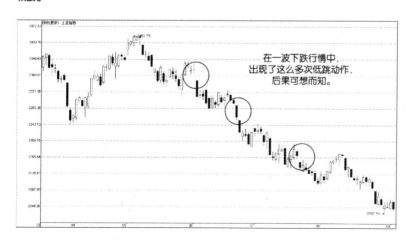

在一波下跌行情中，
出现了这么多次低跳动作，
后果可想而知。

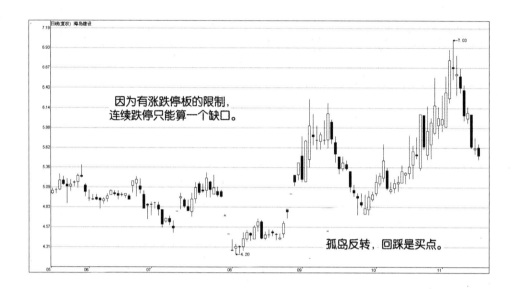

因为有涨跌停板的限制，
连续跌停只能算一个缺口。

孤岛反转，回踩是买点。

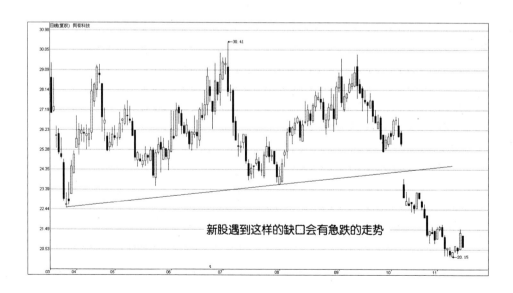

新股遇到这样的缺口会有急跌的走势

Part 2

循环篇

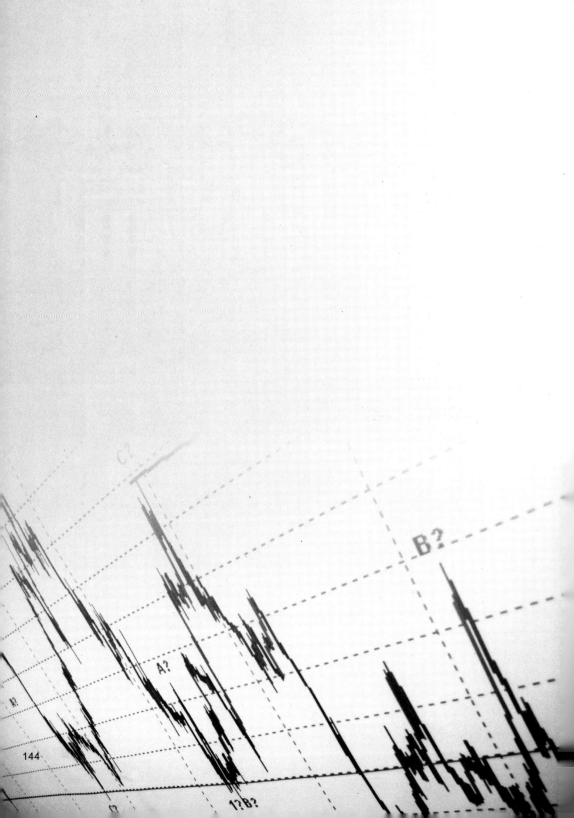

144

KD指标

多空循环 谈笑用兵

KD单独的解析：（不变的原则）

K>D:涨

K<D:跌

KD指标的运用法则

1. K在D下是准备往下找买点（回补点），K最好是在20或者10以下。

2. K在D上是准备往上找卖点（放空点），K最好是在80或者90以上。

3. K在D上买法是追涨，K在D下卖法是追杀，都不是理想的买卖法。

4. K突破D之后就不再买进，等待多单获利或空手放空。

5. K跌破D之后就不再放空，等待空单回补或空手买进。

6. K在80或90以上，盘中线冲高就卖或放空。

7. K在20或10以下，盘中线下杀就买或回补。

8. 如果股价继续上升，并突破前一波段高点创新高，但KD未能同步创新高点，此种背离现象代表着追价买盘减弱，后市不乐观。

9. 如果股价继续下跌，并跌破前一波段低点创新低，但KD未能同步创新低点，此种背离现象代表着追杀卖盘减弱，后市转趋乐观。

10. KD线若在高档连续出现两次以上交叉现象时，意味着行情有可能要大跌；而KD线若在低档连续出现两次以上交叉现象时，意味着行情有可能要大涨。

多空的循环轨道与买卖

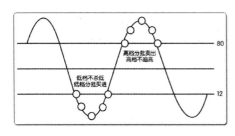

KD在80或者90以上为高档，不追高，分批卖出。

KD在20或者10以下为低档，不杀跌，分批买进。

多空循环中均线与KD的互动

1.	第一象打底区和第三象盘头区属整理型能，因此操作工具以KD为主。
2.	第二象涨升区和第四象跌挫区属急攻型态，因此操作工具以MA为主。
3.	三合一买（补）是指日/60/30KD进入20（甚至10）以下的买（补）讯号。
4.	三合一卖（空）是指日/60/30KD进入80（甚至90）以上的卖（空）讯号。
5.	第二涨升区："拉回都是买点"是因为主趋势（K↑D、↑MA↑）仍往上。 不要预设高点，只要留意跌不下去的支撑点与加码点即可。
6.	第四象跌挫："反弹都是空点"是因为主趋势（K↓D、↓MA↓）仍向下。 不要预设低点，只要留意涨不上去的压力点与加空点即可。
7.	第二象涨升区主升可以涨多高？由第四象跌挫区之前跌多深来决定。
8.	第四象跌挫区主升可以跌多深？由第二象涨升区之前涨多高来决定。
9.	如果你在第二象涨升区不敢逢低加码买进，那么你在第四象跌挫区也不会敢逢高加码放空。
10.	如果你在第四象跌挫区不敢逢高加码放空，那么你在第二象涨升区也不会敢逢低加码买进。
11.	如果你在第一象打底区逢低"三合一"不敢买，那么你第三象盘头区逢高"三合一"也不会敢空。
12.	如果你在第三象盘头区逢低"三合一"不敢空，那么你第一象打底区逢高"三合一"也不会敢买。
13.	第二象涨升的基础是"追涨"，高点由买力何时耗尽来决定。买力耗尽由高量不涨来确认。
14.	第四象跌挫的背景是"杀跌"，低点由卖力何时耗尽来决定。卖力耗尽由低量不跌来肯定。

KD与移动平均线的搭配使用

　　移动平均线能够指明趋势的方向，具有稳定的特征，缺点是反应比较迟钝。KD具有灵敏的特性，缺点是比较毛躁。如果用移动平均线搭配KD指标使用，能够取长补短，锦上添花。

　　KD的使用必须是以移动平均线作为背景的。离开移动平均线，KD不可能得到完美的解析。

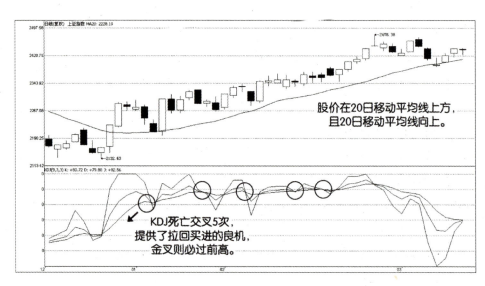

股价在20日移动平均线上方，且20日移动平均线向上。

KDJ死亡交叉5次，提供了拉回买进的良机，金叉则必过前高。

　　在移动平均线（20天线）向上的背景下，KD每一次黄金交叉和死亡交叉都是买点：死亡交叉不破20日线提供了拉回的逢低买点，因为指数不会破前低；20天线上的黄金交叉，提供了追涨买点，因为它必过前高。

死交叉买点.

买点因为不会破前低

KD运用的背景是移动平均线

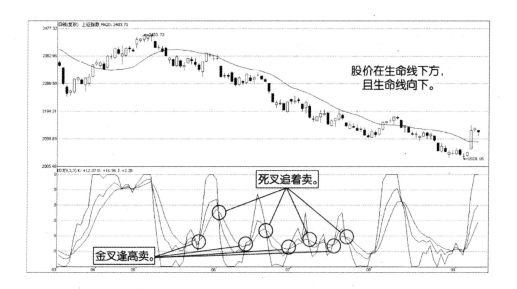

在移动平均线（20天线）向下的背景下，KD每一次黄金交叉和死亡交叉都是卖点：黄金交叉不过20日线提供了反弹的逢高卖点，因为指数不会过前高；20日线下的死亡交叉提供了追跌的卖点，因为它必破前低。

K＞D 涨，

K＜D 跌，

不变的原则。

有时上涨是找卖点，
有时下跌是找买点。

KD循环转折策略

多头趋势战法

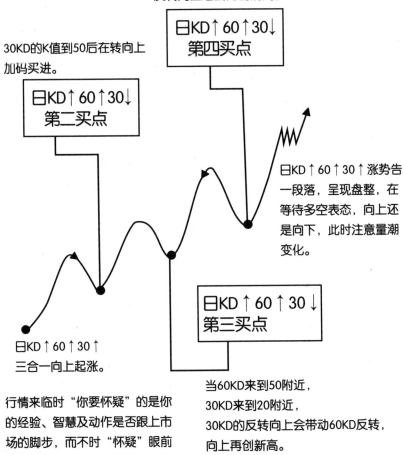

日KD交叉向上60KD来到20附近60KD的反转向上还会再创前高。

日KD↑60↑30↓
第四买点

30KD的K值到50后在转向上加码买进。

日KD↑60↑30↓
第二买点

日KD↑60↑30↑涨势告一段落，呈现盘整，在等待多空表态，向上还是向下，此时注意量潮变化。

日KD↑60↑30↓
第三买点

日KD↑60↑30↑
三合一向上起涨。

行情来临时"你要怀疑"的是你的经验、智慧及动作是否跟上市场的脚步，而不时"怀疑"眼前所看到的趋势。

当60KD来到50附近，
30KD来到20附近，
30KD的反转向上会带动60KD反转，
向上再创新高。

空头趋势战法

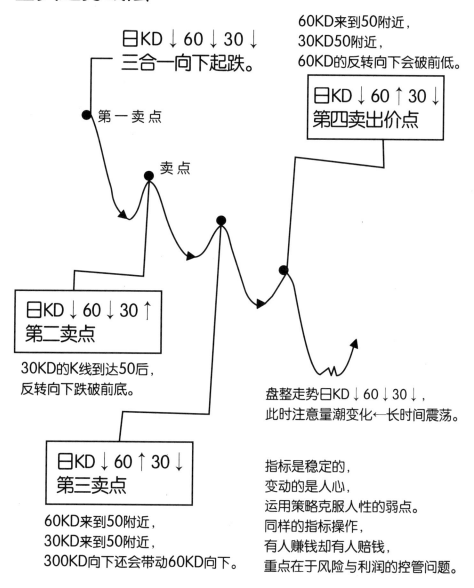

日KD↓60↓30↓
三合一向下起跌。

第一卖点

卖点

60KD来到50附近，
30KD50附近，
60KD的反转向下会破前低。

日KD↓60↑30↓
第四卖出价点

日KD↓60↓30↑
第二卖点

30KD的K线到达50后，
反转向下跌破前底。

盘整走势日KD↓60↓30↓，
此时注意量潮变化←长时间震荡。

日KD↓60↑30↓
第三卖点

60KD来到50附近，
30KD来到50附近，
300KD向下还会带动60KD向下。

指标是稳定的，
变动的是人心，
运用策略克服人性的弱点。
同样的指标操作，
有人赚钱却有人赔钱，
重点在于风险与利润的控管问题。

KD的运用精华在于上下位阶的搭配使用

技术面背景——指标中短循环

	中期周KD	短期日KD	中短多空组合
中多短多			**中多格局里的短线翻多转强** ★中线初步翻多时，短线已进入高档，当短线回档结束，再度翻扬时，即如此形态（攻击型）。 ★最佳买点。
中多短空			**中多格局里的短线翻空转弱** ★当中期周KD刚刚由空转多时，通短期日KD已进入高档甚至回档。 ★中多格局里，量若不衰，日KD有能高档钝化。 ★初期和中期，中多会保护短空，末则短空会破坏中多。
中空短			**中空架构下的短线翻空转弱** ★中线初步翻空时，短线已进入低档，当短线回档结束，再度翻空时，即这般模型（破坏型）。 ★最佳空点。
中空短多			**中空架构下的短线翻多转强** ★当中期周KD刚刚由多转空时，通短期日KD已进入低档甚至反弹。 ★中多格局里，量若萎衰，日KD有能低档钝化。 ★初期和中期，中空会压抑短多，末则短多会扭转中空。
附录：MACD与KD之多空互动			
锦上添花	MACD↑	MACD在零轴之上，对多头有宣示及保护作用。	雪上添霜 MACD↓ MACD在零轴之上，对空头有宣示及保护作用。
	K↑D	KD交叉往上，在MACD捍卫多头的背景上乘胜追击，相得益彰。	K↓D KD交叉往下，在MACD捍卫空头的背景上落井下石，加速跌幅。
诱空护多	MACD↑	MACD在零轴之上，对多头有宣示及保护作用。	诱多护空 MACD↓ MACD在零轴之下，对空头有宣示及保护作用。
	KD↓	KD交叉往下，在MACD捍卫多头的背景上拉回诱空，清洗浮额。	K↑D KD交叉往上，在MACD捍卫空头的背景上反转诱空，再度套多。

循环指标的组合

初期	长天期低档刚转多，短天期进入相对高档。①高档钝化　②拉回修正	长天期高档刚转空，短天期进入相对低档。①低档钝化　②反弹修正
中期	长天期持续向上移，短天期上下来回循环。①持续数回　②进入末期	长天期持续向下移，短天期上下来回循环。①持续数回　②进入末期
末期	长天期进入了高档，短天期高档进行扭转。①成功翻空　②不幸失败	长天期进入了低档，短天期低档进行扭转。①成功翻多　②不幸失败
日KD 与周KD	1. 月KD 是长天期，周KD 是短天期。2. 适合长线波段操作者。	日KD 与周KD 1. 周KD 是长天期，日KD 是短天期。2. 适合中线波段操作者。
日KD 与30KD	1. 日KD 是长天期，30KD 是短天期。2. 适合短线波段操作者。	30KD 与5KD 1. 30KD 是长天期，5KD 是短天期。2. 适合短波当冲操作者。

上下双位阶搭配

涨	上位阶K>D　主轴在多　下位阶K>D　次阶段在多	见关非关・屡过前高（强势多头）
	上位阶K>D　主轴在多　下位阶K<D　次阶段在空	高档振荡・不破前低（弱势多头）
跌	上位阶K<D　主轴在空　下位阶K>D　次阶段在多	见底非底・一路破底（强势空头）
	上位阶K<D　主轴在空　下位阶K<D　次阶段在空	低档振荡・不过前高（弱势空头）

日KD 与 60KD 的基本架构

1. 日KD 低档交叉向上的背景，60KD 拉回修正后的交叉再涨，一定越前高，但拉回修正过程不会破前低。
2. 日KD 高档交叉向下的背景，60KD 拉回修正后的交叉再跌，一定破前低，但反弹修正过程不会越前高。

60KD 的虚实

		位置	常态企图	变态结果
↓	高	高档确认	委卖大于委买	委买大于委卖 高档钝化轧空
	中	向下续航	委卖呈一面倒	委买委卖消长 下跌走势受阻
	低	低档钝化	委卖持续不断	委卖不再增加 委买大于委卖
↑	高	高档钝化	委买持续不衰	委买不再增加 委卖大于委买
	中	向上续航	委买呈一面倒	委买委卖消长 上涨走势受阻
	低	低档确认	委买大于委卖	委卖大于委买 低档钝化杀多

60KD 与 30KD 的互动

60KD 涨升过程（初期、中期、末期）30KD 进入高档的三个动作				
动作		①利润	②风险	后续
1	做短空	价差 → 反转	钝化 → 续扬	① 锁单成功、解多单 ② 停损60 点、留多单
2	不动作	没价差	没风险或心被套	① 出脱做空 ② 持续加多
3	加码多	钝化 → 续赚	被套 → 反转	① 加码成功、留多单 ② 停损60 点、出多单
60KD 跌挫过程（初期、中期、末期）30KD 落入低档的三个动作				
动作		①利润	②风险	后续
1	抢反弹	价差 → 反转	钝化 → 续挫	① 锁单成功、解空单 ② 停损60 点、留空单
2	不动作	没价差	没风险或心被轧	① 出脱做多 ② 持续加空
3	加码空	钝化 → 续赚	被轧 → 反转	① 加码成功、留空单 ② 停损60 点、出空单

KD双位阶

双位阶涨升操盘技巧	上一个位阶呈多头背景（MA向上，KD向上）里，任何的"拉回修正"如果只是"拉回修正"，不具备"回跌条件"，则拉回都是"买点"，因为通常都会再创前高。在这个基本原则下可利用5KD拉回进入20或10以下做多，也许会先被套，但之后一定会赚。
双位阶跌挫操盘技巧	上一个位阶呈空头背景（MA向下，KD向下）里，任何的"反弹"如果只是"反弹"，不具备"回升条件"，则拉回都是"空点"，因为通常都会再创破低。在这个基本原则下，可利用5KD拉回进入80或90以上放空，也许会先被轧，但之后一定会赚。

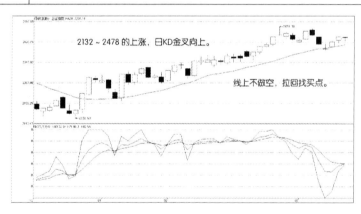

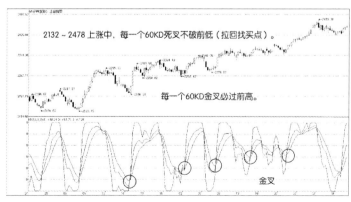

三个位阶搭配操作策略

多空分界，空手观望	多空分界，空手观望
上位阶 K<D，主轴在空 中位阶 K>D，次阶段在多 下位阶 K>D，末阶段在多	上位阶 K>D，主轴在多 中位阶 K<D，次阶段在空 下位阶 K<D，末阶段在空
强者恒强，全力补买	强势空头，全力卖空
上位阶 K>D，主轴在多 中位阶 K>D，次阶段在多 下位阶 K>D，末阶段在多	上位阶 K<D，主轴在空 中位阶 K<D，次阶段在空 下位阶 K<D，末阶段在空
涨多修正，压回买进	跌深修正，加码卖空
上位阶 K>D，主轴在多 中位阶 K>D，次阶段在多 下位阶 K<D，末阶段在空	上位阶 K<D，主轴在空 中位阶 K<D，次阶段在空 下位阶 K>D，末阶段在多
整理格局，高出低进	虚火上升，继续卖出
上位阶 K>D，主轴在多 中位阶 K<D，次阶段在空 下位阶 K>D，末阶段在多	上位阶 K<D，反弹卖空 中位阶 K>D，次阶段在多 下位阶 K<D，末阶段在空

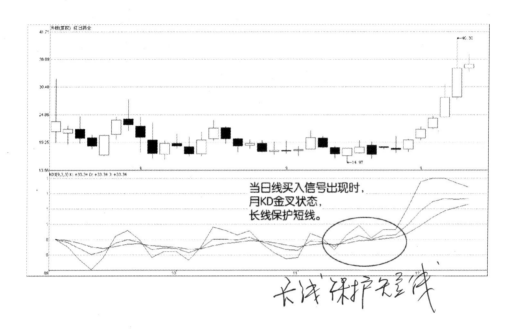

当日线买入信号出现时，
月KD金叉状态，
长线保护短线。

长线保护短线

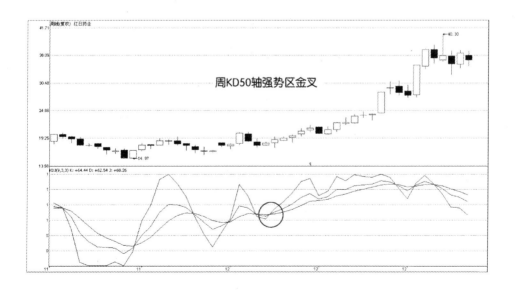

周KD50轴强势区金叉

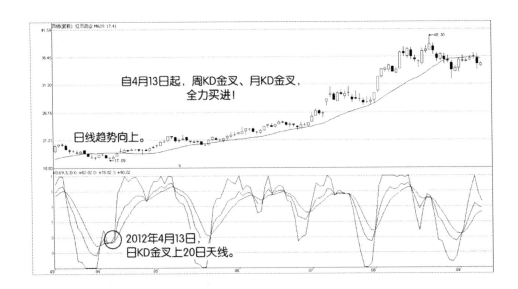

自4月13日起，周KD金叉、月KD金叉，
全力买进！

日线趋势向上。

2012年4月13日，
日KD金叉上20日天线。

短线靠技术，

波段看心态，

三位阶搭配，

短线+波段，

获利最大化。

RSI指标

　　就像常听到的"物极必反"的道理一样，任何事物只要"太过了"，总会有一股反向的力量拉回。RSI就是衡量买涨买跌力量的计量化指标：买涨太多了，行情跌的几率就高；买跌太多了，行情涨的几率就高。

RSI解读超买与超卖

RSI的设计原理

RSI是大师WILDER发明的一个知名指标，他同时还发明了SAR、DMI和浴缸理论，都是股市操作的经典之作。

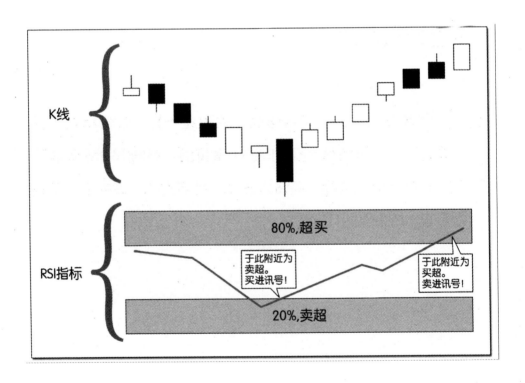

20以下与80以上，

买涨（跌）过多，应该要跌（涨）了吧！

RSI的应用①：RSI头部（底部）摆动不足，是做头（筑底）的征兆

　　当RSI在超买区（RSI大于80%）出现"摆动不足"时，就有可能是行情的头部（也是行情即将下跌的征兆），具体来说，当RSI第一次进入超买区时，通常只代表一种警讯。真正进入实质买超，是指RSI再一次进入超买区，但这一次的波峰（H2）没有高过第一次波峰（H1），而且第二次折返向下的峰底（L2）也低于第一次的折返峰底（L1），这可以确认为头部的形成。

　　相反的，当RSI第一次进入超卖区时，也代表着一种警讯。当RSI第二次进入卖超区域时，峰底（L2）高于第一次的峰底（L1）且第二次向下的波峰高（H2），还高过第一次的折返（H1），这可以确认于底部。

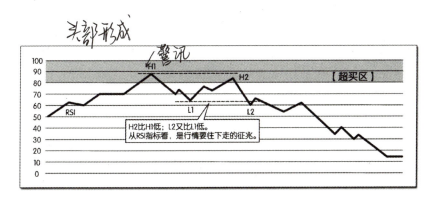

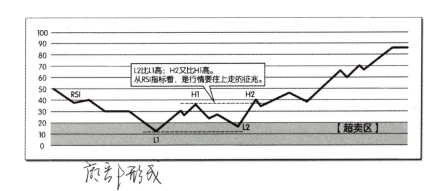

股市廖聊吧

RSI的应用②：RSI与股价背离的转折行情——高档背离

股价在经历一波大涨之后，上升速度变慢，股价再创新高，但是RSI却呈现下降，这就是高档背离，表示涨势已经到了瓶颈，盘式即将反转。

也就是当RSI处于高档（80%以上），此时，可以判断市场的气氛是相当热络的，买涨的人气很旺，不过此时RSI在高档区若已经出现摆动不足，又跟股价行情背离的时候，这时股价反转下跌的机会很大，是短线投资人高点卖出的机会。

卖出信号已发出，您看懂了吗?

有背离就会有转折

RSI的应用②：RSI与股价背离的转折行情——底背离

当股价指数创新低，RSI也同步创新低，显示后市仍为弱势，有可能行情会再下跌。相反的，股价指数创新低，RSI未能同步创新低，这就是底背离，行情有可能即将转强。

RSI因为取材计算的关系，是属于领先指标，当股票因为严重的利空消息而超卖时，股价会严重下跌，但观察RSI若出现背离的现象，对于有意买进的投资人而言，就是个很好的买点。可以视为技术上捡到便宜了。不过要留意，不是今天出现背离，明天就一定行情反转，应该还要搭配其他的分析指标和工具。

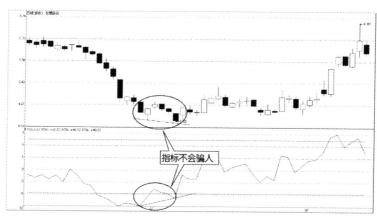

指标不会骗人

骗你的只有自己的眼睛

RSI应用③：RSI非在超买、超卖区时

最常被采用的RSI买卖方式就是超买和超卖区域，当RSI在其他数值时又要如何判断？一般会以下面的表格为参考数值。

理论上，应该是根据上述的表格操作，不过，实际操作中，却不能这么呆板地买卖。

首先，RSI因为设定的参数不同而有很多不同的判断方式。当参数设定得越大，分界线距离中心线（50）就越近，距离两段（0与100）就越远。例如，认参数设为6和参数设为12作比较，很明显，参数设定12时，

摆荡区间不如参数6那样幅度大。

RSI 数值	代表意义	理想的买卖
0～20	由极弱转弱	买入
20～50	由弱转中间	买入
50～80	由中间转强	买入
80～100	由强转极强	买入
100～80	由极强转强	卖出
80～50	由强转中间	卖出
50～20	由中间转弱	卖出
20～0	由弱转极弱	卖出

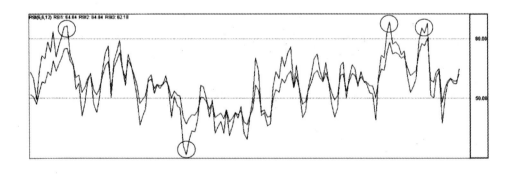

再者，每一只股票的活跃度不同，RSI所能达到的高度也不同。越活跃的个股买卖信号的位置距离50就越远，而走势不活跃的个股，买卖信号距离50就越近。因此，在运用这个指标时，需要掌握个股的波动周期与过去RSI历史的走势，就能通过RSI掌握个股的动向。

同样是大盘股，中石油和浦发银行的活跃度不一样，摆动幅度也不一样：

RSI应用④：RSI的另一个关键数字——50

RSI50是买超与卖超力量平衡的位置，一般可以将它视为股价强弱的分界点：超过50行情属于强势，低于50则属于弱势。

最直观的运用方法是：当行情暂时下挫，投资人很迷惑，不知是否卖出时，可以参考RSI，若RSI没有跌破50，可视为强势整理，不必着急卖

出；相反，如股价长期下跌，一旦行情出现反弹，RSI没有站上50，就不要买入。

RSI指标回升突破50的多空分水岭时，是多头加码的好时机；若RSI突破80时，多头可以获利了结。一旦RSI跌漏80往下走，就是卖出股票的最佳时机。

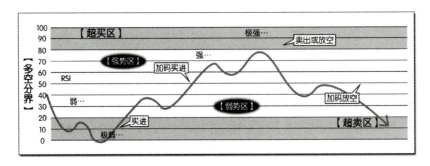

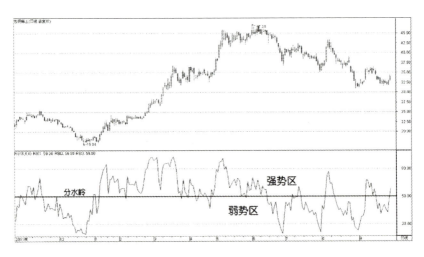

RSI的应用⑤：RSI的形态——顶部形态

学过形态学的投资人，可以把形态、支撑和压力的看图方法套用在RSI指标上。

当RSI接近支撑点位，可以以此预期价格将有止跌的机会；如果RSI率先突破压力，也意味着价格将有突破压力线的可能。例如：当

RSI在80左右成头肩顶形态时，可以准备卖出股票；RSI在20左右出现头肩底或者W底等底部形态时，也是买入的时间点。

若等不到RSI的头部或者底部形态出现在超卖或者超买区域时，最好距离中间线50越远越好。

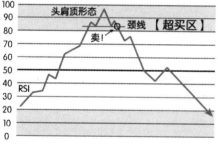

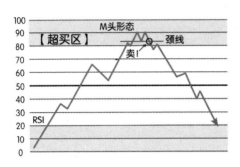

是买还是卖，

图形告诉你。

RSI的应用⑤：RSI的形态——底部形态

在下降趋势中，价格屡创新低，在超卖区域出现RSI的底部形态，例如头肩底，W底等，都是很好的参考图形，一旦RSI突破底部形态的颈线，就是买点，尤其是RSI在20以下的底部形态，意味着买盘恢复战斗力，预测行情会上涨。

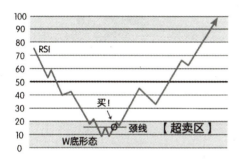

股市廖聊吧

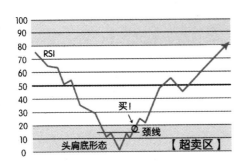

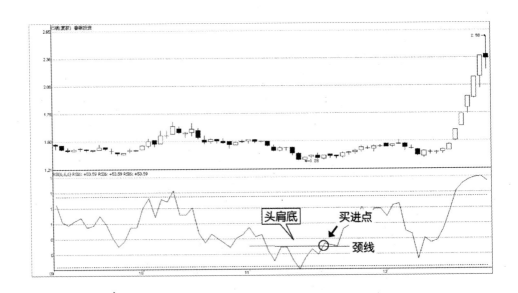

底部已经构筑完成RSI告诉你

RSI的应用⑥：黄金交叉和回测不破的加码

　　RSI在超卖区买入；在超买区卖出，属于逆向操作的逻辑。若用此法操作，则可以观察黄金交叉和死亡交叉。

　　以6日与12日为例。当6日RSI转强后一底比一底高，向上穿破12日

RSI，是行情转强的信号，和移动平均线的黄金交叉同理，为买入信号。若行情再次向上穿破50，不久又拉回测试50的支撑，若测试不破，表示市场的支撑很强，这个回测不破的点位，投资人理当站在多方加码买入。

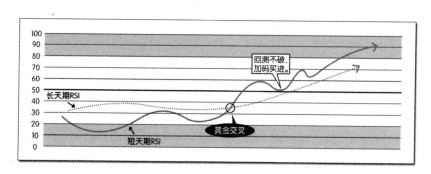

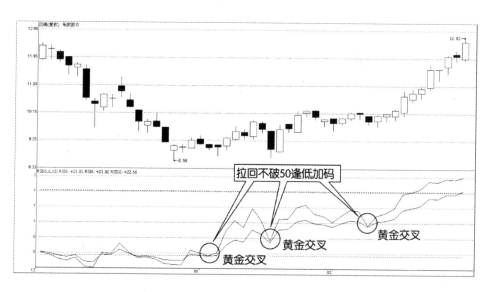

 RSI的应用⑦：死亡交叉和回测不破的卖出

相反的，若6日RSI一波峰比一波峰低，向下穿破12日RSI，是行情走弱的信号，也就是死亡交叉，是卖出信号。

若行情已经跌破50，但是不久又拉回到50测试压力，若无法成功穿越50，行情反身向下的话，这个穿越不过去的点位就是卖点。

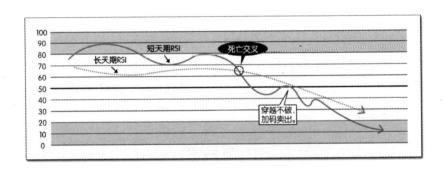

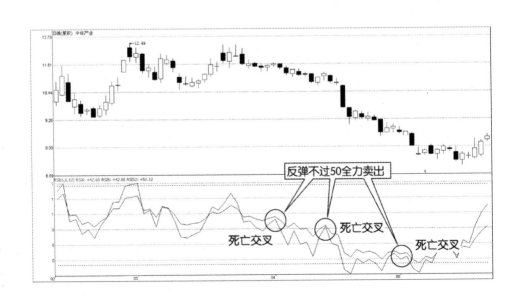

※　领先指标

RSI的应用⑧：RSI的趋势——上升趋势

通过RSI指标也能判断趋势，由于RSI的趋势线比K线的趋势线更易侦测出支撑与压力，所以常用在预测行情的反转。

跟平常我们连接两个低点的直线，当成支撑线一样，连接RSI两个低点也能画出切线，切线的角度则反映出多空力量的转强或转弱，当上升趋势线的角度在45度以上，表示上升趋势相当强劲，若角度在45度以下，表示上升趋势和缓。

在45度角以下的弱势多头趋势下，若行情突然急拉，可以在这条原始的上升趋势线之外，再画一条修正的上升趋势线。若RSI向下跌穿趋势线，可以进一步研判：这可能是市场行情反转的关键点，也就是卖出的最佳时机。

修正上升趋势线

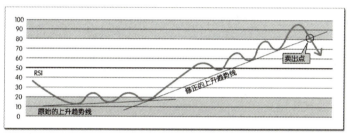

RSI的应用⑧：RSI的下降趋势

　　反之，连接RSI走势图的高点与高点逐步走低，就是RSI的下降趋势，也就是行情的压力线。它的斜率向下，代表空头力量。如果角度在45度以下，表示下降趋势缓慢；若角度在45度以上，表示下降趋势强劲。

　　当RSI的下降角度越来越陡，可以在原始的下降趋势之外，再画一条修正的下降趋势线；当RSI折返向上穿透趋势线，可以视为行情转折的买点。

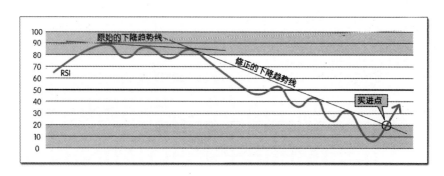

RSI的应用⑨：RSI的钝化

股市进入大多头市场的时候，因为阳线次数多过阴线，即使行情再出现高价，RSI也不再反应。指标的振幅在高档变动趋缓，这时可以配合均线操作，另一种解决方式就是细化时间段，比如，本来看日K线就改成看60分钟K线和30分钟K线，不过细化时间段之后，买卖点将变得非常敏感地频繁出现，就只对极短线交易者较适合。

行情处于横盘整理时，价格变动不多，相对的RSI变动幅度也小，使得RSI不容易判断，也可以改用60分钟线图，但其缺点就是买卖信号频繁出现，反而不容易看出趋势。

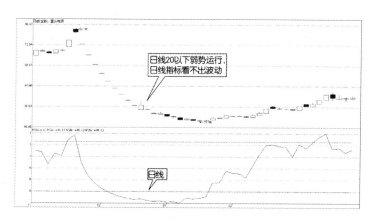

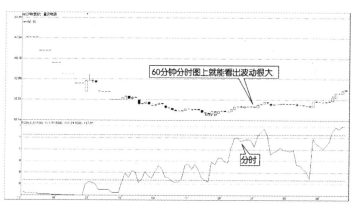

日线80以上强势区域运行，看不出波动。

日线

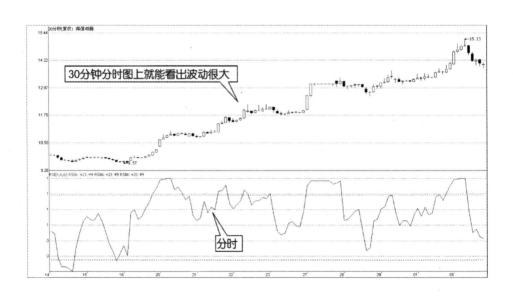

30分钟分时图上就能看出波动很大

分时

RSI应用⑩：月线选牛股

将月线的RSI参数改为4，当RSI的数值大于77的时候，是股价上涨的加速区域。在实战运用中，真正的飚股牛股都符合这个条件。

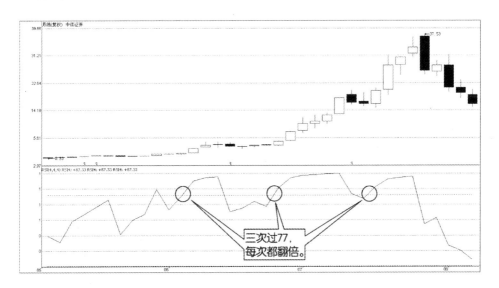

三次过77，
每次都翻倍。

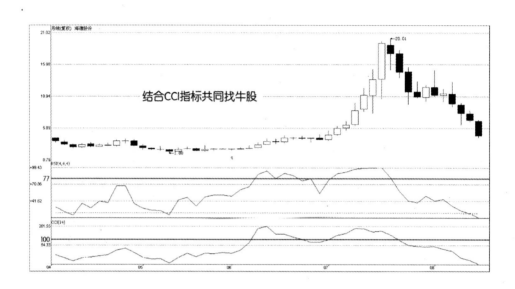

结合CCI指标共同找牛股

搭配威廉指标选牛股

CCI指标

商品通道指标（般若指标/顺向指标）

Commodity Channel Indexes

CCI商品通道指标

般若指标/顺向指标

科斯托兰尼在他的书中曾经画过一个鸡蛋，简单说明一个多头市场或空头市场的形成与结束的过程；里面的重点，是告诉投资人，如何配合成交量及市场的热潮，来判断涨跌情况。科斯托兰尼鸡蛋仕操作学中常被提及，也常在叙述行情中被引用。他认为一个波段行情，通常有一个低档区（称为买进区）与一个高档区（称为卖出区），在这两个区间，他刻意地画出一个等待区（waiting）——蛋身的部分，这个等待不是等待买点或卖点，而是"等待获利"。一般人最难掌握的，就是持股正在赚钱，而不知何时出场的窘态；好不容易熬过盘整，进入获利阶段，而且还可能是一段梦寐以求的好行情，这耐心的等待是一门学问。

只是科老的成交量在实务上很难获得正确答案。虽然成交量增减，在事后总是可以找到关联，但是在下决策的当时，这增减的定义会显得相当模糊。如果我们从书上学到的东西，都必须要等行情结束好几天后，才能得到"印证"，那我们可能只是在做收集资料或研究的动作，它对我们操作的决策毫无帮助。可是有一个结论是所有股市达人的共识：盘整的时间多于出现趋势的时间，依照长期的统计，如果我们把时间与空间来作个比较，其实是个有趣的对比：在时间的比率上，盘整其实占了多数，跟趋势行情之比率大约是7:3（十天中有七天是盘整）；偏偏在获利空间上，盘整的"空间"比起趋势盘，少了许多——3:7（大户大概赚了行情的七成）。

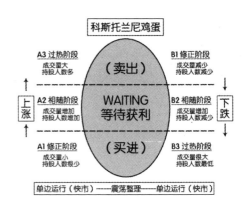

想想看，谁用较少的时间，拿取较大的空间？大户。

谁整天呆望着行情，却每次只获得少许的利润？散户。

股票市场有一批投资人，这些人不常出现，但奇怪的是，只要出现就有行情，好像他们可以嗅出行情的味道，而且说也奇怪，他们一消失，行情也就没有了，市场给他们一个怪名称"Scalper"（印地安的剥头皮者），像一阵旋风，动作迅速，好像趁火打劫，短期赚了就走（英文是Take the money and run），市场的专有名词"快市行情"，好像专为这些人取的一样。当然各种传说就会出来，内线交易？大户外围？外资代言人？我不知道真的情况是什么，不过有了Envelop的观念，要设计出这种明显的指标，可是很简单的事，CCI是个代表性十足的指标，CCI是专门用来乘火打劫的。

 ### CCI（般若指标）公式：

或称（顺势指标）公式：

今 日 标 准 价 ＝（H＋L＋C）／3；

N日平均标准价＝N日标准价之和／N；

平均差值：abs（标准价－1日平均标准价）＋…＋abs（标准价－N日平均标准价）；

CCI＝（今日标准价－N日平均标准价）／（0.015×平均差值）。

传统研判（仅供参考）

1. CCI指标，一般而言共有3种买进与卖出讯号。

2. CCI指标由低值向上突破−100时为买进讯号之一，向上突破0时为买进讯号之二，向上突破＋100时为买进讯号之三。

3. CCI指标由高值向下跌破＋100时为卖出讯号之一，向下跌破0时为卖出讯号之二，向下跌破−100时为卖出讯号之三。如果你的筹码够多，确实可以把筹码分为几份，照上述分批加码或减码。

我将其简化为：

1. ＋100～−100 盘整行情；

2. ＞＋100 快市上涨；

3. ＜−100 快市下跌。

这个指标是1980年10月由Donald Lambert发表，中文如何翻译成《般若指标》无从考据，不过可以确定的是，它是般若佛祖送给投资人的礼物。

它的最大特点是：透过计算参数的特性，行情有70%～80%介于＋100到−100之间，这＋100和−100就是这指标迷人的地方，也符合趋势与盘整行情的比率原则，它的原理是通过平均差值的除数将震荡量标准化。

早期这指标问世时，其实是在作为短线快市操作时使用，它比较适合依照数字做动作的操盘使用。

通过对指标的诠释，我们发现盘整与快市行情的时间比率是70∶30，空间的比率反而是30∶70，我们对行情已经有些不同的看法。

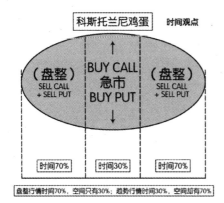

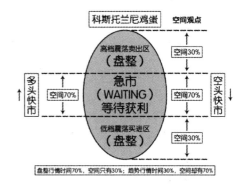

我再重复一次行情的市场最新定义：所谓行情，应该始于一个供需平衡（盘整）的区间，而到达另一个供需平衡（盘整）的区间。

如果以这定义套上"科斯托兰尼鸡蛋"对盘整与趋势的诠释，对照CCI的操作规则：

1．+100～-100 盘整行情——蛋头或蛋底部分；

2．> +100 快市上涨——蛋身部分；

3．< -100 快市下跌——蛋身部分。

一个多头市场通常会有几次回档整理，以调整短线差价获利的筹码，这种调整筹码可以吸引更多认同趋势的短线投资人进场，认助其推高股价。

照上述我们区分行情为，盘整（蛋头或蛋底）与趋势（蛋身），我们把"整理"换成CCI的"+100"～"-100"。

如此，我们可以这样描述一档多头或空头行情：

多头市场起始于CCI>+100,中间可能有几次回档至+100～−100,然后又一波涨到CCI＞+100，最后多头市场结束于CCI＜−100。

相反的：空头市场起始于CCI＜−100，中间可能有几次反弹至+100～−100，然后又跌到CCI＜−100，最后空头市场结束于CCI＞+100。

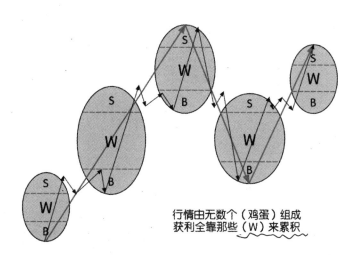

行情由无数个（鸡蛋）组成
获利全靠那些（W）来累积

CCI可以有两种操作模式

长线　第一种我们操作波段行情，以+100及−100为分解。＞+100为多头市场开始，不管中间的回档整理，一直作到＜−100；＜−100为空头市场开始，不管中间的反弹整理，一直作到＞+100。

短线　第二种是操作短线或加码，我们舍弃整理部分，只操作CCI＞+100快市上涨，由＞+100作到＜+100，同样的，只操作CCI＜−100快市下跌，由＜−100作到＜−100，我们用波段的定义，看看过去股市的几年大行情，是否会更具信心。

CCI ＞ +100 Buy Call;

CCI ＜ −100 Buy Put;

CCI ＝ +100 ～ −100　Sell　Call ＋ Sell Put。

股市廖聊吧

CCI的实战运用

通过上面的图解可以发现，在一个长线波段上涨行情中，盘整的时间远大于上涨的时间。作为投资者，都希望回避漫长的盘整期，抓住快速上扬的波段，而CCI指标发出的信号，就能够达到这个目的。应该如何运用呢？**实战操作方法**

①**首先应该观察个股的中长期走势，先从周线观察**，图例如下：

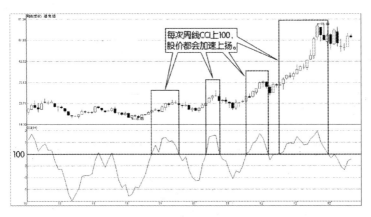

每次周线CCI上100，股价都会加速上扬。

再从月线观察

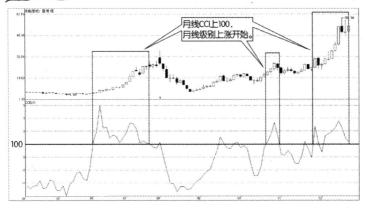

月线CCI上100，月线级别上涨开始。

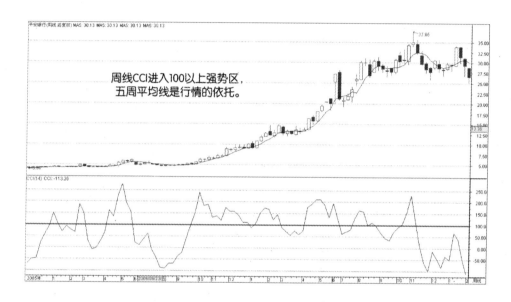

周线CCI进入100以上强势区，
五周平均线是行情的依托。

您知道如何选牛股了吗

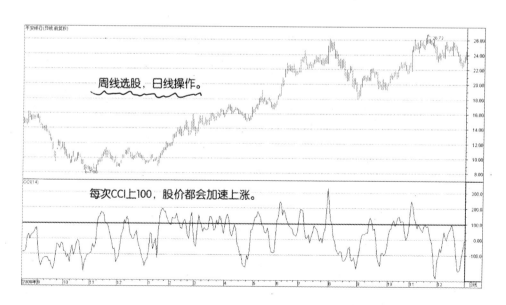

周线选股，日线操作。

每次CCI上100，股价都会加速上涨。

W%R指标

Williams %R，简称W&R或%R，中文名威廉指标。

W%R威廉指标、%K、%D随机指标

这三个指标适合一起谈，因为本来就是一家人。WMS%R威廉指标－Williams Overbought/Oversould Index%R＝100×（Hn－c）/（Hn－Ln）。

传统研判：（仅供参考）

［%R］高于80为超卖区，为买进讯号；

［%R］低于20为超买区，为卖出讯号；

［%R］由超卖区往上突破50，涨势确立，可买进；

［%R］由超买区往下跌破50，为走空格局，快出场。

由美国人赖利·威廉斯（Larry Williams）在1973年出版的《我如何赚到100万（How I Made A Million Dollars）》一书中所发明，当时称为威廉超买超卖指标（Williams Overbought / Oversold Index），简称威廉%R，是判断个股在某一段时间内超买超卖状况的有效指数。由这些叙述我们可以了解到，它们目的是用在超买超卖的瞬间抓取。

听说故事的版本是Larry William本就是George Lane团队的一员；George Lane原来是个大学教授，当初号召一群人一起研究，原来的主

题就是%R。早期电脑没有普及，KD公式又很复杂，因此他们花了很多时间在演算方面，后来不知什么原因，Larry William自己脱队，率先发表威廉指标%R（Larry William虽然后来成名，而且宣称靠他的东西，很短时间从一万元赚到一百万，后来仍被掀爆，是个业务手法）。

George Lane失去先机，只好继续研发，仍以%R为基础，并带入"润化"的概念，创出更明确的两条线交叉式买卖的%K、%D，后来几年，他们完全融入操作，而且获利可观。

在数字排列上，威廉从高价至低价是0～100，但是KD却是从100~0；由一般指标的逻辑上，很少会把高价列为小数字，低价反列大数字，因此感觉上%K，%D，%R还是George Lane的原创，不过怎么说，两者都是以价格目前处于行情的高低水准来定决策。

KD线的随机观念，在实用上远比移动平均线进步很多。在技术分析的领域里，移动平均线在习惯上，都是以收盘价做计算依据，因而无法表现出一段行情的真正波幅。也就是说，当日或最近数日的最高或最低价，无法表现在移动平均线的数据

上，George Lane体认到这些缺点，另外开创出一些更进步的技术理论，将移动平均线的应用更加具体发挥。因此你在看威廉指标，等于是看快速%K；看慢速%K，等于是看快速%D，本书在KD篇讲解过。

威廉指标的实战用法

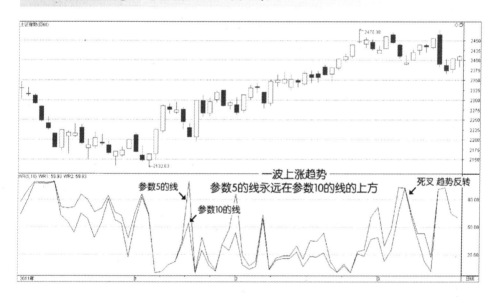

在日线中的参数是5和10，在一波上涨行情中，参数为5的这根线永远是在参数10的线上方，这是一波涨势的标准排列。一旦这根参数为5的线下穿了10的这根线，表示行情将发生逆转。

反之，如果是一波下跌行情，这两根线的位置就会倒置一下。参数5的线永远在参数为10的线的下方，一旦转势，这两根线的位置就会发生转变。

股市廖聊吧

威廉指标在月线中的使用

在月线中，把威廉指标的参数改为50。当威廉的数值小于50，个股将进入一波长期的涨势。

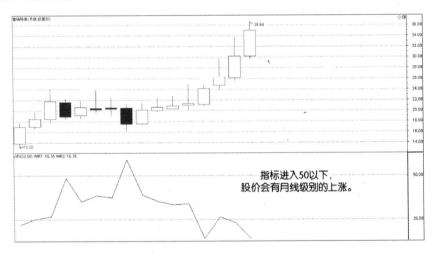

指标进入50以下，
股价会有月线级别的上涨。

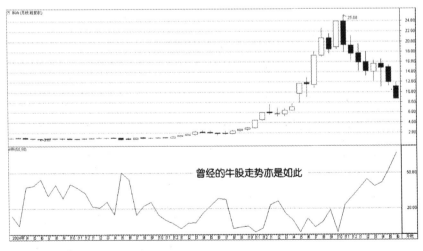

曾经的牛股走势亦是如此

BOLL指标

BOLL指标，即布林线指标，其英文全称是"Bolinger Bands"。

股价来到这里，会上升（下降）吧。

布林通道的认识

这一部分要讨论有关股价的偏差，简单来讲就是"跟标准差多少"的意思。而采用的工具是布林通道，原则就是跟"标准"相差太远的时候，有很高的几率向"标准"靠近。把基本概念想通了，不用死记硬背，习惯了之后临场就能有反应。

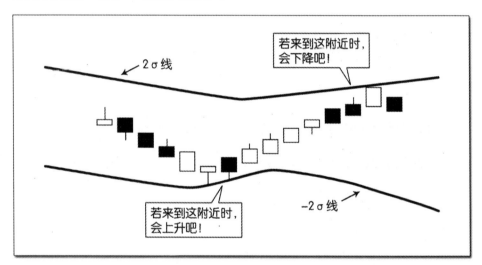

该技术是采用了钟摆理论，来自于统计学理论中的一道数学题。钟摆的中轴为，当上下摆动幅度为±1时，回到中轴的几率是68%；当上下摆动幅度为±2时，回到中轴的几率是93%；当上下摆动幅度为±3时，回到中轴的几率是99%。布林格先生观察到这样的现象，把布林通道的参数设为±2，回到中轴的几率是93%。

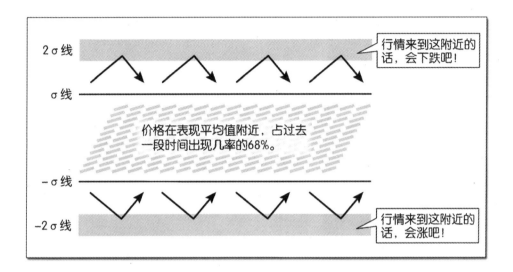

假设小丽的学校把学生的综合表现分为五等级评分，表现最佳的，得5点，最差的，得1点，那么得3点的人应该是最多，得四点和两点的人则较少，得五点和一点的人会更稀少。

假设小丽总是被评为3点的人，

但是这次被评为得到4点，那么下一次会是如何呢？比起再一次得取4点或5点的机会来说，回到3点的几率是比较高的。布林通道的想法也大致如此，投资人只要概念清楚，布林通道的使用方法将变得简单。

得点人数

━━━━━━━━━━━━━●

得5点 · · · · · · · · · ·

得4点 - - - - - - - - - -

得3点 ━━━━━━━━━━━

得2点 - - - - - - - - - -

得1点 · · · · · · · · · ·

布林线实战运用

布林线实战运用在月线，能够抓住较大的底部。很多个股在到达月线布林线下轨的时候就是一个很大的底部区域，我们会看到很多上市公司的股东在这个位置做出了增持回购的动作。上证指数在325点，519行情的启动点1047.998点和1664点，都是到达了上证指数月线布林线下轨，之后启动牛市行情。

很多个股到达这个位置之后，都会有翻倍的涨幅。作为一个长线投资者，月线布林线下轨的位置是不错的投资良机。

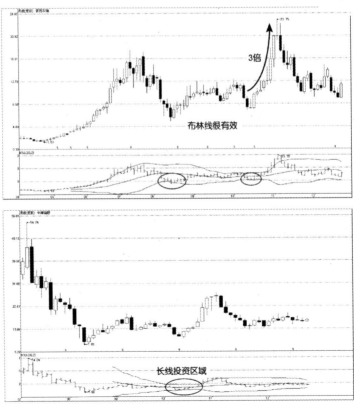

超买和超卖

马丁·普宁（Martin Pring)将趋势跟随指标和振荡指标比做拿狗链遛狗的人的脚印。人留下的是相当直的足迹，就像趋势跟随指标。而狗的足迹则在狗链允许范围内左右摇摆，就像振荡指标，当狗走到狗链允许范围的极点时，就有可能转向沿相反方向走。

顺着人的足迹就能发现人与狗的行进路线。当狗偏离该路线的距离达到狗链的长度时，它往往会掉头。通常是这样，但也并非总是如此。如果狗看到一只猫或一只耗子，它可能会因为太兴奋而拽着主人偏离其原有路径。运用振荡指标的信号时，交易者需要做出判断。

当价格达到高位后振荡指标也达到高位时，表明超买。超买意味着价格太高，可能掉头向下。当价格达到低位后振荡指标也达到低位时，表示超卖。超卖意味着价格太低，可能要反转向上。

超买和超卖水平由图中的水平线标明。画这些线的恰当方法是要保证振荡指标在每条线后停留的时间只有约5%。画超买线和超卖线时，要保证他们只穿过了过去6个月中振荡指标的最高点和最低点。这些线要每3个月调整一次。

当振荡指标上穿或下穿其参考线时，它能帮助交易者抓住顶部或底部。当价格呈区间振荡时，振荡指标尤其有效，但是当新一轮趋势突破振荡区间时，它们给出的交易信号过早而且危险。当强势趋势开始时，振荡指标就开始像狗一样围着主人的足迹摆动。

当新一轮强势上升趋势启动后，振荡指标可以在超买位置停留数周，过早地发出卖出讯号。在一轮陡峭的下跌趋势之中，它可以在超卖位置停留数周。搞清楚什么时候用振荡指标、什么时候用趋势跟随指标是一名老到的分析师的标志。

Part 3

量潮篇

筹码锁定 先知先觉

你可以当先知，只是你不知

没有勤劳就没有"早知道"

不需要每天"早知道"

你也可以"办得到"

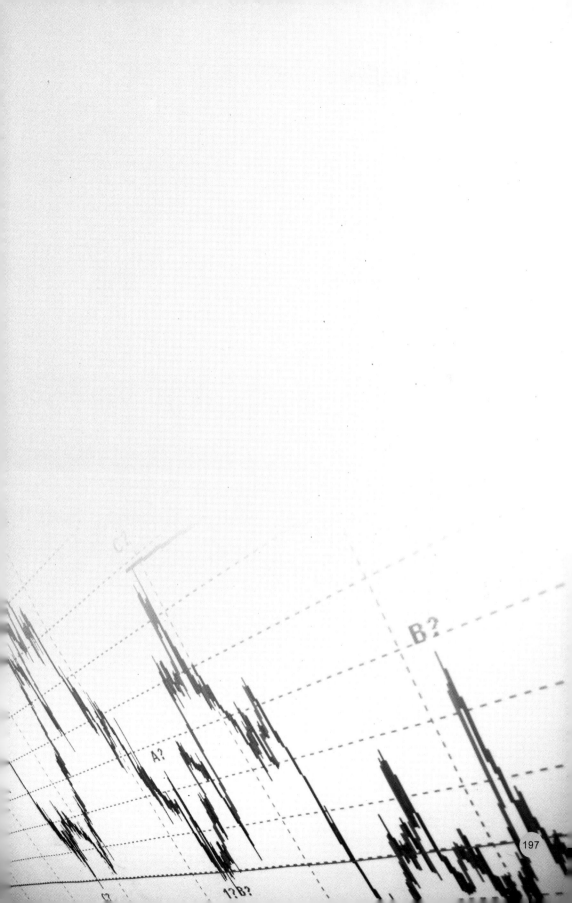

量潮

筹码锁定

先知先觉

量本身是一体两面

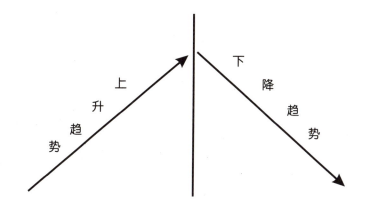

量能基本上是属于中性的量能

量能：建构在上升的趋势

　　量大量小都是好量

　　量大代表攻击量会越前高

　　量小代表筹码稳定会再涨

量能：建构在下降趋势

　　量大量小都是坏量

　　量大代表供给量会破前低

　　量小代表人气涣散后再跌

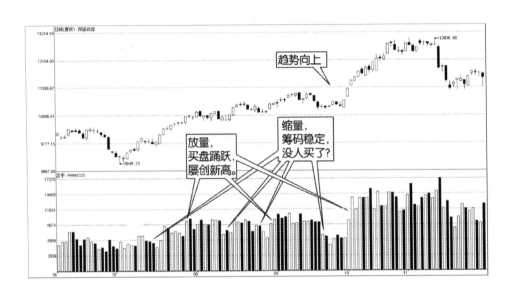

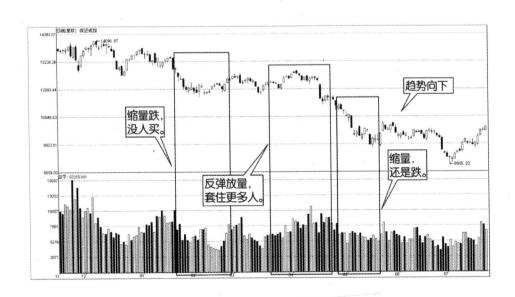

量价多空操盘法

趋势向上

量大小由卖方主导

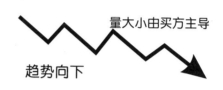

量大小由买方主导

趋势向下

一、量价往上接力。

二、高量后有高价。

三、量缩都是买点。

四、买力持续不懈。

五、买力高档耗尽。

一、卖力持续不怠。

二、量大都是卖点。

三、低量后有低价。

四、量退潮价退位。

五、卖力低档耗尽。

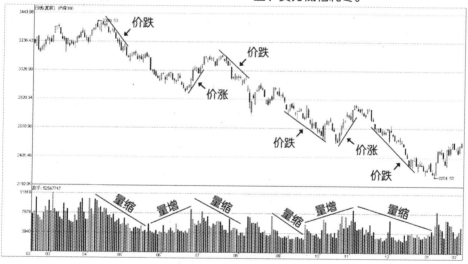

连续量缩则跌，连续量增则涨。

股市廖聊吧

量的常态变态

常态	上下	量	形　态	说　明	意　义
量的常态	上涨常态	常态量		平均量持续上扬 日量在均量之上	多头常态 持续上扬
		修正量		平均量持续上扬 日量偶在均量下	多头常态 调整修正
	下跌常态	常态量		平均量持续下移 日量在均量之下	空头常态 持续跌挫
		修正量		平均量持续下移 日量偶在均量上	空头常态 调整修正
量的变态	上涨变态	创天量		上涨常态的某日 暴量或历史天量	涨升尾端 能量耗尽
		转空量		上涨常态的某日 均量开始向下弯	涨升尾端 量能退潮
	下跌变态	创地量		下跌常态的某日 创下历史新低量	跌挫尾端 量能窒息
		转多量		下跌常态的某日 均量开始向上扬	跌挫尾端 量能涨潮

量能大小（多空实力）

基准量与多空量

基准量（5 日均量+10 日均量）÷2=A（基准量）	
多头量	平盘上是为了多头量 超大量：A×1.5 攻击量：A×1.15 防守量：A×0.8
空头量	平盘下是为了空头量 危险量：A×1.5 破坏量：A×1.15 弱压量：A×0.8
换算量	盘中任何一个时点的成交量÷当时的时间×240=当时的盘中换算量

如何界定当日的量能究竟是大是小，是多是空呢？

量与价及供与需

	股价	量能	外盘（供）Buy	内盘（需）Sell	多空意义
1	↑	↑	↑	↑	震荡大量换手
2	↑	↑	↓	↑	空单空手被轧
3	↑	↓	↓	↑	买进企图可见
4	↑	↓	↓	↓	惜售量缩价扬
5	↓	↑	↑	↑	清仓大量出货
6	↓	↑	↑	↓	多单多头被套
7	↓	↓	↑	↓	量缩压重盘跌
8	↓	↓	↓	↓	气势衰弱跌挫

203

时空量能排列操盘法

	量的循环	现象	操作策略
一	月均量↑周均量↑当日量↑	大涨	全力买进
二	月均量↑周均量↑当日量↓	大涨的修正	压回买进
三	月均量↑周均量↓当日量↑	盘涨	低进高出
四	月均量↑周均量↓当日量↓	盘局	观望观察
五	月均量↓周均量↑当日量↑	盘局	观望观察
六	月均量↓周均量↑当日量↓	盘跌	高出低进
七	月均量↓周均量↓当日量↑	跌深中的反弹	反弹卖出
八	月均量↓周均量↓当日量↓	大跌	全力卖出

注意

多头就怕没量，量来价就能涨；空头不怕缩量，一缩量就套牢更多人。如何从成交量来看价的涨跌呢？

趋势向上的背景，今日量大于昨日量就能涨，本周量大于上周量就能涨，本月量大于上月量就能涨。结合长期、中期、短期的成交量来制定操作策略。

月基准量的应用（中长天期操作）

先知

上个月成交量	亿	上个月收盘点		➡□红K（多头行情）	□黑K（空头行情）
本月营业天数	天	月单K交战点		➡□支撑	□压力
本月估算基准量	亿	月双K交战点		➡□支撑	□压力
		月三K交战点		➡□支撑	□压力

先觉

单位：亿

第一周	日　期	/一	/二	/三	/四	/五	累计总合
	成交量						亿
	成一基						亿
第二周	日　期	/一	/二	/三	/四	/五	累计总合
	成交量						亿
	成一基						亿
第三周	日　期	/一	/二	/三	/四	/五	累计总合
	成交量						亿
	成一基						亿
第四周	日　期	/一	/二	/三	/四	/五	累计总合
	成交量						亿
	成一基						亿
第五周	日　期	/一	/二	/三	/四	/五	累计总合
	成交量						亿
	成一基						亿

（周量能潮）

□递增↑ 成交均量 □递减↓	成交均量　亿（累计/总天期） □均量大于基准量（易涨难跌） □均量小于基准量（易跌难涨）
□递增↑ 成交均量 □递减↓	成交均量　亿（累计/总天期） □均量大于基准量（易涨难跌） □均量小于基准量（易跌难涨）
□递增↑ 成交均量 □递减↓	成交均量　亿（累计/总天期） □均量大于基准量（易涨难跌） □均量小于基准量（易跌难涨）
□递增↑ 成交均量 □递减↓	成交均量　亿（累计/总天期） □均量大于基准量（易涨难跌） □均量小于基准量（易跌难涨）
□递增↑ 成交均量 □递减↓	成交均量　亿（累计/总天期） □均量大于基准量（多方续抱或加码） □均量小于基准量（空方续抱或加码）

你可以当先知，只是你不知！不要一天晚说“早知道”，没有勤劳就没有“早知道”。
不要每天“早知道”，你也可以“办得到”。

股市廖聊吧

横盘区操作战法

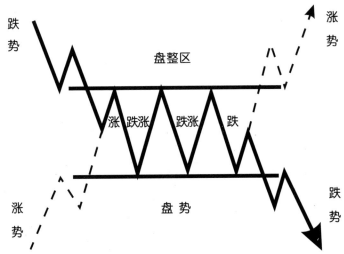

		背景	现象	操作策略	备注
盘涨	量潮循环	周量递增 日量递减 60KD ↑	长线保护短线	买(补)：利用 30KD 交叉向下 卖(空)：利用 30KD 交叉向上	周均量足够 主轴在多
			短线进行修正		
持平	量潮循环	周量递增 日量递减 60KD ↓	注意周均量能	买(补)：平仓或观望 卖(空)：回补或观望 ★周均量转负操作策略重盘跌	周均量足够 多空不明 观察变化
			是否成为负数		
	量潮循环	周量递增 日量递减 60KD ↑	注意周均量能	买(补)：平仓或观望 卖(空)：回补或观望 ★周均量转正数操作策略看盘涨	周均量不足 多空不明 观察变化
			是否成为正数		
盘跌	量潮循环	周量递增 日量递减 60KD ↓	短线破坏长线	买(补)：利用 30KD 交叉向上 卖(空)：利用 30KD 交叉向下	周均量不足 主轴在空
			结构出现改变		

遇到横盘的现象该怎么办呢？

206

从成交量看头部与底部的形成

观察K线走势，虽然看起来价格与形态是参考的主角，但价格形成背后的理由往往是成交量，也就是在这个市场上交易者的心态与参与者的多寡，是形成股价图走势的重要理由。

行情转折时的投资人心态

须往下想买

行情的上涨，必然是买方的企图与气势胜过卖方，但究竟新加入战局的买方把行情卖高的，还是因为已经持有股票的投资人，相对来讲卖出的意愿没有那么急迫，而让行情上涨的呢？

读者们可以想一想，如果是在一波跌势之后，行情出现上涨，那么，后者的情况可能会多一点，也就是要能让跌势的末端出现止跌并上涨，"卖方"（持有股票者）不愿意再低价卖出股票，所以，当行情在相对低档成交量萎缩时，此处可能就是止跌的讯号。

反过来说，是什么促使上涨行情下跌呢？ *高档不想买*

是持有股票的投资人觉得赚够了，卖出持股让行情下跌，还是手中没有股票的投资人觉得"太贵了吧"，而不愿意买进呢？

在上涨之后行情出现下跌，那么，后者的情况可能会多一点，也就是让涨势休止并开始出现下跌，"买方"（持有现金者）不愿意再以手中的现金换取股票的心态明显时，"卖出"（持有股票者）就不容易再卖出好价钱，行情自然就下跌了。

涨时有量、跌时不一定要有量

学过技术分析的人应该都听过，"行情转为下跌时，不一定要有大成交量；但行情要转为上涨时，通常都配合成交量的放大。"虽然这句话不见得就是金科玉律（实际上，有关股票的判断与分析本来就没有什么是"铁定"的，只有几率高低），但从投资人心态来看，有经验的前辈们归纳出的结论是很有道理的。

假设我们前面所做的分析是正确的，那么，当股价由跌开始上涨时，先决条件是"持股者不再拼命卖了"，此时，当持现金者积极地拿现金去换股票，因为新进的买进者大举进入市场，成交量变多、行情升高，如此就能逆转原有的颓势。

另一面来说，由涨势转跌的先决条件是"持现金者不想继续买进了"，若出现持有股票者想早日出脱持股，甚至"折价也卖出"，此时，不一定要有相对买方的积极度，行情就会跌下来。所以行情跌时不一定要伴随着出现大的成交量。

底，是怎么产生的?

从上面的结论来看行情"底部"的出现，简单的一句话就是，持有股票的人想卖出的意愿已经很低了，换句话就是：信心不坚定、想卖的人都已经在这一波跌势中出清得差不多了，于是行情跌不动了，因为卖的人没有意愿再陪价卖出，在行情跌势中买气本来就不旺，卖的人惜售、买的也不多，所以行情就上上下下小幅度地波动。逐渐地，因为卖的人不积极，相对买的人就多起来，行情小幅上涨后会再小幅地跌下来，但行情也不太容易再创新低，若这样持续下来，经过一段时间，若买方受到刺激而变得积极，出现价量齐扬，把行情推向上升走势，之前的低价区就形成一个底部区域。

一般来说，底的出现，离高价套牢区愈远，卖方的增加速度就会愈慢，如

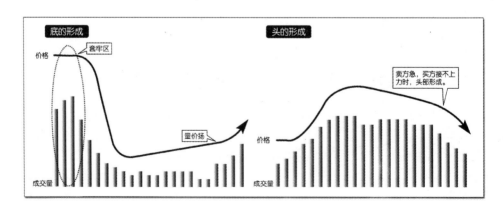

此，就更能加速买方把行情向上推升的速度，所以常见行情底部筑得愈久涨势就愈猛。

头，是怎么产生的？

头部跟底部的形成，看起来只要把道理反过来，但并非如此，两者差异在于头部的出现，往往先有一段短期内的买方缩手使得行情急挫的阶段，在这个阶段。已经享受股价从低价往上爬升的投资人仍满怀希望期待股票能顺利卖出，在行情急挫后，买方有可能因为下跌而加码，但此时卖方的意愿可能正在下降中，所以，这时候的行情有可能会再创新高，如此反复几次后，如果买方并没有积极买进，只剩卖方心态紧张地想卖出，因为这里离量大高档的套牢区很近，只要买方放下脚步，在高档区，遇到卖方一口气冲出来集体卖出，买卖的平衡很快就被打破，而出现急速下杀的情况。

市场的恐慌容易引发更多恐慌，在买方不接力进场的情况下可能让行情下跌形成头部。

行情的变化往往不是单一因素，与其死背图形，不如从图形中判断投资者的微妙心态。

毫无疑问，不关心成交量的

交易是危险的，而成交量与价格

像太极一样微妙的互动，更值得

投资人细心探索。

股市廖聊吧

底的形成

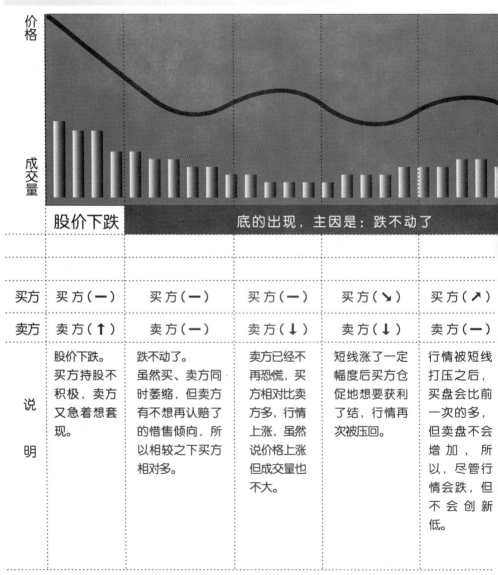

	股价下跌			底的出现，主因是：跌不动了	
买方	买方（—）	买方（—）	买方（—）	买方（↘）	买方（↗）
卖方	卖方（↑）	卖方（—）	卖方（↓）	卖方（↓）	卖方（—）
说 明	股价下跌。买方持股不积极，卖方又急着想套现。	跌不动了。虽然买、卖方同时萎缩，但卖方有不想再认赔了的惜售倾向，所以相较之下买方相对多。	卖方已经不再恐慌，买方相对比卖方多，行情上涨，虽然说价格上涨但成交量也不大。	短线涨了一定幅度后买方仓促地想要获利了结，行情再次被压回。	行情被短线打压之后，买盘会比前一次的多，但卖盘不会增加，所以，尽管行情会跌，但不会创新低。

符号说明:（一）观望 （↑）积极 （↗）有点积极 （↘）有点消极 （↓）消极

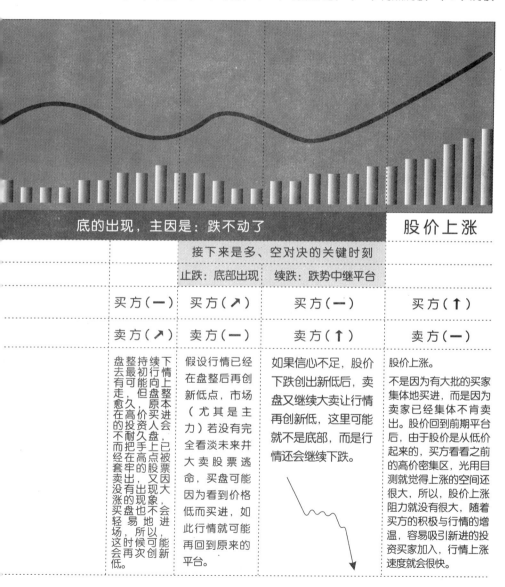

底的出现，主因是：跌不动了　　　　　　　股价上涨

	接下来是多、空对决的关键时刻		
	止跌：底部出现	续跌：跌势中继平台	
买方（一）	买方（↗）	买方（一）	买方（↑）
卖方（↗）	卖方（一）	卖方（↑）	卖方（一）
盘整持续下去最有可能向下走，但盘整愈久，原本在高价买进的投资人会不耐而把手上高点的股票卖出，没有出现大涨的现象，买盘也不会轻易地进场，所以，这时候可能会再次创新低。	假设行情已经在盘整后再创新低点，市场（尤其是主力）若没有完全看淡未来并大卖股票逃命，买盘可能因为看到价格低而买进，如此行情就可能再回到原来的平台。	如果信心不足，股价下跌创出新低后，卖盘又继续大卖让行情再创新低，这里可能就不是底部，而是行情还会继续下跌。	股价上涨。不是因为有大批的买家集体地买进，而是因为卖家已经集体不肯卖出。股价回到前期平台后，由于股价是从低价起来的，买方看看之前的高价密集区，光用目测就觉得上涨的空间还很大，所以，股价上涨阻力就没有很大，随着买方的积极与行情的增温，容易吸引新进的投资买家加入，行情上涨速度就会很快。

头的形成

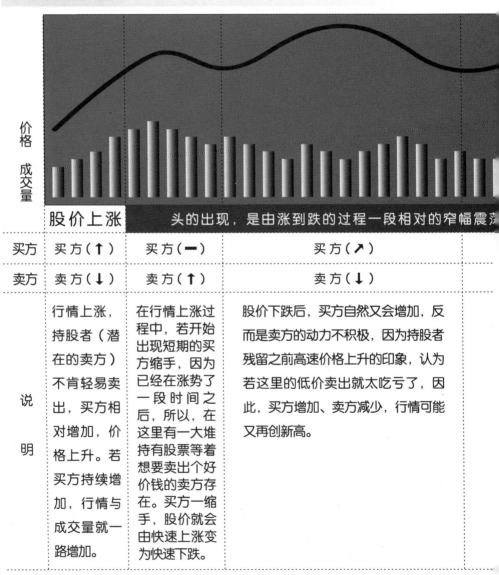

	股价上涨	头的出现，是由涨到跌的过程一段相对的窄幅震荡	
买方	买方（↑）	买方（—）	买方（↗）
卖方	卖方（↓）	卖方（↑）	卖方（↓）
说明	行情上涨，持股者（潜在的卖方）不肯轻易卖出，买方相对增加，价格上升。若买方持续增加，行情与成交量就一路增加。	在行情上涨过程中，若开始出现短期的买方缩手，因为已经在涨势了一段时间之后，所以，在这里有一大堆持有股票等着想要卖出个好价钱的卖方存在。买方一缩手，股价就会由快速上涨变为快速下跌。	股价下跌后，买方自然又会增加，反而是卖方的动力不积极，因为持股者残留之前高速价格上升的印象，认为若这里的低价卖出就太吃亏了，因此，买方增加、卖方减少，行情可能又再创新高。

符号说明：（一）观望 （↑）积极 （↗）有点积极 （↘）有点消极 （↓）消极

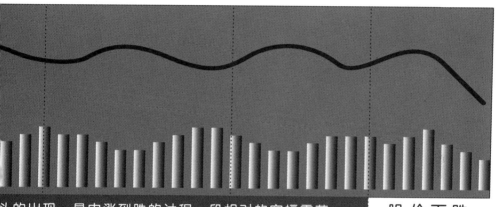

头的出现，是由涨到跌的过程一段相对的窄幅震荡		股价下跌
买方（一）	买方（一）	买方（↓）
卖方（一）	卖方（↗）	卖方（↑）
延续上一个波浪的双方心态，买方想低买、卖方想高卖，如此几个回合之后，这里买进股票的人成本一定是高的，而且在这里行情盘整的愈久，筹码就愈积愈多，但这些筹码都没有赚到钱，不像低价区涨上来的是持股者，他们的账面是赚钱的，账面赚钱就不会急于想卖出变现，但账面赔钱的筹码一旦行情来到成本，萌生"算了，能不要赔太多就卖"的投资人很多，所以，行情一旦来到成交量密集区，卖方就可能集体出动卖出股票。	原本是持平的盘整局面，一旦行情来到成交密集区，且诱发卖方集体恐慌性的卖出，高档盘整微妙的平衡立刻就会被打破，而且这种高档的卖出容易感染悲观更多人跟着一起信心溃堤，跌势往往又快又猛，跟上涨时和缓上涨慢慢爬很不一样。	买方没接手意愿低，卖方因为行情跌破盘整区，大家都想急着解套，买卖双方心态上的差距进一步扩大，股价下跌，行情就出现了头部。

量价十八则

春江水暖鸭先知

兵马未动

粮草先行

第一则

上升波量递增是常态　量暴增则寿命减短
下跌波量递减是常态　量急缩则跌速减缓

无论大盘和股价，一波健康的涨势量的反应是递增。递增并非每天都在增加，量应该是可大可小，可收可放，一波比一波高，逐波递增，即所谓涨潮。同理，一波跌势量的反应是递减的，同样是可收可放，但是量潮是一波比一波低，逐波递减，即所谓退潮。

一波涨势量递增是常态，但是突然暴量则透露险讯。相信大家第一感觉是想到量暴增会有很多人在买股票，所以才会暴量，但是我在这里要给你一个很重要的观念，当一个股票上涨一段以后，突然量暴增，你想的不应该是谁在买，而是谁在卖股票，谁在提供筹码。量暴增不是说后面不涨了，只是时间和力度会减短与减缓。

下跌时量急缩，你会想到，行情这么冷清，没有人愿意买股票了，行情怎么会看好呢？但是另一个事实是：同样没有人卖股票了！

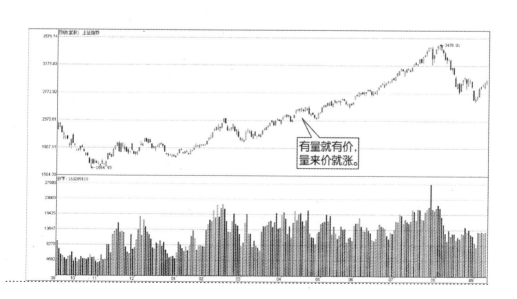

有量就有价，量来价就涨。

左侧万般拉抬只为出货。

第二则

只要价能涨 量不创高又何妨
要是价续跌 频频放量亦无解

们常讲量是价的先行指标。这一则的关键是，有许多股票在上涨启动的时候，采取扫货的方式，筹码快速集中到庄家手里之后上攻，庄家不着急出货，所以我们会看到出现成交大量后，股价处于一种无量上涨的状态。

相反，在下跌趋势中，由于政策护盘救市，利好吸引了大量的买盘，失败告终之后，曾经放量的地方又套牢了一大批人。在熊市中这种情况非常之多，护盘救市的动作，往往又让很多人套在高位。

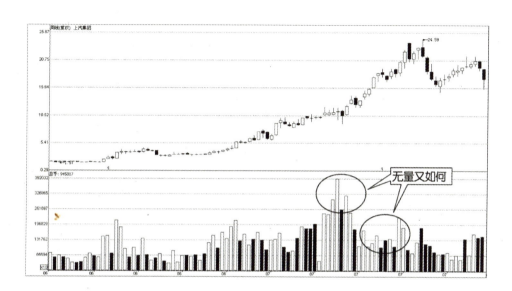

无量又如何

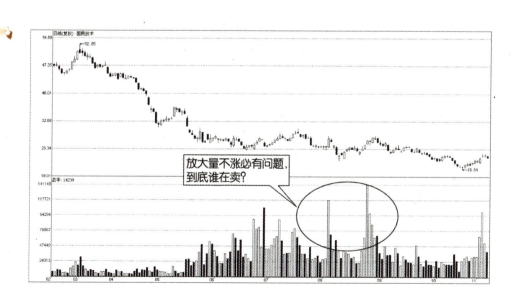

放大量不涨必有问题，到底谁在卖？

第三则

量温和放大收中红 换手良好
量温和放大收中黑 浮额未清

看起来字面意思简明扼要，但重点是中红和中黑，而为什么不是长红与长黑？我们平时观盘，对长红和长黑会特别关注，但长红与长黑在盘面中并不是经常出现。可能大家就忽视了中红与中黑。暴大量时大家会重视，但温和放量看盘时容易忽视。但是，一个标准的涨势往往是靠量温和放大收中红来推动。同样，一个跌势也不是经常出现暴量的长黑，但是会经常看到量温和放大收中黑，代表浮额未清。

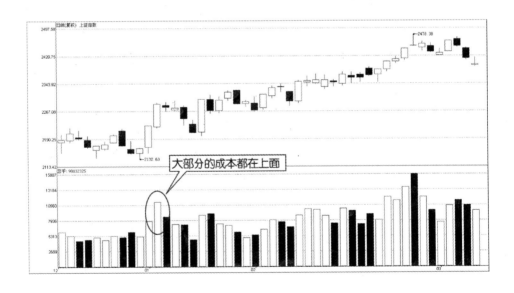

大部分的成本都在上面

有量就有价

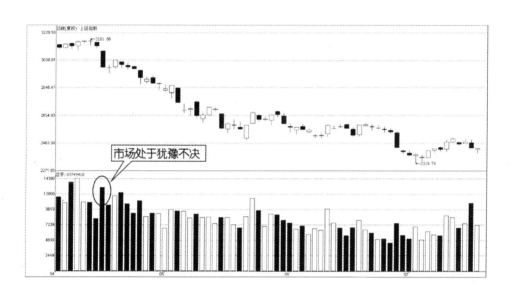

市场处于犹豫不决

第四则

暴量收长红 后市看涨
暴量收长黑 后市看跌

一则说到，(量暴增)则寿命短，所以要格外小心。但我们同时提醒，量暴增不是不会涨，而是涨幅和时间会缩短。碰到这种情况，首先考虑的是谁在卖股票。市场中无外两种人：主力与散户。重点是收了长红，如果这天是主力在卖而散户在买，即可认为很难收出长红。长红一般情况下都可视为是主力在买而散户在卖。关键是该主力的后面资金能否供应充足。

量暴增收长黑，从同样的角度，我们需要去考虑是谁在卖，一般情况下我们也都视为是主力在卖散户在买，所以后市继续看跌。

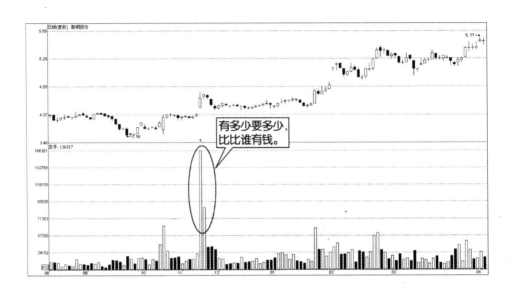

有多少要多少,
比比谁有钱。

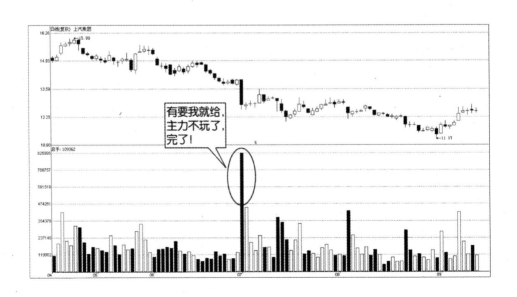

有要我就给,
主力不玩了,
完了!

第五则

暴量长红 代表主力照单全收。

隔日理当量缩开高走高，如隔日开平或者开低都不对。

意味主力的子弹打光了或者动能耗尽。

如隔日开高走低放大量，是主力采取拉高方式出货。

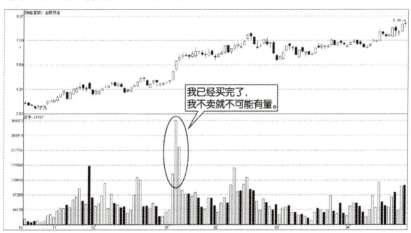

我已经买完了，我不卖就不可能有量。

我的钱全用完了，撤！

第六则

跌势遇量急缩 有立即止跌功效（无量崩盘除外，那是卖不出去）
但是，一日量缩可缩脚，二日量缩可止弹，三日缩量继续跌。

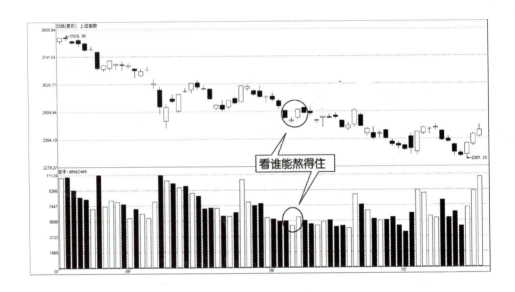

看谁能熬得住

三日量缩走弱，
五日量缩走空。

空头不怕量缩，
量缩只会套牢更多人。

第七则

当高档暴量*时*做空须提防主力拉尾盘，低档缩量抢反弹最怕当天杀尾盘

（隔天必然补量下跌）

井底特征

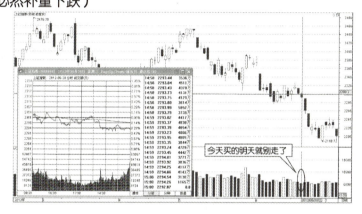

今天买的明天就别走了

第八则

论涨势：无量则无价，有量才有价，量续增价续扬、量暴增价沸腾。

论跌势：量退潮人气冷，价跌如水往下流。急冻量可让水结冰，结成冰不易往。

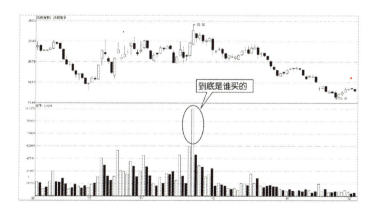

到底是谁买的

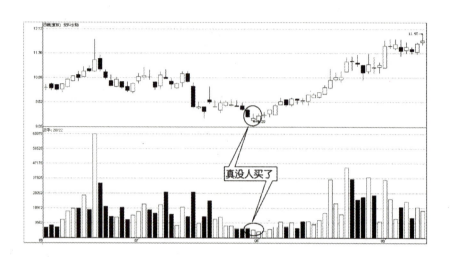

第九则

涨势量增有上升弧线，不断大量穿越露险讯。

以五日均量线位上升弧线，在上升过程中量应围绕五日均量线收放。在上涨时经常量超越均线很多，那就要小心量的变异。

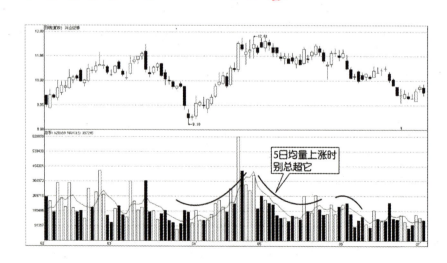

第十则

价先创高 量再创高 天量与天价不再同一天出现 ?

标准涨势即价先创高，量再创高，先创高量则高价不远。

乍看之下，我相信许多人不明白，认为我是不是写错了。在这里说的是标准涨势是一波很长很久的涨势，你会问我们学习的都是量先价行，很抱歉，事实并不是这样，提出这样疑问的人，我相信，你的错误观念已经根深蒂固了。

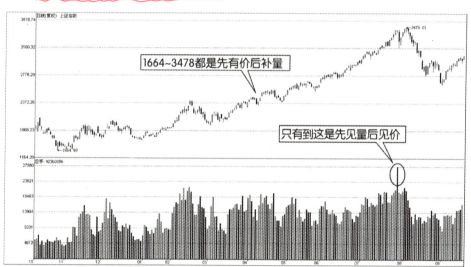

1664~3478都是先有价后补量

只有到这是先见量后见价

第十一则

标准跌势即价先创低，量再创低，先创低量则低价不远。

标准的跌势，一定是价先创低量再创低，它就会跌跌不休。如果是先创了低量，价还没有破低，那就证明底部就不远了，是好现象。有很多人

错 ✗

想的是量先价行，是低量在前，低价在后，这种说法是胡说八道，根本不懂。你一定要把这种观念先搞清楚，那市场中的量先价行怎样解才算正确。

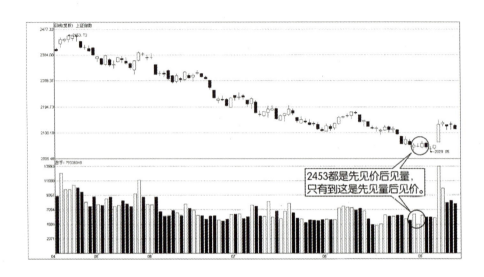

2453都是先见价后见量，
只有到这是先见量后见价。

第十二则

跌势的量能潮，一波比一波低，
若后量超越前量，提防后市杀得更凶。

换筹？

放量并不能使股价产生回升，你
要问：为什么有那么多筹码？

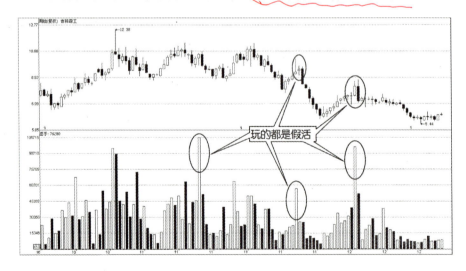

玩的都是假活

第十三则

价量同时筑底的时间越久，日后反弹的力道就越持久。

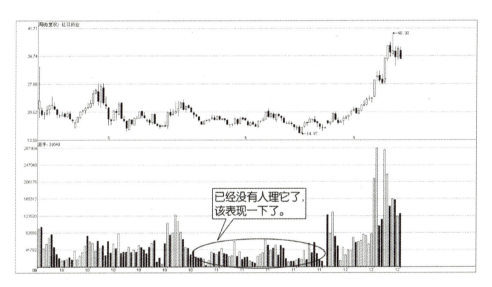

已经没有人理它了，该表现一下了。

第十四则

价量回稳后的最佳介入点乃是第一根量能温和放大之长红（如果量猛暴非佳象，行情跑不远）。

这一则重点是温和放量。例如一个股票筑底阶段，每天成交100万股以下筑底一段时间，之后某一天突然拉长红，放大到500万股以下属于好的量能。但是如果一下子暴增至1000万股以上，你就必须要小心了，到底是谁在供应筹码。

5倍还好，10倍要注意

缺口+放量+阳线，一日反多，结构转强。

股市廖聊吧

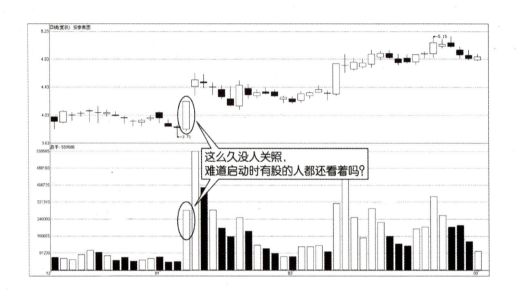

这么久没人关照，
难道启动时有股的人都还看着吗?

第十五则

股价回三天有钱还加码，套牢三个月回本就想跑。

可回本了！别想再套我了！！

卖压就是这样出来的。

228

第十六则

落底反转后，且看前波多少套牢量。

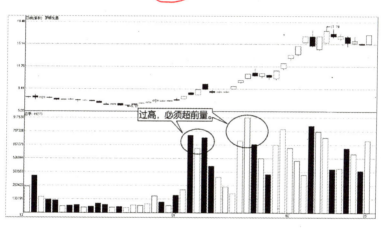

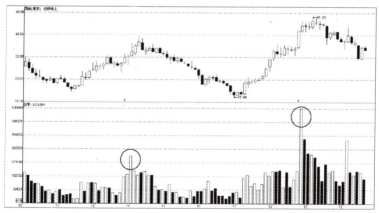

第十七则

大多头行情的月天量，往往出现在主升段中。

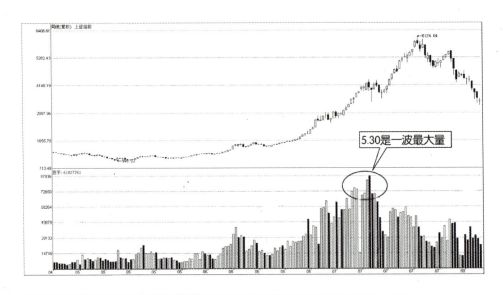

5.30是一波最大量

第十八则

末升段常见价高而量退潮之背离衰竭，如果能创新天量则末升段可延长（延伸波）。

天量在这

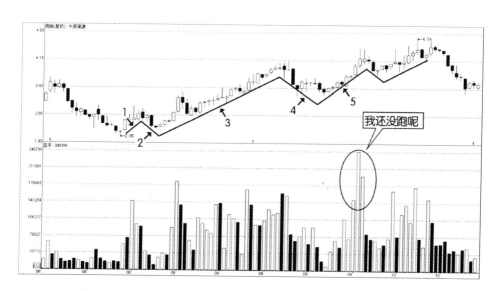

　　末升段放量大于主升段，主力为了出清在末升段买入的筹码，所以必然要走出延生波才有充分的时间出货。

没有利多，哪儿来出货？

没有恐惧，哪儿去进货？

我知，故我在。

从成交量捕捉主力的动向，

才能保全自身，稳求盈利。

Part 4

形态篇

234

形态学

千万别怪理论错

只怪自己不操作

常见形态种类

第一种 双重形

M头计算公式

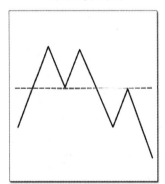

颈线–［（最高价–颈线价）×颈线价÷最高点］=目标价

W底计算公式

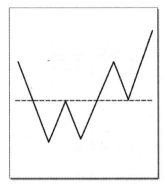

［（颈线价–最低点）×颈线价÷最低点］+颈线价=目标价

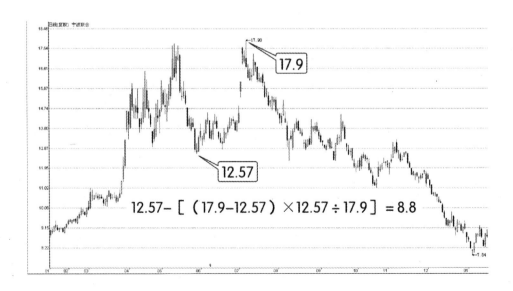

12.57–［（17.9–12.57）×12.57÷17.9］= 8.8

$$8.71 + [(8.71 - 4.44) \times 8.71 \div 4.44] = 17.08$$

M头有时会变成W底吗？ W底有时会变成M头吗？你可知M头和W底是怎样形成的？

股价是活的，图形当然会变，但绝对不是M—W或W—M的这种变法，必须明白一点：图形是波浪的一部分，头部形态和底部形态究竟是如何产生的？如果仅仅具备某种"长相"，却完全不符合波浪逻辑，那么此图形的意义与衍生性将备受质疑。

M头来自涨势失败的第五波，W底来自跌势失败的第五波；头肩顶的左肩和右肩为上涨主升第三波和反弹逃命波；反之，头肩底的左肩和右肩是跌势反弹的第四波和涨势回档的第二波；收敛三角形经常出现在修正波；修正波的矩形或旗形，是由复杂整理的"双重三"或者"三重三"所造成的。

M头、头肩顶与三重顶是兄弟近亲，它们其中的一个高点，应属一波涨势的终结处；相对W底、头肩底和三重底的其中一个低点，必是一波跌势的终结处，因此，其存在的背景是需要有过一波涨（跌）势，或者像样的反弹波（回档）。

当M头再拉一波等高的右肩，则演变成三重顶；反之，W底后的第二波修正近乎底部则演变成三重底。头肩顶与头肩底的左，右肩规模缩到极小，即呈现V形，这才是它的"同性"的演变模式。另如圆底半空折翅变成"扇形"，那是多空异味的"变性"法。

第二种 头肩形

头肩底标准形态

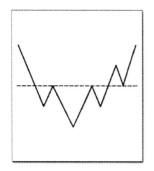

2686

2319

[（2686-2319）×2686÷2319]+2686=3111

头肩顶标准形态

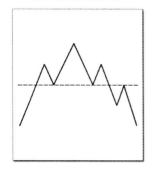

37.96

24.96

14.89

24.96-[（37.96-24.96）×24.96÷37.96]=16.4

一个图形的规模越大，则形成"头部"或者"底部"的威力就越强吗？——须知，波浪无限期，图形有寿命。

图形的规模，其一，指颈线距离峰、底的高度或纵深；若采颈线上下等幅测距之基本原则，规模越大则测距目标越远。其二，指盘头或盘底的时间，它并不直接影响测距目标。

颈线上的盘头时间越久，则破颈线后的落底时间也越久，后者最少要牵着二分之一的时间；至于盘底成功之后，是否在颈线上须画二分之一盘底时间才触顶？统计上不见得如此。

偶见盘头后、提前快速见底者，由于落底的时间不满足，无法立即回升，而是反弹后拉回，再度陷入盘整。简单而言，就算空间上提前跌幅满足见到底部，仍需要时间上的满足来横盘筑底。

波浪越长越准，图形越长越失效。例如：M头（W底）的双峰（双底），或者头肩形的左右肩间距超过一年，很可能超过图形应有的实效。事实上，并无规定一年的图形寿命，重点是它不能超越波浪循环的范畴。

既然图形是波浪的一部分，它是波浪中头部和底部的显像，且不可能涵盖好几年的大波浪，所以，经由月线才能窥见长线趋势的波浪逻辑，而图形的运作，只需从日K线和周K线来检视。

如何找到涨幅满足点，

正确的公式告诉你。

第三种 三重形

三重底标准形态

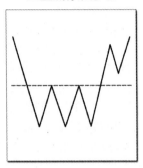

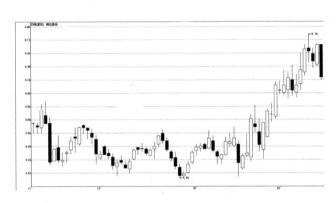

三重顶标准形态

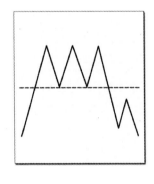

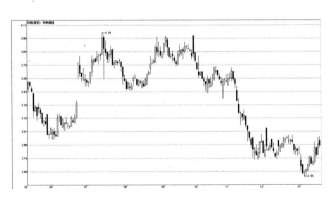

价格的超越就叫"突破颈线"吗？——重点是，颈线的上方或者下方究竟发生了什么？

一个图形的成立起码要突破颈线才算有效。问题是，要突破达到2%、3%或5%才确立突破？关于这点没有人能给予保证。颈线就好比楚河汉界，所以常见到股价在颈线上下进行多空拉锯。

　　颈线上下的换手是最常见的，换手成功与否，决定于图形的成立与否。成功率高的典型方式是：一举跃过颈线后拉回并且固守，所以有一种进场方式：当见到股价突破颈线，等它重测颈线做买进动作。反之，头部成立跌破颈线，待反弹重测颈线逢高卖出。

　　当底部成型，却在颈线位置拉回，假如是关前整理能够得到充分换手，反而很有利于日后越过颈线之后的涨势。试想：一个W底在颈线位置拉回，回档不破二分之一，一座大圆底再加一个小圆底才突破颈线，形同出现"勺子柄"。

　　倘若把头部和底部比作勺子般的容器，那么过颈线之前的再次换手仿佛多了一个柄，有柄可握则更好使力，更能确立图形测距目标之满足，甚至超涨（超跌）。按照波浪观点，落底后初升阶段遇到颈线就拉回（涨幅并不大），回档固守半对数的二分之一才踩多头步伐，之后进入主升段行情的可能性就更大。

找到颈线位就找到突破点

到底几只脚打底比较强？

一只脚，两只脚，三只脚……谁曾注意"脚形"的长相如何！

如果说两双半的脚（带勺子柄）比两只脚还要强，那么三只脚似乎应该更强？这三者颈线下的纵深如果一样，标准测距目标位置也是等值，但两只半的脚较可能超涨。当三只脚出现在长期空头的谷底区，历史经验常有以倍数涨幅的股票的实例。

表面上测第三次才起来，有人误以为是"三脚猫"的功夫。假如这三只脚是波浪渐进中的跌势第三波低点，第五波低点及落地盘升后的第二波回档，恰应了"三测低点而不破，置之死地而后生"。这种股票随后涨势的延续力量常是很强劲的。相反的，三重顶也常造成超跌。

照这么说，四只脚不就更棒？其实，超过三只脚的情况大致上已经演变成了矩形，一般是窄幅的中段整理；何况三只脚还撑不起来，就得小心"屡测低点终会破"！

至于"脚形"，以搭配一只"钝脚"的后劲尤其十足。所谓的"钝脚"，也就是"圆弧底"形态。真正的"圆弧底"酝酿大行情，反之，大圆顶提防回落到起涨区。所以，头肩形或者三重形中间呈圆弧形，其威力较大。另外，偶尔见到W底第一只为"钝脚"，落底的几率高；第二只脚"锐脚"视为主力彻底洗盘之最后摔跤，紧接着强劲的主升段走势将来临。

第四种　圆形

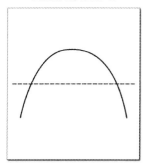

圆弧顶标准形态

　　多空如何趁"隙"突围？图形与缺口有何关联性？——底部形态的强势运作常伴随"周线跳空"。

　　两根K线的上下影线不相交称为"跳空"。若影线相交而实体不相交称为"跃空"。前者有缺口而后者无。若把缺口一分为二，在一个图形某整理形态之内的跳空属于区域缺口，意义不大，通常在短期内就会被补掉。脱离形态之后的跳空属于趋势缺口，注意其附加在趋势之上的深邃涵义。

　　何谓"突破缺口"？当股价的跳空发生在形态边缘，颈线。趋势线所在，或者超越某一重要高（低）点，都可能是突破缺口，意味着多空趁"隙"突围，开启趋势运作之始。过程中若再出现测量缺口或竭尽缺口，皆属趋势缺口，用于观察趋势的力量是否盛极而衰。

　　缺口形同护城河，向上跳空是多头筑起的护城河，反之为空头护城河。形成缺口后的大量换手是应有的佳象，较能确保缺口不至于被敌军侵越。若大量产生在缺口前，反而易遭填补。真正的封闭缺口指反向收盘于缺口河岸内（敌军抢滩登陆成功）。

　　股价若向上周线跳空，非常难得，如果不回补缺口则意味着护城河下的多头大后方正在形成，显示波段行情相当可期。如果周线跳空缺口恰是突破缺口，则底部形态坚实稳定，后市更强。至于向下的周线跳空缺口，固然是败象，但以巧合居多，不如向上周跳空缩酝酿的强烈暗示性强！

第五种 V形

V形标准形态

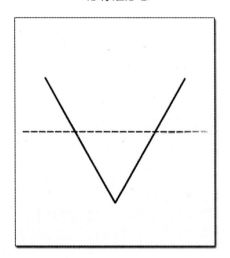

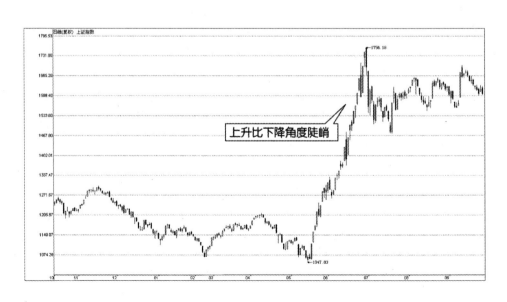

上升比下降角度陡峭

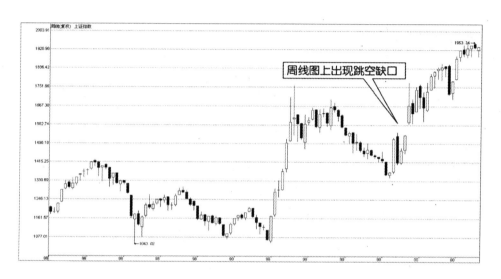

周线图上出现跳空缺口

V形回升之三要件是什么？
V形反转下跌之三现象是什么？

谁都知道直上直下呈现V形，问题是能不能一开始就及早预见？

常说"股价上扬，得打造第二只脚"，要是单脚就能够回升，那不是更强吗？问题是一开始无从得知，往往是在预期打造第二只脚的过程中看回不回。

一档股票寻求正式落底的三步骤：一是登上最近的反弹高点，二是突破最近的下降趋势线，三是越过前一下跌波的半对数0.618处。V形回升的三特征要求更加严格，如下：一是快速突破中期下降趋势反压线，二是上升角度比下降角度陡峭，三是周线图上出现跳空缺口。

顾名思义，V形回升乃一路下跌之后反转一路上涨，才能构成英文字母的"V"，检视其过程，总在越过下跌途中的前高点才做整理。反之，V形下跌状似直上直下，不排除是一日巨量触顶反转，但不要求下跌角度更陡或者周线向下跳空。

V形回跌的三现象如下：一是快速穿破原始上升趋势线（中级波道），二是以带量长黑封闭末升段之跳空缺口（竭尽缺口），三是每一波下跌皆破前低（对应前一上升波之分段起涨点）。

一波中长线V形回升之所以能够完成，总是在中途爆出最大的日成交量换手成功。那往往是再次的跳空缺口之后，并可据此视为中继缺口或者测量缺口，意味着涨势走到半途。

第六种 菱形

菱形标准形态

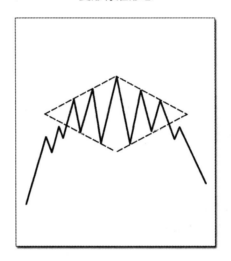

一颗要命的"钻石"

颈线不一定是水平的，但两点构成颈线肯定是一条直线吗?

——为何会有一颗要命的"钻石"?

颈线不一定是水平的（如M头和W底），但两边连接的颈线仍是一条直线（如头肩形态与三角形态），所以上倾或下倾的颈线构成头和底部，这时候的目标测距，运用半对数几何。

菱形的颈线是三点构成的折线，可视为头、肩的变形，所以有菱形顶与菱形底。前面是常见的头部形态，后面较为罕见。

标准的五波涨势结束后，第一波的拉回往往止跌于之前的第四波附近，两低点连接成切线成颈线。在自第三波高点画颈线之平行线，

当第二波反弹高点受阻于上档平行轨道，构成头肩顶雏形。而菱形顶常由于第一波直接杀到第四波低点之下，接着，第二波强力反弹至第三波高点位置。

简而言之，菱形顶是头肩顶向下杀破所致，而菱形底是头肩底向上突破所致。它们所破的，是原来头肩部分的颈线处，意味着他们隐藏的作用力比头肩形态还要强。

尤其是菱形顶的破坏力比菱形底的上涨能力还要大，也就是按照标准的测量幅度，往往满足不了菱形顶的跌幅，特别是在越高处的菱形顶，头部的规模或许不大，却可能跌得很凶！原来高挂在天空的，是一颗"要命的钻石"！

股市廖聊吧

第七种 收敛与倒转三角形

"三角习题"最复杂，请问股市有几种三角形?

——它们具备的共同"基因"是什么?

最常见的三角形，如收敛三角形，类似的有上升（下降）三角形，垂直三角形，还能衍生出上倾或下倾楔形，相反的是扩张三角形。它们最大的共同基因是：五点转折。因为三角整理是呈现5波段来回（每一小波段呈三波演绎），最后的转折方向与第一小波反向。

一个三角收敛到最后终会突破，最具效力的突破区域是三角形的三分之二至四分之三的位置，弱盘旋至末端，称为"变色螺"，防止假突破。它以存在中段整理的修正波居多，所以，量能萎缩是三角形的特色（唯有头部扩张三角形量越滚越大例外）。

突破后，终究是照着原来趋势的方向走。

"垂直三角形"不见得在修正波，还可以出现在头部和底部。当下面的低点呈水平颈线，是"屡测低点终会破"的下降形，反之，上面高点呈水平颈线，是"屡测高点终会过"的上升形。当它出现在头或底部，就好比头肩形少了左肩。

楔形常是末升段或者末跌段的杰作。当行情最后延伸呈5波段（一四重叠）楔形，即给出即将反向转折的信号。偶尔出现在修正波也是同样意义，而且一旦转折，总能回到楔形产生的起始点。记住：上倾楔形准备跌，下倾楔形准备涨。倘若见到上升楔形继续往上突破则拉无力，下倾楔形往下跌破则杀无力。

第八种 楔形

山高不见得量大，由量可看出各峰之真伪吗？

—— 多重底如何由量知虚实？

"山高不见得量大"，多是五波涨势的初升、主升与末升段，日高量常见于主升段之中，而末升段未创高量但创高价，倘若末升段能创高量，则走延伸波的概率大（主升段并无延伸为前提）。

所以，M头的第一峰量高于第二峰量是常态，因第二峰属量能退潮下的失败形态；同理，三重顶的峰量常态是：第一峰大于第二峰大于第三峰。但头肩顶的最大量可能在左肩（主升段）或头部（末升段），末升段出大量的峰顶可能延伸更高。

如果M头在第二峰（三重顶的第三峰）创高量，或者头肩顶在右肩创高量，视之为主力未能及时出逃，最终力挽狂澜不成的大出货现象，那可能会加深跌幅或延长落底时间，须知，套牢量需要时间沉淀消化。所以一个头部形态越到后面才大量套牢，那不是越棘手吗？

相对的，底部的呈现不在大量，而是缩量。所以有"量价同时见底"之说。偶见超大量落底者，日后涨升过程多曲折。地价与地量并无绝对相称之必要，例如右肩可能量缩得比底部还小。底部形态的重点在于，它是否带量越过颈线，并且继续补量创高。稳健的涨势是先创高价，再创高量。

第九种 旗形

"上升旗形"按理该涨吗？"下降旗形"按理该跌吗？

——这是两个混淆视听的名词。

"三角整理"乃波浪九大特性之一，属于平台强势整理的一种，它常出现在第四波修正（第二波较少）于B波，由上向下切线之交叉收敛，可推知整理结束之时点。若修正波在两平行轨道之间运行，就叫"旗形"，可能让修正波做较长时间的延伸。

正确的说法为："上飘旗形"和"下飘旗形"。前者为降旗，原趋势向下，才会让旗面往上飘；后者为升旗，原趋势往上，才会让旗面往下飘。所以，上飘旗形预示后市下跌，下飘旗形预示后市上涨。而且旗形整理后常出现走势相仿的涨（跌）波段。

另称上升双旗或下降双旗，与上述之旗形不同，所谓的升（降）已经明确指出趋势的行进方向，例如涨势途中，经拉回又快速创高，再来回又快速创高（不论旗面平行与否），依然在爬坡路上连插两面旗帜，表示登高者的企图强烈。

此即波浪的奔走形整理，它比平台整理还强，像平常的ABC向下修正，先跌至A，回弹B，然后破A见C之低点，上升双旗的B竟然创高，再拉回至C，仍高于A之低点，意味涨势踩着"奔走"行进方式，反之，下降双旗由同理可以推知跌势之奔走。

第十种 潜伏形

无量久盘乃"潜伏"，它会促成均线何种现象？

——天山雪莲花或者九阴白骨爪。

股价无量久盘乃"潜伏形"，潜伏越久则隐藏的趋势变动性越大。问题是它究竟是属于"潜伏顶"还是"潜伏底"？股价并无绝对的高低档可言，理论上绝对高档的潜伏顶很可能不存在，鲜见一档股票在历史天价区域无量横盘，除非它是小型主力股，筹码都在主力手上，无法出货，那是危险的。

当股价在绝对低档无量久盘，那是潜伏底吗？"一天反转而筑底百日"，它要无量盘多久似乎是个未知数，太早介入会动弹不动，必须在量价出现较大的动静，市场才会注意到，那往往是消息面一时的激励，唯

量增过速，随后又回复沉寂，因为主力尚未大举进入。若是第二次、第三次频有动静，那么这部熄火已久的车子就要发动了！

换而言之，一次大量的拉抬未能让潜伏底成立，必须依赖后量均量潮之递增，同时股价逐步走高，尤其是正式越过许久以来显见的高点，此时才能确认脱离潜伏时期而进入趋势运作的新里程碑。

股价的横盘终可达到"三线合一"。此三条均线为5日线20日线和60日线，最后时刻往上拉抬则出现三线合一齐上弯——天山雪莲花；最后往下致命的一击则是三线合一齐下弯——九阴白骨爪。潜伏顶的飙升与潜伏顶的急挫常基于此均线原理的造成，股价的急涨急跌总会伴随着跳空缺口。

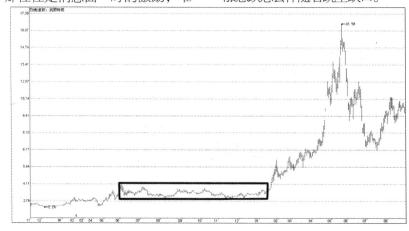

第十一种　牛角效应

　　对于"牛角效应"而言，已然是图形和波浪（前角是峰顶，后角是B波逃命）的大规模结合。牛市的起源是牛角，而当你见到双牛角时，或是最后的绝音了！

逃 命 吧！

价格波动

只要盯住价格"平稳状态"后的下一步，就可以让投资胜率大大提高。

价格波动类型

平稳局面之后有机会

本篇要讨论价格的变化。首先，股价趋势可能发生变化的一个明显征兆是，价格突破了"之前保持的某种平稳状态"。这里所谓的"保持的平稳状态"，并不是一条水平线。在"平稳状态"过程中，除了会出现"回档"和"反弹"，有时还会频繁出现小波动。

平稳状态为什么会形成呢？假设现在股价形势良好，行情持续上涨，此时，在持有股票的投资者中就会有人认为："是不是应该卖了？"而另一方面，如果股价继续上涨，在想买进这只股的投资者中，也会有人谨慎地认为："再看看吧。"结果，股价的上涨势头就慢慢变迟缓了。

虽说如此，但如果这档股票很有魅力，即使出现下降趋势也会出现想买进的投资者，毕竟并不是一下子就全变成跌势了。

所以，只要股价上涨就会有卖出，股价下跌就会有买进，股价就是这样反复涨跌，这就是"平稳状态"。

在股价处于平稳状态时，即使买进或卖出，结果都只是反复出现小幅上下波动，不会赚取太多。虽然可以采取短线赚取小幅价格波动，但是没有必要过分参战。也就是说，发现行情处在一种平稳状态时，态度可以是"不买不卖"。但是，我们也不能忽视这个局面。因为这个局面之后，不论是行情将上涨还是下跌，股价最终会打破平稳，进一步表态的。

上升途中出现的平稳状态

如果在上升趋势途中出现平稳情况、股价再次向上跃起的话，可以视为"上升趋势重新开始"的讯号。这时如果买进就有机会继续享受上涨趋势。

如果在平稳状态中出现抛售压力大于买进力量时，股价就会跌破底线。如果平稳状态出现在之前上升趋势中的最高价的话，原先的上涨趋势可能将要转变。

下跌途中出现的平稳状态

在下降途中出现平稳状态，如果股价跌破趋势向下下跌的话，就是"下降趋势重新开始"的讯号；但如果股价突破趋势向上上升的话，就表示下降趋势可能会转变。

看各种各样的图，会发现平稳状态经常出现。但是，趋势并不会保持同一单调状态。换句话说，即使在开始阶段没有跟进，但投资人后面仍然有机会。所以，在某种意义而言，平稳状态是需要非常关注的价格波动类型。

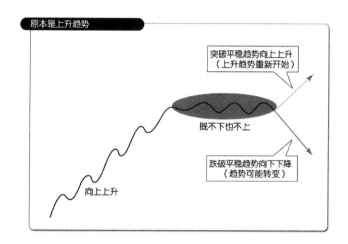

请盯住行情不上不下的平稳期。

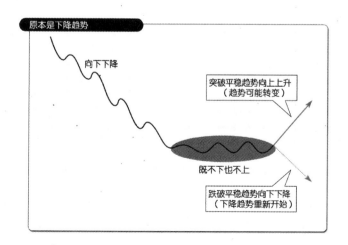

三角平稳类型的买卖讯号

前一节提到价格不上不下的平稳趋势，看起来是水平波浪状的，但行情不一定只有这种图形，常见的还有呈现三角状态，我们把这种形态叫做"三角平稳"。

为了确认这种形态，首先要试着画一条连接平稳形势中的高价线和一条连接平稳形势的低价线。当这根高价线和这根低价线逐渐接近时，就形成三角平稳类型。

🌐 首先，要画高价线和低价线

三角平稳的特点是，如果把高价线和低价线延长，它们必须在某处回合。我们把该汇合点认为是三角平稳状态的终点。行情在行进中，如果出现让这个三角形的形状崩溃的动向，那么，这就是投资人要注意的"突破平稳局面"的看盘重点。

在上升趋势图中出现"三角平稳"形态，当行情是向上突破高价线时，可视为"上升趋势再现→开始买入讯号"。

相反的，在出现跌破低价线的跌势时，如前所述，是表示之前上升趋势将转变的讯号。

事实上，在平稳状态中连接高价线和连接低价的线，分别就是所谓的压力线和支撑线，这样来想就很容易理解了。

突破"三角平衡"的局势

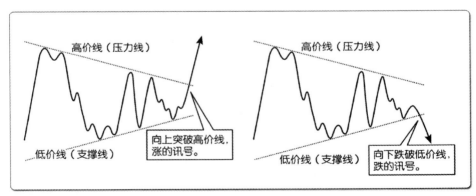

注意突破时的K线形状

在看盘实务上，要能够抓准何时是行情"突破平稳"的讯号，除了得画出高价线、低价线（压力线、支撑线）之外，需要注意突破平稳的那根K线是什么形状？其势强不强？以此推断突破平稳状态的强度。

线"的形状，若是如此，也不能算作强势突破。

同样的道理，当大阴线往下跌破平稳状态时，就是下跌趋势启动的讯号。所以如果所持股票变成这种形状，就应"卖出"为宜。

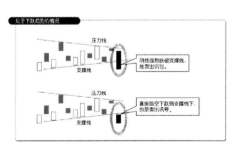

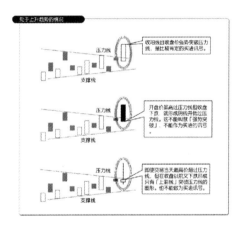

如果交易当天只是最高价超过压力线，但收盘价却低于压力线，K线的形态就会变成"只是上影线超压力

突破平稳状态后的目标值

平稳状态除了三角平稳外，还有其他类型。例如在一定区域范围内股价反复上下波动的长方形平稳，其特点是高价线和低价下面是平行的。

此外，当股价在急剧上升或下跌时，也常见过程中会出现一种小平稳状态，类似于旗帜的状态。

 ### 其他形状的平稳状态

无论哪种平稳状态，判断原则与三角平稳一样，都出现可以连接高价的压力线和连接低价的支撑线并且适用"突破高价线就是买入，跌破低价线就是卖出"的原则。另外，还有一种平稳状态的类型，就是行情的上下波动幅度逐渐变大，而称为出现开口愈来愈大的楔形，若出现的位置处在行情的高价圈，一般认为是下跌的可能性比较高。

突破平稳状态后会怎么样呢

在上升趋势中出现平稳状态，当行情向上突破平稳时，可认为是"上升趋势重新开始"。但是突破平稳状态后，到底有多大上升幅度呢？这里要介绍突破（跌破）平稳状态后第一个目标价位的满足点，也就是说，行情可能会在第一个目标价位满足点之后再次逆转或继续走势，但投资人可以把第一个目标价位满足点当成重点价位，其计算方式如下——

突破平稳状态后走势预测是：当行情向上突破三角平稳状态时，从突破点算上涨的高度是三角形底部到定点的距离。若行情是向下跌破三角平稳的支撑线，下跌行情的参考价也是三角形底部到定点的距离。

长方形的平稳状态，向上突破计算上涨的满足点是长方形的高度；向下跌破计算下跌满足点也是长方形的高度；向下跌破计算下跌满足点是从跌破点起算长方形的高度。

不一样的是：在急剧上升或急剧下跌后出现的小平稳（通常是出现的小三角旗形），其满足点的计算是从突破上涨的价格加急剧上升到小平稳之间的距离，换句话说，如果我们把这种形成小三角平稳当成是一面旗帜，那么旗杆的部分就是突破上升压力或跌破下跌支撑之后计算满足点的测幅。

以上所提供的计算方式，并不能当成是绝对值硬套在行情上，毕竟，股价的波动跟基本面与当时的整体环境还直接相关的，这里所谈的仅为技术面的参考值，尤其在小型股或成交量小的个股，更不适用；另外，遇到大利多或大利空时，也不适用。

平衡的类型

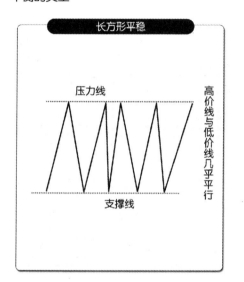

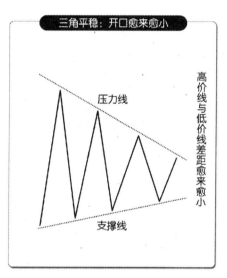

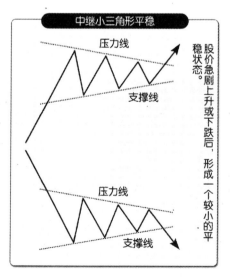

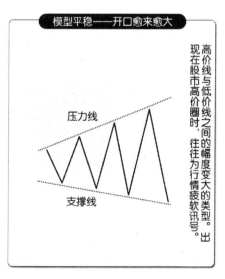

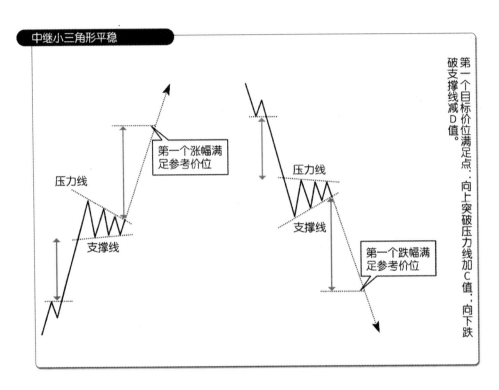

中继小三角形平稳

压力线
支撑线
第一个涨幅满足参考价位

压力线
支撑线
第一个跌幅满足参考价位

第一个目标价位满足点：向上突破压力线加C值；向下跌破支撑线减D值。

高价圈

头肩顶的逆转

高价圈的形成，本节以常见的"头肩顶"和"三重顶"为范例说明高价圈价格形成的过程。原则上，最后会被指为"高价圈"是行情本来在上升过程中，当股价在创下最高价后趋势出现逆转，先来看"头肩顶"类型。

形成头肩顶的过程解构

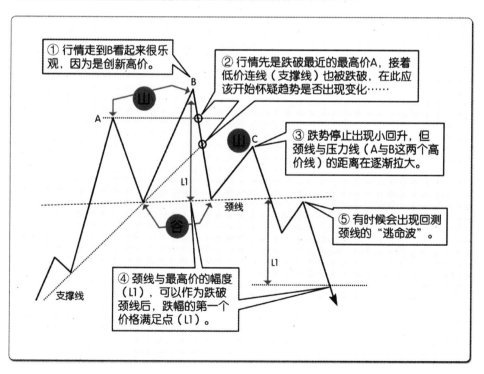

① 行情走到B看起来很乐观，因为是创新高价。

② 行情先是跌破最近的最高价A，接着低价连线（支撑线）也被跌破，在此应该开始怀疑趋势是否出现变化……

③ 跌势停止出现小回升，但颈线与压力线（A与B这两个高价线）的距离在逐渐拉大。

⑤ 有时候会出现回测颈线的"逃命波"。

④ 颈线与最高价的幅度（L1），可以作为跌破颈线后，跌幅的第一个价格满足点（L1）。

首先，股价创下最高价（A）后下跌然后再上涨。上涨后行情创了新高价（B）后又再次下跌，这一波的下跌势头猛烈，一口气跌破前一波的高点（A），与低价连成的支撑线之后价格虽然在之前的低价上方出现上升，但是这第三次上升势力（C）却未能刷新最高价（B），接着就转向下跌。

综合上述这些动荡势力，其价格形状正好像"左肩·头·右肩"，这就是"头肩顶"名字的由来。而连接左肩从高点跌落的最低价与头部高点跌落的最低价，就形成一条颈线。

一般来说，当行情第三次向上攻却无法超越头部，行情反而跌落颈部以下，头肩顶形态才确立。有时跌落颈线后行情还会再上升并回测颈线，若回测颈线无法超越颈线，这里往往就是行情的最高点，所以，有人称这一波回测颈线的高点为"逃命波"，意思是行情若已经走到这里，再不趁这个高点卖出，接下来肯定是另一波大跌。

头肩顶形成后，头部到颈线的距离，也可视为跌破颈线后跌幅的第一个价格满足点，也就是图形中的"L1"的长度。

三重顶的逆转

高 价圈类型之一，有一种叫做"三重顶"类型，就是在形成同等高度的三座大山后，再下跌形成的形状。在这一类型中，如果把前两次下跌形成的两个低价连接起来的话，就形成我们之前所说的颈线。而颈线与山顶之间的价格距离就是跌破颈线后将要下跌的第一个价格下跌满足点。跟头肩顶形态一样，在三重顶形成后，也常会出现回测颈线的逃命波。

🌐 形成三重顶的过程解构

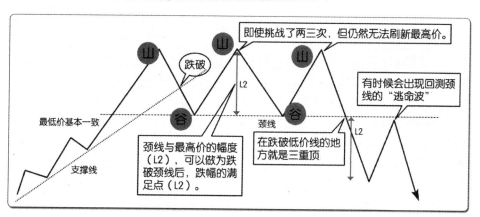

即使挑战了两三次，但仍然无法刷新最高价。

跌破

L2

最低价基本一致

颈线

谷　　谷

支撑线

有时候会出现回测颈线的"逃命波"

L2

颈线与最高价的幅度（L2），可以做为跌破颈线后，跌幅的满足点（L2）。

在跌破低价线的地方就是三重顶

双重顶与圆形顶的逆转

高价圈类型中另一个非常著名的叫做"双重顶"（M头）。它是在形成两座同等高度的大山之后出现逆转的类型。从颈线到山顶的高度，就是该趋势的第一个下跌满足点。

 形成双重顶的过程解构

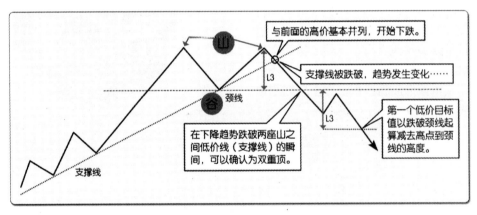

虽然"双重顶"也和"头和肩"、"三重顶"一样，是简单易懂的类型。但仅仅从"形成了两座山"、"形成了三座山"这些特征就认为是高价圈必然逆转的话，还为时过早，因为无论是哪一种情况，股价下跌并跌破支撑线才是行情逆转首要条件。而且，只在形成几座山的颈线被跌破时，这个类型才算是真正形成。

另外，虽然已经形成了两座、三座山，但没有跌破低价的话，只能认为价格在上下振荡（就形成箱形整理了）。在这个阶段，我们还不能判断是否已经形成高价圈。因为，这也有可能是在上升趋势中的平稳状态。

如果是后者，也就是行情在箱形整理的话，一旦行情趋势向上突破，那就是"买入"讯号。所以，在无法确定是否将突破颈线以前，盲目认为"涨势结束"、急忙抛售的行为是很危险的。

"圆盘顶" 类型的逆转

在高价圈类型中，还有一种好像把盘子翻转过来一样，叫做"圆盘顶"的类型。这种类型，在高价圈既不上也不下，通过反复移动而形成弯曲形状。股价从这个状态向下俯冲跌破时，就可以确定趋势将要逆转。

 形成圆盘顶的过程解构

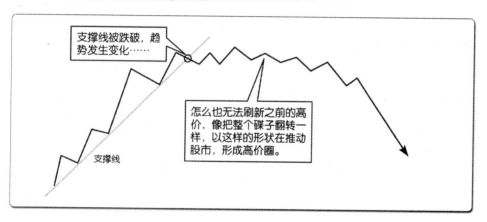

支撑线被跌破，趋势发生变化……

怎么也无法刷新之前的高价，像把整个碟子翻转一样，以这样的形状在推动股市，形成高价圈。

支撑线

低价圈

与高价圈类型相反的四种类型

判断为低价圈的股价类型，原则上跟判断高价圈类型相反。

"头肩底"类型与之前看到的与"头肩顶"相反。它的形态是：股价跌入谷底，然后转向回升后又再次下跌，最终刷新之前的最低价。接着当再次回升时，尽管不能达到之前的高价，但之前的压力线被向上突破。第三次触底虽然比第二次浅，但却继续出现突破颈线向上上升的形势。要确认头肩底完成，其一是收盘价向上穿越两个高点（山），所连成的颈线，若你是放空的投资人，在这里就一定要回补，因为新的买盘进场了。

另外一项要件是，行情自突破颈线起，成交量有增加的趋势，并随着股价的上升，成交量也持续增加。

对于预测上涨满足幅度目标值，也和"头肩顶"计算概念相同。

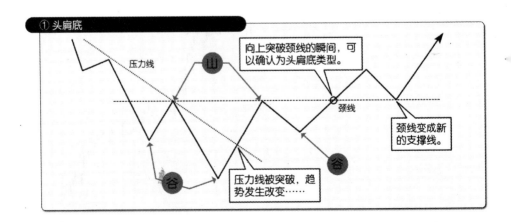

① 头肩底

压力线

向上突破颈线的瞬间，可以确认为头肩底类型。

山

颈线

颈线变成新的支撑线。

谷

压力线被突破，趋势发生改变……

谷

"双重底"、"三重底"是表示连续两次、三次下跌到同一个价位的类型。在这种情况下，股价处于低位相对平稳的状态，感觉随时都有可能跌破这个"同一价位"。但是，股价一旦向上反弹突破之前的高价线开始持续上升的话，低价圈就形成了。

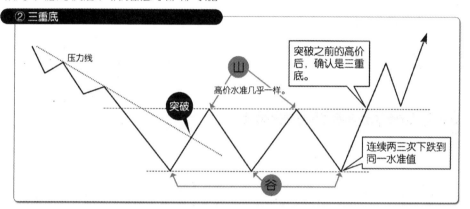

② 三重底

压力线

山

高价水准几乎一样。

突破

突破之前的高价后，确认是三重底。

连续两三次下跌到同一水准值

谷

这里再详细说明一下双重底。双重底是行情走势常见的图形，它的形状十分容易辨识。当第二次的最低价（谷）不低于第一次的最低价（谷），就形成双底的可能，又它在前面所讲的第二次的最低价附近，成交量有增加，而且，当行情继续往上要突破两个谷和谷之间的最高价（也就是颈线）时，成交量也会增加。

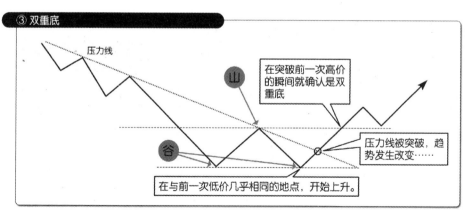

③ 双重底

压力线

山

在突破前一次高价的瞬间就确认是双重底

压力线被突破，趋势发生改变……

谷

在与前一次低价几乎相同的地点，开始上升。

除此之外，在低价圈中还有一个叫做"圆盘底"的形状也是很有名的类型。在低价圈中，随着时间的推移，股价逐渐上升，最终形成碗底形状。

一般来说，这种圆盘底形成的

时间越长，积聚的能量也就越大。所以当股价最终向上突破时，其上升势头非常令人期待。

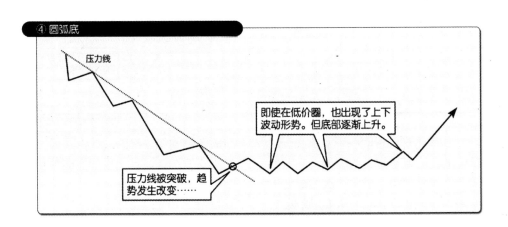

④ 圆弧底

压力线

即使在低价圈，也出现了上下波动形势。但底部逐渐上升。

压力线被突破，趋势发生改变……

上述的四种底部形态买进的原则都一样，当行情突破底部高点的颈线，看得出其实向上冲时，是最佳买进时机，但有时候行情不一定会压回稍作休息，所以，万一没有掌握初突破颈线的进场点就错失好买点。如果

是这样，只要确认底部形态已经完成，可以参考移动平均线作为买进讯号，比方说短线投资人可以参考5日、10日均线，中长期布局的投资人可以参考13周、26周移动平均线，一样能掌握好的买点。

投资策略

价格趋势转换，掌握趋势何时撞到"死胡同"

如果把"在趋势逆转以前，继续原来的操作方向"作为前提，那么在发现趋势时买入，接下来的工作就是要盯住什么时候趋势转换。

 观察趋势"逆转"的征兆

趋势什么时候出现逆转呢？

要想提前预测股市的高价圈和低价圈在哪里，第一篇从成交量的角度，本节则从价格的角度分析。如果趋势将出现逆转，趋势线就不会继续像之前一样发展，且从股价图上会出现与原先趋势相反的讯号。读者仔细想一想这句话，可能会觉得有点多余，有谁不知道上升趋势要变成下跌趋势，中间势必经过一个"转换"的过程呢？

但实际上，投资人若没有仔细的观察，将"趋势是否即将转变"当成一个问题，看股价图的时候经常是一晃眼就过去了。

以下来做一个模拟——如果股票的行情趋势是持续上升，那么最高价会不断被刷新。换句话说，如果行情的最高价没有被刷新，此时，就应该对既有的上涨趋势是否

持续产生怀疑。虽然不能立刻明确地说行情就此要"逆转"，但这"没有出现新高价"却应该算行情可能逆转的一个警讯。

接着，我们用支撑线和压力线之间的关系来解释。当上涨的股价一旦下跌，虽然不能立刻就算作"行情逆转"，但是应该要留意，这次下跌的势头停在哪里？

如果下跌之后行情在支撑线附近股价仍然继续上升，则暗示上升趋势将持续。虽然行情是被支撑线支撑了，可是行情上涨之后并没有刷新之前的最高价，那么就无法判断趋势是否会持续，也就是说，应该要开始质疑，行情是否已经开始产生逆转了。

虽然不能一概而论，但是当趋势出现逆转时，"一直处于上升趋势的股价某一天突然迅速直线下跌"，像这样的情况并不多见。比较常见的现象是，股价创下高价记录后开始下跌，之后几次尝试刷新记录，但都没有成功。最终，最高价和最低价都逐渐开始下跌。

相反的，若行情是从下降趋势开始逆转，情况就与这里相反，但

道理是一样的。

所谓的趋势逆转就是指因为维持继续上涨的力量不足，气势衰竭像进入了死胡同一样，最后行情只得朝反向运动。

"高价圈"、"低价圈"不仅

是评估趋势是否持续的位置，也是发现是否出现趋势转换的重要位置。实际上，大家所说的容易在高价圈和低价圈出现的股价类型，就是关注最高价和最低价的刷新动态。

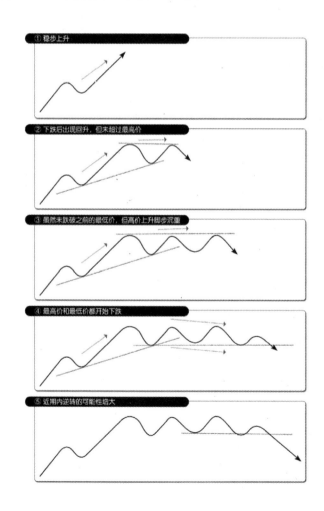

通过实际操作分析趋势

有一定股龄的投资人对于看形态、看K线应该都不陌生，但在实务运用时，如果照本宣科往往容易失败。股票投资本来就存在几率问题，本书不厌其烦地再次把形态"拆解"成可以随时"见招拆招"的图表。前面已有说明，这里再次总结股价变化和趋势转换讯号，从原则性理解股价走势，这样才能提高胜率。

🌀 掌握可能产生转变的转折处

以股价处于一直下跌的情况为例，当行情出现最低价被不断刷新的过程，一般称它为"持续的下降趋势"。这样持续下降的行情若出现最低价不再被刷新时，从股价图来看就会呈现上上下下波动的情况。

现在我们从跌了一段时间后、行情略呈水平波浪的情况开始假设。也就是说，投资人应该从这里开始关注，这种水平波浪最终将会被哪股势力突破——

情况1：如果被向下势力突破的话，就会出现"下降趋势重新开始"的形势。

情况2：如果这种水平波浪的最低价没有被刷新且行情反而向上势力突破压力线时，就表示趋势将可能发生改变。

发生情况1不用再多说，属于下跌趋势短暂的水平波浪，这就像中场休息一样，休息完毕行情仍持续下跌。如果是情况2的话，投资人就要怀疑"虽然行情连续几次触底，但最低价并没有被再创新低，行情将有可能上涨"。

情况2的可能性又分为两种，第一种是行情果真上涨了，且上涨"突破了最近的高价"。但是，即使最近的高价（记住，这里指的是"最近的"高价！）被突破了，也不能断定股价就此转入上升趋势。行情到这里已经开始上升就要再次关心，一旦再次转为下降，"将在哪止跌"。

如果股价在比之前的高价区域（一般可看颈线的地方）高一点的地方再上升的话，趋势将很有可能会发生转变。也就是说，当行情从上涨再次下跌，在碰到颈线的位置没有跌破颈线而再次上升的话，这时就可以画出一根支撑线。这样，就开始把焦点放在"上涨是否能刷新前面的高价"和"下跌势力是否会跌破支撑线"上，如此一关一关地看上去。

简言之，如果出现下跌但未低于支撑线、但上升时刷新最高价的情况时，就可以看出转变为上升趋势的可能性就更大了。

若前面讲头肩底、三重底等的图形你有疑惑或不通彻的地方，请参考本文与下图再回头想清楚。不用死记图形，就能见招拆招了。

趋势和讯号的总结

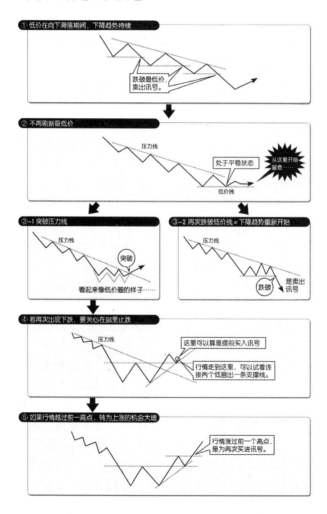

判别趋势是强势、趋缓还是受阻

当投资人在考虑投资策略（积极或消极、长线或短线）时，首先要搞清楚的是"现在的股市处于什么样的状况"。

首先，跟投资人最密切的当然就是大盘指数。虽然也有个股是不理会大盘走势独自涨跌的，但一般说来，个股即使因为营运状况或产业前景而走自己的路，但长时间来看，受到整个股市的影响还是相当大的，所以，投资人交易前应该先看大盘目前的状况，以把握大方向。

在上一个章节中，提到行情的压力与支撑，总体归纳起来，用最简单的一句话说就是，"行情超过之前的高价就是买进的讯号，行情跌破之前的低价就是卖出的讯号！"这是简便执行交易的基本规则。

一旦发现有上涨势头的股票，只要顺势交易加入战局，未来获利的机会就会增加。但这只是从小范围来看，很多时候即使没有办法从股价图中找到上涨势头很强的个股，但因为整体行情全处于强势的上涨中，在这个时候大胆买进也会获利不少。不过，这种获利并不是因为投资人很善于选股或交易手法很高明，纯粹只是因为"股市行情好"，而在股市行情大好时，好股、坏股，卖太早了或买太晚了，反正不管你犯了什么错，只

要整个行情是大涨的多头市场，而你又站在"买进"的一方，就能雨露均沾，赚进钞票。

但是，当趋势的强度变弱，即使你采用了很聪明的交易策略，获利幅度也难以令人满意。

超过高价，买；跌过低价，卖！

事实上只根据"超过之前的高价，买！"和"跌过之前的低价，卖！"的原则交易就很有意义。尤其如果遇到整体行情是强势的，能依靠这种固定的模式交易，获利几率就很大。即使是强势的下跌趋势，也能安全地保护资金不受损失。但是，如果趋势的发展势头变弱，预测的准确率也会变弱。在僵持的状态下，上涨的预测或是下跌的预测都会可能落空。

循着这样的标准，即使是新手，只要多练习也能拥有属于自己的股市行情观。

另一方面，如果预测股票上涨不断地命中，就可以把积极地买进作为基本姿态；如果上涨受阻，处于僵持的状态，就可以采取瞄准一时性下跌买进，等行情恢复后再卖出的短期交易方式；如果预测股票下跌将持续，就应该采取空手等待或放空交易的方式和态度。

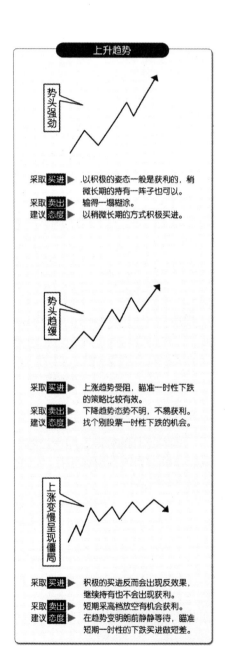

上升趋势

势头强劲

采取 买进 ▶ 以积极的姿态一般是获利的，稍微长期的持有一阵子也可以。
采取 卖出 ▶ 输得一塌糊涂。
建议 态度 ▶ 以稍微长期的方式积极买进。

势头趋缓

采取 买进 ▶ 上涨趋势受阻，瞄准一时性下跌的策略比较有效。
采取 卖出 ▶ 下降趋势态势不明，不易获利。
建议 态度 ▶ 找个别股票一时性下跌的机会。

上涨变慢呈现僵局

采取 买进 ▶ 积极的买进反而会出现反效果，继续持有也不会出现获利。
采取 卖出 ▶ 短期采高档放空有机会获利。
建议 态度 ▶ 在趋势变明朗前静静等待，瞄准短期一时性的下跌买进做短差。

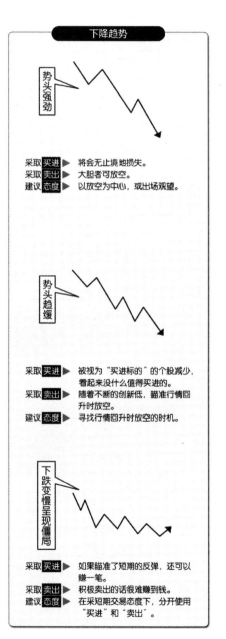

下降趋势

势头强劲

采取 买进 ▶ 将会无止境地损失。
采取 卖出 ▶ 大胆者可放空。
建议 态度 ▶ 以放空为中心，或出场观望。

势头趋缓

采取 买进 ▶ 被视为"买进标的"的个股减少，看起来没什么值得买进的。
采取 卖出 ▶ 随着不断的创新低，瞄准行情回升时放空。
建议 态度 ▶ 寻找行情回升时放空的时机。

下跌变慢呈现僵局

采取 买进 ▶ 如果瞄准了短期的反弹，还可以赚一笔。
采取 卖出 ▶ 积极卖出的话很难赚到钱。
建议 态度 ▶ 在采短期交易态度下，分开使用"买进"和"卖出"。

聪明选股

分析投资标的的涨价空间 ----------

选择买、卖时机的方法除了前面提过可以用业绩、形态等，还有另一方法是透过股价图"分析涨（跌）价空间"，也就是"找出下一个涨价（跌价）的压力（支撑）在哪里"。

分析涨价（跌价）空间的方法

首先，来看发现行情上涨的情况。假定某档股处于涨势，且价格已接近前一个最高价。本来，超过这个最高价就是"买入的讯号"，但是，如果在比前一个最高价稍微高一点的位置有"更之前的最高价"这种压力，那么即使超过了眼前的最高价，也可能会立刻遇到压力。请参考下面的示意图，当在压力①与压力②的距离很远的时候，行情若已经越过压力①，这时候执行"行情越过之前的高点，买进！"的交易原则，获利空间就比较大一点；相反的，若压力①与压力②距离很近，当投资人在行情超过压力①时买进，持有的态度就要保守一点，因为可能行情只上涨一点点，一碰到压力②又被打压下来了。

因此，如果不想要碰到压力，就

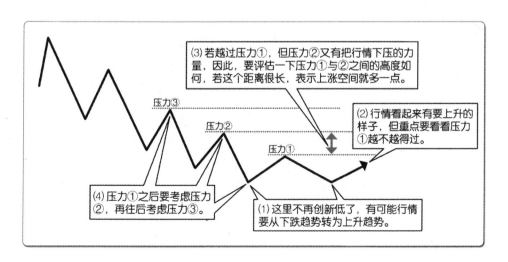

(3) 若越过压力①，但压力②又有把行情下压的力量，因此，要评估一下压力①与②之间的高度如何，若这个距离很长，表示上涨空间就多一点。

(2) 行情看起来有要上升的样子，但重点要看看压力①越不越得过。

压力③
压力②
压力①

(4) 压力①之后要考虑压力②，再往后考虑压力③。

(1) 这里不再创新低了，有可能行情要从下跌趋势转为上升趋势。

等行情越过上方看不到压力的高点之后再出手，行情上涨会较有空间。然而，这样的推论即使先忽略掉业绩强不强、整体市场强不强的变数之外，单就技术面来看也不完全成立，因为投资人在看压力①、压力②的时候，如果是采用日K线图来判断，当把图表的周期换成周K线时，你可能会发现，在距离不远之处仍有看起来压力很重的价格区块，也就是说，即使行情可以顺利地越过压力②，也有可能从长天期的K线图（如周K线）来看压力区会再度把行情压回。

若看周K线图操作也是同样的道理，月周K线图的压力区也同样有影响力。

反过来说，观察长天期图表，若发现"行情越过压力之后上面已经没有类似的压力"，就可以认为可能会有较好的涨价的空间。

如果打算进行放空，目前的支撑力量在哪里？以及过去有无强有力的支撑力量，都可以成为分析跌价空间的方法。

在大多数情况下，那些很久以前的支撑力道或抵抗力道，即使时间过了很久，对行情仍存在影响力。即使投资人只打算进行短期交易，在选择企业时，也应该观察长期性图表。

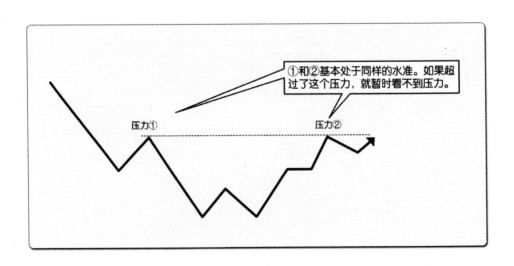

日线图与周线图观察压力区范例

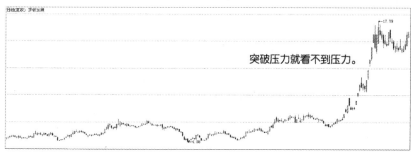

突破压力就看不到压力。

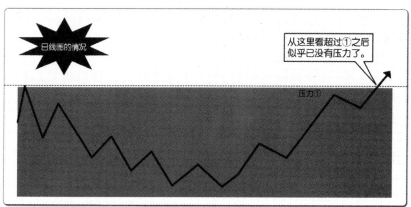

日线图的情况

从这里看超过①之后似乎已没有压力了。

压力①

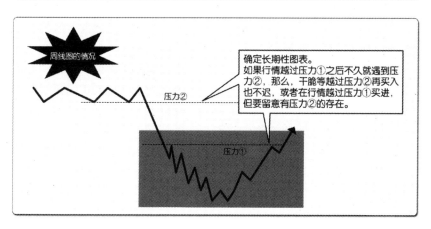

周线图的情况

确定长期性图表。
如果行情越过压力①之后不久就遇到压力②，那么，干脆等越过压力②再买入也不迟，或者在行情越过压力①买进，但要留意有压力②的存在。

压力②

压力①

获利入袋

总之，要理性地清理交易

买 卖股票是以获利为目的，如果不执行一买、一卖的"清理"（先买后卖或先卖后买），就无法实现获利的目的。换句话说，应该要把如何在这一买 卖之间赚进差价，当成是重要的一件事，并对"出现这样的行情，就这样应对"有所准备。如果不做这种准备，受行情的波动影响交易情绪，可能会陷入过度犹豫或过度急躁而无法冷静地执行清理策略。最常发生的情况是买进股票后，行情涨了，正拿不定主意要不要卖时，股价却下跌了，于是就想"应该还会再回升吧"，就这么犹豫着，使得损失越来越大⋯⋯

获利了结的两种考虑

确定在何时进行"清理"的方法之一是，预先设定目标，即"价格变成多少时，卖出"。要建立这个"清理"的标准，可以采用目标数字的方法，例如"买进股票涨了10%就卖掉"或"涨了5元就卖掉"；另一种方法就如上一节所介绍的从股价图中查看压力的所在，把压力价格作为清理股票的目标（放空的人就以支撑价格作为清理股票的目标）。

第一种数字清理法无需赘述，是很机械性的数学加减，其缺点是如果行情走势持续，那么使用数字清理的方法获得的收益可能很少。对此，如果认为"已经不错了，不必那么贪心"能够想得开就罢了，可是，如果行情处于难得一见的好势头，投资人设定赚进5元的利润，但最终却涨了50元，真叫人后悔莫急。

第二种买进后是以当前的压力价为目标，理由是行情一旦涨上来到了压力区，会有"难以上涨的压力"，也就是预示着"这里的行情有被推回去的可能性"，但是换一个角度来说，这个压力位置也是"如果超过这个压力价就是买进的讯号"。因此，投资人如果在遇到压力点卖掉，但结果却是行情越过压力之后又再大涨一波，那么情况就跟你用数字清理法的结果是一样的，都是"在购买讯号出现之前，很可惜地把股票卖掉了"。

防止太早卖出的办法

怎么办呢？为了防止这种令人后悔的事情出现，在进行清理之后，如果良好的走势还在持续，应当再次寻找进入的机会，把握住好行情。

咦！就这么简单吗？对啊！就这么简单。

可是，一般人没有经过某些"历练"与"纸上行情推演"并不容易做到。因为"人"的天然个性是从"自己"的角度去看事情的。如果你在50元买进，55元卖出，等到行情越过56元的压力价格，来到58元但走势仍十分良好时，投资人的心里容易出现"当初我买的时候那么便宜，现在涨到这么高，这时候再进场买的话就亏了"。如果这么想的话，那就只能眼看着大好的走势却抓不住了。

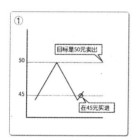

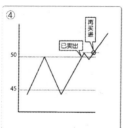

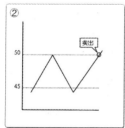

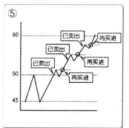

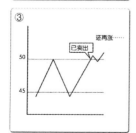

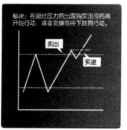

股市廖聊吧

没有达"目标值"，怎么办？

有关"清理"第二个注意要点是，如果没有达到事先所设定的目标价格，也应避免错过清理的时机。

假定你以45元买进股票，设定目标值是"涨5元后就卖"，一开始股价上涨顺利，一直涨到了49元，离目标值仅差一点了，但这时行情却开始下跌，连续跌到49元、48元、47元。这时候，如果认为"既然它曾经涨到过49元，那也应该能再涨到至少48元吧"，若你这样想，这一笔交易往往不但无法获利，反而可能遭受损失。

小时候长辈们总教我们，人一旦确定了目标，就应该"不达到目标绝不罢手，一定要坚持……"一般情况下，为了达到目标坚持不懈是好事，但是对于股市投资来说，却非如此。不管是否达成目标，投资人应该时时谨记，"获利"才是最重要的，而不是跟自己"赌"，尤其不能跟判断力赌气或跟自己的眼光赌输赢，那是完全没有意义的。因此，如果定制了目标值，也应该有最坏的打算，即"万一未达到目标，应该怎么办"。

如果能够考虑这一点，那么放弃"预先制定目标"也不失为一种策略。也就是说，完全根据股价图即时变动的讯号，做出即时的清理，而不事先预设报酬率或停损率。

即时行情，即时因应

这种"随盘面变化而采取相应措施"的清理方法，举例来说，你可以根据"超过了近期的最高价，买这种买入讯号买入，在上升势头持续的情况下继续持有，但如果出现了"跌破了近期的最低价"就卖出；或者，根据"股价高于移动平均线时买入"，当出现"股价低于移动平均线就卖出"。

如果想及早进行清理，另一种可采用的方法是，买入后在不断创新高的期间内持有，一旦行情不再创新高，立刻卖出。或者，在买入后如果低过以往3天内的最低价就立刻清理，如此循着有纪律、有计划的规则交易。

无论采用哪种方法，关键是预先要知道"变成哪种状态时就清理"，而且如果出现了这种状态，就要按照原计划来实施。

根据股价动向进行清理的规则

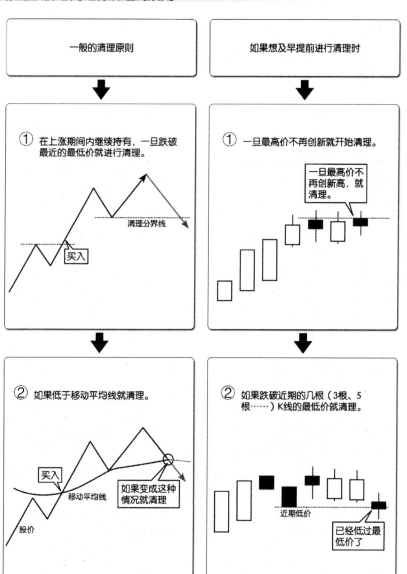

一般的清理原则	如果想及早提前进行清理时
① 在上涨期间内继续持有，一旦跌破最近的最低价就进行清理。	① 一旦最高价不再创新就开始清理。 （一旦最高价不再创新高，就清理。） 清理分界线　买入
② 如果低于移动平均线就清理。 买入　移动平均线　如果变成这种情况就清理　股价	② 如果跌破近期的几根（3根、5根……）K线的最低价就清理。 近期低价　已经低过最低价了

模组化的停损标准

股票买卖的清理，除了看对方向产生账面收益，也有可能是看错方向面临必需停损的情况。就像本书反复强调的那样，股价图的讯号并非"绝对可靠"。

 停损的标准与买进的标准统一

也正因为如此，在刚刚买入或卖出的时候，如果行情与自己预想的方向相反，就需要及早停损。所以，事先设想在什么情况下必须停损的判断非常重要。如果能确定好停损标准，并确实实施，就能避免在股票交易中蒙受巨额损失。

停损，最简单的办法是根据股价图的讯号来操作。如果买入股票后，股价跌破近期的最低点，那么无论买入价格是多少都应该卖出；此外在移动平均线以下也应该卖出。在这种情况下，需要清楚地确定近期的最低点是几元，以及作为参考基准的移动平均线是哪一条。

举个例子，购买讯号参考的是20日移动平均线，但是股价下跌时，如果认为"还在13周移动平均线以上所以不要紧"，就会出现问题。如果将20日移动平均线作为买入讯号的标准，那么购买之后如果其股价低于20日移动平均线，就应当放弃。

 思考"陷阱"应对策略

根据股价图讯号进行买卖必须事先想好配套，万一遇到"陷阱"的应对策略。

举例来说，自以为是出现了购买的讯号，可是随后股价却大幅下跌，应该立刻当自己误入"陷阱"采取因应对策。

因应"陷阱"对策的是第一条是，应当对刚买入或刚卖出时的讯号作谨慎的判断。如果是移动平均线，采用的天期愈长就愈不容易出现假讯号，所以交易机会就较少。在刚开始操作时，如果以较长的移动平均线为目标，那么一旦出现了稳定可靠的讯号后，就可以采取行动。

不过，即使讯号可靠，如果遭遇"陷阱"，也可能会蒙受巨大损失。因此，在发现自己可能看错了，第一时间就要规划应该如何漂亮地脱身，切记，不要在已经知道误入陷阱了，还期待"奇迹"出现。一般来讲，若没有明快的处理已经发现"买错了"的股票，时间拖愈久就愈难下得了手，试想，用50万本金进行交易，赔了1万块，停损只会"痛一下下"，若已经赔了5万，想要停损就需要下更大的决心，但若已经赔30万以上，很可能完全放弃"停损"这回事，而不想进行任何处理了。所以停损这件事还真是挑战人性！

　　应对"陷阱"的策略其实十分简单，就是在出现买入讯号后一旦发现买入讯号消除，就应立刻清理。例如前一天出现买入讯号的阳线，被隔日的阴线势头压倒，或者已经超跌过移动平均线，这时可以认定前一天出现了陷阱，应当开始撤出，这样做，即使有所损失，数额也不会太大。千万不能认为"我昨天刚买，今天就亏了，我不能接受"。事实上，股市上出现亏损的原因之一就是，尽管已经知道"做错了"，却仍然不采取任何对策。如果在进行清理之后，股价恢复到原来的走势，就可以重新入市；即使失败了，只要即时采取对策，也来得及挽回。

🌐 关于停损正确的做法（买入的情况）

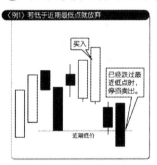

〈例1〉若低于近期最低点就放弃

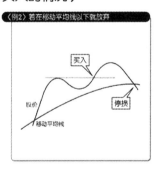

〈例2〉若在移动平均线以下就放弃

🌐 陷阱应对策略（一旦新出现的讯号被否定，就可以撤出市场）

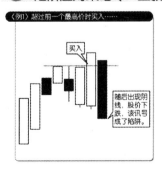

〈例1〉超过前一个最高价时买入……

〈例2〉以为股价只是突然下跌，所以买入……

用K线清理交易

选出走势看起来有机会获利的个股，订定完停损标准，在动手交易前应该再进一步选择对自己最有利的交易图形。

首先，如果你计划进行几天到几周的交易计划，一般会先参考周K线图，等发现有合于标准的图形后再观察日K线图，而在每天观察行情的过程中，也许又会发现实际情况与之前推估的走势截然不同。所以，即使你是以周K线图当作讯号交易，还应参考每日的动向，才不致有太大的损失。

 收盘价是交易的判断基础

另外，K线本身的形状也是重要的参考指标。本节归纳了八种必须牢牢印在脑子里的图形，它们是具体的交易讯号。已经选好的目标个股。若还未出现适合出手的局面，那就再暂时观察一段时间，等出现良好的形状后，再进行交易。

另外，K线的交易讯号形成与否，取决于收盘价是怎样的，也就是说，作出是否交易的判断，取决于收盘水准。

然而，收盘价的高低，只有在收盘时才能知道，所以，以日线交易者为例，在收盘前就应留意是否出现信号。

如果打算以数个月为投资期限，并以周K线图为信号的话，每周的收盘价（一般是指星期五的收盘）就决定了这一周的K线形状。同样的，也应在走势的过程中判断当周收盘的水准，以作为交易的提前信号。

 行动后，行情变化的因应之道

假定已经顺利按照信号进行交易。之后，还应当确认交易信号是否属于"陷阱"。万一在采取行动之后，出现了对自己不利的信号，需要立即采取应对"陷阱"的措施。

即使讯号不是"陷阱"，透过股价图观察随后的走势也很重要。因为尽管已经设想过"如果出现这种情况该怎么办"，但透过即时查看价格变化也可以提前察觉不稳定的因素。

举例来说，即使购买了股票后股价顺利上涨，如果股价涨势渐停，或者出现了长影线的阴线，就可以根据情况见招拆招。

在开始交易之前确定方针，当然很重要，但是，在采取行动后，往往会出现自己预想不到的情况。只有根

据情况灵活应对，方可在遭遇行情突
变前，保存收益，并尽可能将损失降

到最小。

 ## 进行交易的信号：一根一根K线的形状

准备买入时的形状

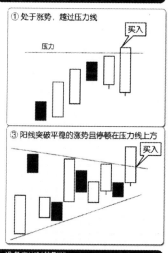

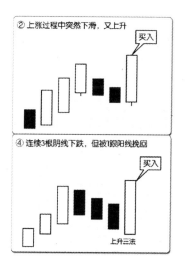

准备卖出时的形状

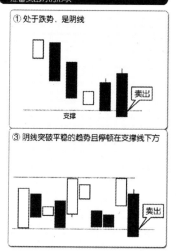

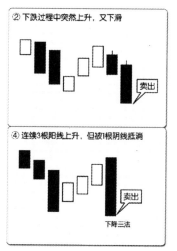

股市廖聊吧

在采取行动后，如果出现这种形状就需要注意

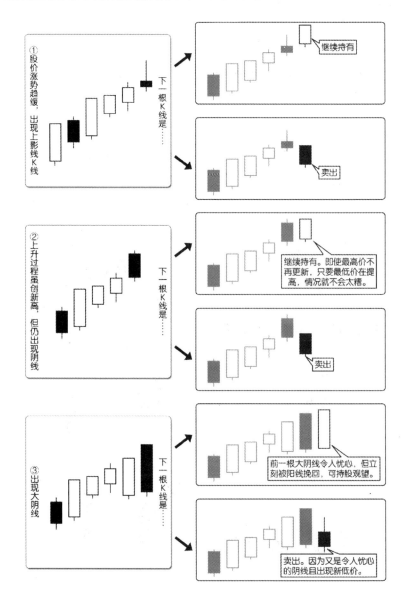

288

七要点，让获利更稳当

机械性操作，遵守基本规则的重要性不在话下，但并非死硬地遵守规则就是全部。以下七项要点，能让获利更为稳当。

要点一

要留意长期的趋势，知道大的趋势是上升或下降，股价目前在哪一个位置。当研判整体趋势为下降趋势的话，停利与停损都必须要快，不能拖拖拉拉；反之若是上升趋势，停损停利就可以多做观望。虽说看起来都是一样，但股票市场上本来就应区分强、弱，以对应自己的交易策略。

要点二

就资金量方面说，当趋势明朗时可加大，若趋势不明朗时就必须节制谨慎。

要点三

应经常留意市场的共识，当超越最高价，可解释为有大买盘介入；而跌破最低价，则可解释为有大户在卖出！

要点四

知道股价变动的类型也是重要的。例如，当行情由上升转为下降，第一次发生跌深反弹，可能还会继续上涨。但若股价再跌第二次且下降幅度加大时，投资人此时就应该卖出了，因为第一次或许可以解释为偶然，但若第二次跌破之前的最低价，已不能说是偶然，这也是有名的技术分析理论——艾略特波浪理论的应用。

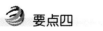
要点五

利用趋势线趁早布局也是方法。

当股价超越这之前的最高价与最高价所连成的上升压力线时，也可以买进。不过，未能确定是否能超过最高价，故可视为暂定的上升。因为毕竟是暂定的上升，虽然股价变动幅度可能会上升加大，但停损的几率也会增加。投资人对这些技术线形所透露的微妙讯息，要把它们运用在这个方法里面，上下斟酌以收取更好的利润。

要点六

当行情的方向性处于不明朗的"胶着"状态时，即使很努力地遵守规则也有可能无法获利。因此，尽量避开行情盘整期。

要点七

虽然超过最高价，但当天的K线为阴线；或跌破最低价，但当天的K线为阳线；这都表示市场上投资人尚未形成共识……以上种种，有赖参考其他指标与熟练的操盘经验，原则上自己若不投入市场，是无法了解的。

幸好，现在网络下单的时代手续费便宜，可以先以最低的股数交易，若感到行情有异时就快逃跑。

恐惧与贪婪一念之差；

做多与做空一念之差；

贫穷与富贵一念之差；

你的决策改变你的一生。

一边守规则，一边活用技术线形

例1 使用艾略特波浪理论

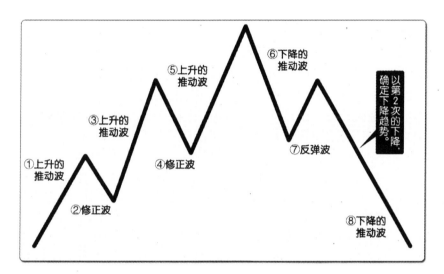

①上升的推动波
②修正波
③上升的推动波
④修正波
⑤上升的推动波
⑥下降的推动波
⑦反弹波
⑧下降的推动波

以第2次的下降，确定下降趋势。

例2 使用趋势线

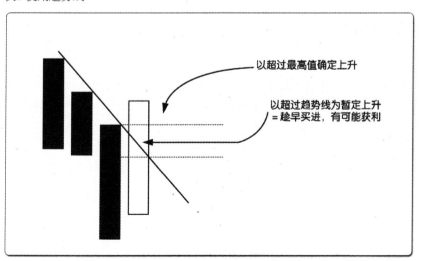

以超过最高值确定上升

以超过趋势线为暂定上升
= 趁早买进，有可能获利

顺势交易与逆市交易

想一想这样的场景——股价急跌散户深受伤害黯然离开市场，如今行情有了回温迹象，于是媒体宣称：之前跌太深了，股价现在便宜，可布局……

投资人心里度量着：现在这么便宜未来应该有很大的上涨空间，因此趁股价下跌时买进股票"逆势交易"。

逆市交易只对于中长期的投资人可能有效，但对于短期交易的投资人可能是场灾难。

在不明朗的市场状况下应该采用能正确读取行情动向的"顺势交易"比较合理。

 顺势交易的好处

顺势交易的好处是即使股价处于难上涨的行情，也能赚钱；若投资人进一步看清趋势，就可以赚到更多的钱！

想一想，这是不是比主观认为"行情到底了，应该要上涨了"的逆势交易者在思维上与行动上更灵活也更务实呢？

简单来说，能赚到钱的人，都是那些不贪心、不讨厌一再停损、持续做合乎常识的投资人。

这里要强调，趋势交易是危险的，做多者必须顺着股价持续往右肩上扬操作才能获利（相对的，放空者必须顺着股价持续往右肩下跌操作才能获利）若认为目前的股价便宜而买进，必须弄清楚是以什么做根据才行。

Part 5

股市小知识

时间窗口

时间窗口的数法很多，最常用的是斐波那契数列，本章简述如何去数时间窗口。

斐波那契时间转折的特性

1. 斐波那契数列：

1，2，3，5，8，13，21，34，55，89，144……

2. 中波段转折3个月或者5个月，大波段转折8个月或者13个月。

3. 整合式长波段转折21个月。

4. 有时因不足月而加1，会出现4、6、9、14、22等转折数字。

5. 周线转折系数亦如此，但仅供参考，月线级别转折意义较大。

6. 日线的转折必须先判别为推进波（主趋势）还是修正波（副趋势）。

7. 推进波（主趋势）的涨跌势往往不受限制于转折系数。

8. 日线回档：三天或者五天见低点，三波段回调（ABC）两次拉回，八天为准。

9. 日线反弹：三天或者五天见高点，三波段回调（ABC）两次攻击，八天为准。

10. 如果趋势行进超过十三天，

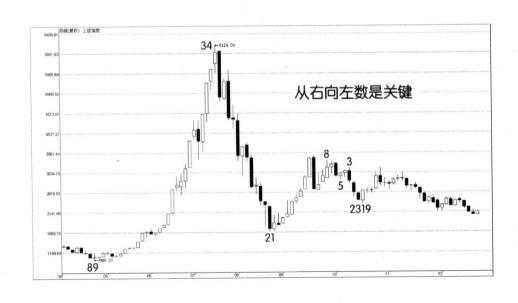

为更大波段的趋势蜕变。

11. 长线观察：各个主要峰与峰、峰与底、底与底之间存在着斐波那契系数的时间关系。

画线方法：

要判定当天、当周、当月是否为重要的时间窗口，可以从本日、本周、本月开始往前数，结合过往的高低点，眼前是否为重要的时间窗口汇合点。在往前数的过程中，如果碰到重要的高低点和本数列的数字重合点越多，则说明时间窗口越大，产生转折的可能性越强。例如中国连续几年发射神舟航天卫星，都是选择重要的时间窗口，13年中才发射了9次，发射当天必然是时间窗口开启之日，才能对接成功。

重要的转折必然产生在重要的时间窗口，但是并非每个时间窗口都会产生重大转折。例如，时间窗口开启之日，正遇上天气突变，神舟也不能发射。在股市里，则可能产生时间到达、但是空间没有满足等其他因素。

作为投资者而言，必须要找出正确的时间窗口。当窗口开启之日，仔细观察盘面，才能捕捉到转折。

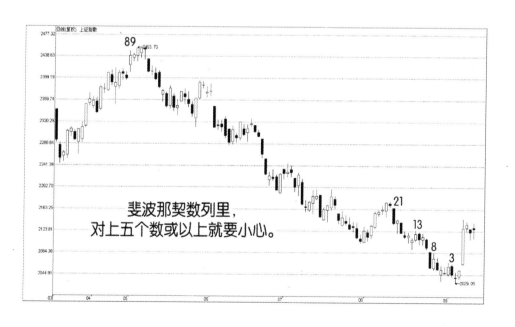

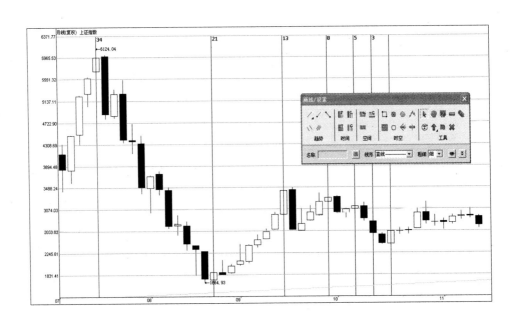

　　月线级别的时间窗口最为重要。曾经2319的重要底部，如图所示就是一个五重变盘点。

　　利用什么工具能够最清晰且最快的画出时间窗口呢？想要知道本日，本周，本月是否重要的时间窗口，请用同花顺软件中的画线工具，其中有"F"专画斐波那契数列的。要点：请以本日，本周，本月为起点往前数，看重要的高低点是否正好和神奇数列吻合。

反弹的目的与现象

关于反弹

跌深一定会反弹，这是股市自我调整功能与机制。"反弹"是空头用语，表示会再破前低，如果不再破前低，那么就应视为回升或者反转。回升的基础通常建立在长期及中期均线向上的多头趋势背景上。趋势不容易改变，趋势一旦改变，短时间内不容易再改变，这叫"趋势"。用这个观念来看反弹，才会有主客不同的立场角度，也才不会混为一谈。当时的趋势向下如果是主要的方向，那么跌深负乖离大之下的反弹，就是次要的方向。主要的趋势方向和次要的趋势方向会有各种组合状态，要加以区分才不会模糊混淆。以中长空趋势（均线向下的背景）跌深负乖离过大的反弹，就单纯只是反向的修正也是次要方向的调整，向下的趋势方向仍然不变。

在这种定义与定位下来看：反弹的十个目的。

反弹的十个目的

修正过低的技术指标

举例：日KD指标刚交叉向下时，60KD或30KD指标已落入20以下甚至10以下的个位数，此时除非还有重大的利空将其指标低档钝化，否则30KD及60KD一定会交叉向上反弹，是针对向下的日KD作技术修正。修正之后，会再和向下的日KD接轨，再破前低。

修正之前的下跌幅度

举例：重挫下跌1000点之后，如同上述的指标修正，指数也会修正。点数的修正有三分之一，二分之一，三分之二。低于三分之一为弱势反弹，达二分之一的为强势反弹，如果反弹达三分之二就有回升的可能，可能要修正看法。一般在空头趋势中的跌深反弹，大部分都以二分之一为极限。

反弹测试中长空均线

中期趋势以20日均线为主要数据，中长期趋势以60周均线为主要数据。所谓空头趋势与背景，是指这两条中期与中长期均线先后或同步向下的背景。在这种中长空背景下，股票指数跌深之后，因为负乖离及上述两点，一定会反弹。反弹也许会带动短天期均线跟着上扬，但通常初次反弹上来都会受制于中长空均线。亦即中长空均线本身就有压力和助跌的双重作用。均线本身是成本的量化与具体化的线形。当所有投资人的中长期成本在当时市价之上且缓步向下，其本身就会衍生出"压力"与"助跌"的特性。这是市场的结构与力量，人人都应该加以重视。

 空头助跌累税下杀动力

观念：手中有股票的人是潜在的空头，手中有钞票的人是潜在的多头。这种观念有助于公平及正确地看待多头、空头。跌深反弹的力量来自于市场投资人进场买进。买进的目的是会涨会赚。然而一旦买进之后只是反弹，反弹结束之后不会再涨也不会再赚，那么这些已买进股票的人就会成为"累积下杀动力"的来源。

诱多养多预备再多杀多

常识：诱多可以诱三种人：

1. 原做多者套牢不死心继续套；

2. 原放空者信心不足轻易就回补；

3. 原观望者被诱买入。

一旦行情继续跌挫，这三种人会有出场杀价的可能助力（认赔卖出，重新融券，小赔停损），成为被空头借力与使力的力量。

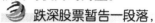 **跌深股票暂告一段落，**

这句话应该和下一段连续在一起。

 另一批起跌股接棒演出

这是中长期空头趋势背景下的"轮跌"现象与状态，就像"空间伞兵跳伞"，先跳的先着地，后跳的后着地，直到全部着地。当股票市场进入空头的趋势过程，个股的跌势，就像伞兵先后跳伞。因此在空头趋势中，高手通常不抢反弹，而只专注在"轮流放空"股票的主战略上。既然是"轮跌"，战略上当然采取"轮空"或者"分批放空"。

 重复直到跌幅全部满足

观念：成功的定义是"不断重复正确的动作"。重复本身会产生力量。当所有的伞兵先后及全部着陆后，一经集合，就可以形成一支可怕的攻击部队。股市的多空互动与结构也是这样。

 反弹是空头用语

观念：股市有语言，就如"回档是多头的用语"一样。股票和我们之间也需要有正确的语言，有效沟通及做出正确的动作。股市的语言是K线，K线是最基本的元素，透过这个元素，可以排列组合出许许多多的股市语言，只是有些人听不懂，有些人听得懂。最基本的，应该认识这四个名词：反弹，反转，回档，回挫。这四个名词都各有背景，以及其本身的多空意义。要正确了解，才可能做出对等的动作。

 最后一次的反弹变回升

观念：股价不会永远跌，跌幅满足就是最大的利多，也是另一波回升的基础。在中长空趋势背景下，会有很多次的跌深（负乖离过大）的反弹，刚开始的反弹通常都只是反弹，直到最后的空头力量耗尽，最后的反弹就会变成回升。如何分辨跌深反弹呢？有几个现象和条件供参考：

1．下跌过程基本上是买方市场，买进价格由买方来决定，也就是量能大小由潜在的多头（持币人）决定。

2．头部形态的向下测量满足。

3．融资减肥完成，亦多杀多的力量耗尽。

4．指标进入10以下的个位数，负乖离是历史记录，这两个数据显示当时市场的人心恐慌，想要做对就要懂得做对。

5．跌幅满足就是最大的利多，因此当时的利空会出尽不再是破底的杀手。

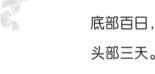
底部百日，

头部三天。

左侧切勿盲动，

右侧果断出击。

多头买进四部曲

总纲

1. 利用空头的负乖离过大
2. 利用突破下降趋势线
3. 利用穿越移动平均线
4. 利用拉回支撑与助涨

在第一或第二或第三个多头战略买讯出现时，可能会有当下涨多之后的回马枪或回马踢，要小心。在完成前一个战略买讯之后，须评估当时行情是进入红蓝第二象回升区，不是只是震荡整理区。回升与反弹或整理，其战略各不相同，要谨慎分辨。

利用空头负乖离过大，有四个细项说明

1. 跌入历史低点。（过去负乖离的历史记录，是参考的数据之一，有实战价值。）

2. 指标是个位数。（如果不是急跌重挫甚至超跌，指标怎么可能是个位数？指标个位数就是"否极泰来"的做多机会，其胜算可以用"一死九生"来形容。）

3. 低档牛式背离。（牛式背离是多头的假跌破，也是空头的力量耗尽，更是诱空养空的布局。）

4. 指标交叉向上。（循环指标确认交叉向上，是"否极泰来"的标记，也是轧空的开始。）

这是多头买进第一部曲的前置工作，接下来是实战操作：

1. 多头企图明显。（用期指的数据为例，就是委买口数大于委卖口数。前述细项说明及总纲只是"价"的陈述与定义定位，未有"量"的参与。委买委卖本身是一种潜在的企图，从数据得知人心的企图与方向，是分析上重要的指标之一。反过来说，如果委卖仍大于委买很多，则指标可能低档钝化，不宜买进抢短。）

2. 卖出所有空单，（当所有数据显示跌幅阶段满足，且多头企图明显，当然要先卖出空单。）

3. 反向买进做多。（符合条件，当然下单。）

4. 设定适当停损。（股票市场总会有破绽和一定的风险，要记得绑安全带。）

利用突破下降趋势线，有四个细项说明

1．30分钟K线。（如果操作敏感性高的商品或喜欢做当日冲销及隔日冲者，30分钟线是不错的工具。）

2.正式往上突破。（突破有真假之分，真突破和假突破的结果和意义当然不一样。在正式突破下降趋势线之前，会有多次反弹，这些回档有虚有实。虚弹过不了切线，实弹会越切线但须辨真假。）

3.带实量的突破。（辨认实的真突破须有三个数据的肯定，一是多头企图，二是破坏量能，三是百分之五。）

4.呈现多头企图。（即当时的委买口数一定要比委卖口数多且数据逐渐递增。所有的多空参与者都会透过委买委卖来表达其当下的多空企图，因此可参考性极高。）

这是多头买进第一部曲的前置工作，接下来是实战操作。

1．企图不变。（先观察委买委卖看市场实户的企图与动态：如果多头企图不变，可进行第二步骤。）

2．加码买进多单。（如果在第一个多头战略位置有买多，则这里可以加码。）

3．有获利才加码。（加码的铁则是：前一批多单有获利的状态

下才可以加码。）

4．仍须设好停损。

 利用穿越移动平均线，有四个细项说明

1．进一步越均线。（强势的反弹，在突破下降趋势线之后，一定会进一步穿越移动平均线，对敏感商品来说，移动平均线要从"一日均线"开始。下降趋势线和移动平均线有时会重叠在一起，有时会有先后差异。但在顺序上，以突破下降趋势线为先，穿越移动平均线在后。）

2．先突破第一关。（第一关是指一日平均线，所有五关指一至五日平均线。多头过五关即是利用负乖离的反弹动力突破一日至五日的均线。）

3．一日线第一关。（通常多头只要能突破穿越第一关成功，就很容易再上第二关乃至第五关。顺序为：先越过一日均线，然后拉回测试一日均线，以此类推。）

4．均线止跌上扬。（多头突破五关如果都成功，那么一日至五日的均线先后由空转多，止跌上扬。然而此时，通常60KD指标会进入相对高档甚至90以上。此时的指数位置，就是多头利用负乖离弹升的阶段力量极限，你应该知道接下来要怎么做才对。）

这是多头买进第三部曲的前置工作与前基本的认识。接下来是实战操作。

1. 如果企图不变。（即委买口数仍大于委卖口数。）

2. 加码买进第三批。（如果已经买进了前两批，且都获利状态。）

3. 有获利才加码。

4. 仍须设好停损。

利用拉回支撑与助涨，有四个细项说明

1. 5分钟线进入高档。（5分钟线，15分线，30分线乃至60分线都进入相对高档，80甚至90以上。）

2. 拉回修正测试（拉回有回档和回跌，大的修正时回跌，小的修正时回档。怎样区分？60分钟KD指标在80甚至90以上，除非形式大好，指标高档阶段性钝化，否则一定拉回，这是市场自然力量，也是循环的轨道，人人都应尊重。）

3. 测试各日均线。（各日是指一日至五日的均线。如果当时的大盘是在红蓝第四象的跌势区或震荡整理区，则一旦拉回跌破一日均线且扭转一日均线反转下弯，则通常空头的"破五关"走势大都会成功，即指数会接连跌破一日至五日的均线，力量会很大，切莫螳臂挡车，反而应反向进空单。多单和空单如一体的两面，

亦如手心手背。多空技巧如果你可以熟练掌握，则多空之间的灵活变化就易如反掌一般。）

4. 守住才是多头。（如果能守住上扬的均线之上，则表示行情进入红蓝第二象涨升区。）

这是多头买进第四部曲的前置工作与前基本的认识。接下来是实战操作。

1. 现行获利了结。（当5分15分30分60分的KD指标都进入相对高档甚至80或90以上，通常指数会回抽一次，除非进入红蓝第二象主升区，另当别论。）

2. 可尝试短空。（当多单获利了结，可用以赚的钱尝试做空，用实际的操盘动作来体验当下的盘式大修正或小修正，是回档或回跌，真正下单的感觉会更直接。）

3. 拉回测试压力。（拉回的几率很大，即使重新再涨，也会有马后踢的修正走势。而拉回只是在做测试。即使多头在守，也有可能崩溃，不试怎么会知道。）

4. 确认重新做多。（如果当下的行情仍是第四象跌挫区或者震荡整理区，则拉回修正不会只是小修正的回档，而且是大修正的回挫。这里所谓的"确认"以及"重新做多"，是指行情已脱离跌挫区域及震荡整理区

域，才可能出现第四个多头战略位置与多头买进讯号，才有下面的实战现象。）

X次反弹：线上拉回，拉回获支撑

在红蓝第二象涨升区会有多次因涨多（正乖离）而拉回，不过拉回都被守在扬升的均线之上，因此会出现许多加码买进的机会。这是因为上扬的均线有"支撑"的效果和功能。这种现象只有在红蓝第二象涨升区才会出现。在震荡整理区和跌挫区，不可能有第四个多头战略讯号，只有一至三的多头战略。前三个多头战略做多犹如在吃甘蔗，虽然甜但很硬。一旦行情进入第四个多头战略，那就是既脆又甜了。

Y次反弹：线上拉回，拉回获助涨

情况类似上面所述，唯一差别是拉回过程跌破"仍上扬中的均线"。这种情况通常会出现在波段涨升（红蓝第二象）的尾声，表示多头的力道已稍弱或减弱，以至于不小心被空头跌破。但多头仍很努力地借上扬的均线力量，助涨拉抬而上。这也是属于多头的第四个战略讯号。X次拉回和Y次拉回代表多次拉回也代表不同的拉回，X次拉回未破上扬的均线，Y次拉回跌破上扬的均线。

Z次反弹：线上拉回，结束原涨势

红蓝第二象涨升区在波段跌挫的过程中，会有多次因正乖离（涨多）而拉回（X或Y），但最后一次的拉回，会从回档变回挫，要特别注意。通常当时的大小均线会由上扬变走缓走平，然后被指数直接由上往下掼破，进而扭转均线下弯成盖头反压，正式结束涨升区，趋势改变。上述拉回都可以利用正乖离做短空。有保险功能也有测试功能，运用之妙，存乎一心。

做对要最大获利，

做错要最小停损，

一口气吃成胖子的时候不要错过。

空头放空的四部曲

总纲

1. 利用多头正乖离过大
2. 利用跌破上升趋势线
3. 利用跌破移动平均线
4. 利用反弹压力与助跌

在 第一、第二、第三个空头战略信号出现，且果真跌挫之后，可能会有当下跌深之后的回光返照，要小心。完成前三个空头战略之后，须评估当时行情是进入红蓝第四象跌挫区，还是震荡整理区？跌挫与回档或整理，其战略各不相同，要谨慎分辨。

利用多头正乖离过大

1. 涨进历史高点。（过去正乖离的历史记录，是参考的数据之一，有实战价值。）

2. 指标进入八九十。（如果不是急涨、飙涨甚至超涨，指标怎么可能进入八九十？这就是"盛极而衰"的做空机会，胜算可用"一死九生"来形容。）

3. 高档熊式背离。（熊式背离是多头的假突破，也是多头的力量耗尽，更多诱多养多的布局。）

4. 指标交叉向下。（循环指标确认交叉向下，是"盛极而衰"的肯定，也是杀多的开始。）

这是空头放空第一部曲的前置工作，接下来是实战操作。

1. 空头企图明显。（用期指的数据为例，就是委卖口数大于委买口数。前述细项说明及总纲只是"价"的陈述与定位，未有"量"的参与。委买委卖本身是一种潜在的企图，从"数据"得知人心的企图与方向，是分析上重要的指标之一。反过来说，如果委买仍大于委卖很多，则指标可能高档钝化，不宜放空做空。）

2. 卖出所有多单。（当所有数据显示涨幅阶段满足，且空头企图明显，当然要先卖出多单。）

3. 反向放空做空。（符合条件，当然下单。）

4. 设定停损。

利用跌破上升趋势线

1. 30分钟K线。（如果操作敏

股市廖聊吧

感性高的商品或喜欢做当日冲销及隔日冲者，30分钟线是不错的工具。）

2. 正式往下跌破。（跌破有真假之分，当然意义不同。在正式跌破上升趋势线之前，会有多次回档，这些回档有虚有实。虚回不回破切线，实回会破切线但须辨真假。）

3. 带实量的跌破。（辨认实的真跌破有三个数据肯定：一是空头企图；二是破坏量能；三是百分之五。）

4. 呈现空头企图。（即当时的委卖口数一定要比委买口数多且数据逐渐递增）

这是空头放空第二部曲的前置工作，接下来是实战操作。

1. 企图如果不变。（先观察委买委卖看看市场实户的企图与动能。如果空头企图不变，则可进行第二步骤。）

2. 加码放空空单。（如果在第一个空头战略位置有放空，则这里即是加码。）

3. 有获利才加码。（加码的铁则：前一批空单有获利的状态下才可以加码。）

4. 仍须设好停损。

利用跌破移动平均线

1. 进一步破均线。（强烈的回档，在跌破上升趋势线之后，一定会进一步跌破移动平均线。对敏感商品来说，移动平均线要从"一日均线"开始。上升趋势线和移动平均线之间有时会重叠在一起，有时会有之前之后的。但在顺序上，以跌破上升趋势线为先，而跌破移动平均线在后。）

2. 先跌破第一关。（所谓第一关是指一日平均线。共一至五关，空头过五关或称破五关，即利用正乖离的反动力量往下跌破一至五日均线。）

3. 一日线第一关。（通常只要能跌破跌落第一关成功，就很容易到第五关。顺序是：先跌破一日线，再反弹测试，以此类推。）

4. 均线止涨下跌。（空头越五关成功，会看到一至五日线先后止涨下跌，由多转空下移。然而此时，通常60KD指标会进入相对低档甚至落入10以下。此时的指数位置，就是空头利用正乖离跌挫的阶段力量极限，你应该知道接下来要怎么做才对。）

这是空头放空三部曲的前置工作和基本的认识，接下来是实战操作。

1. 如果企图不变。（即委卖口

308

数仍大于委买口数。）

2. 加码放空第三批。（如果已经放空了前两批且都获利状态。）

3. 有获利才加码。

4. 仍须设好停损。

利用反弹压力与助跌

1. 五分先进入低档。（5分15分30分60分都进入相对低档，20以下甚至10以下个位数。）

2. 反弹修正测试。（反弹有两种，一是反弹，二是回升，大的修正时回升，小的修正时反弹。这需要测试。60分钟KD指标在10以下，除非形式大坏，指标低档阶段性钝化，否则一定会反弹，这是市场的自然力量，也是循环的轨道，人人都应该尊重。）

3. 测试各日均线。（测试一日至五日均线。如果当时的大盘是在红蓝第二象涨升区或震荡整理区，则一旦反弹突破一日均线且扭转一日均线反转上扬，则通常多头的过五关都会成功。力量会很大，空头切莫螳臂挡车，反而应反向顺势进多单。）

4. 压住才是空头。（如果能压在下弯的各均线之下，则表示行情进入红蓝第四象跌挫区。）

这是空头放空第四部曲的前置工作，接下来是实战操作。

1. 现行获利了结。（当5分15分30分乃至60分K线的KD指标都进入相对低档10以下个位数，通常都必须获利回补一次，除非进入跌挫区，另当别论。）

2. 可以尝试短多。（当空单获利了结，可以用已赚的钱，尝试做多，用实际的动作来体验当下是大修正小修正。）

3. 反弹测试压力。（反弹的几率很大，即使还会再跌，也会有回光返照的修正走势。而反弹过只是在作测试，即空头可能有压，也有可能压不住，不试怎会知道。）

4. 确认重新做空。（如果当下的行情仍是涨升区或震荡整理区，则反弹过程不会只是小修正的反弹，而且是大修正的回升。这里所谓的"确认"以及"重新做空"，是指行情已脱离涨升区和震荡整理区，而进入跌挫区。一旦进入跌挫区，才可能出现第四个空头战略讯号，才有下面的实战现象。）

X次反弹：线下反弹，反弹遭压力

在跌挫区会有多次因跌深（负乖离）而反弹，不过反弹都被压在跌挫的均线之下，因此会出现许多加码的机会。这是因为下弯的均线具有"压力"的效果与功能。这种现象只在跌挫区才会出现。在震荡整理区和涨升区，不可能有第四个空头战略讯号，只有前三个战略。前三个位置做空犹如吃甘蔗，虽硬但甜，而第四个空头战略位置，是既脆又甜。

Y次反弹：线下反弹，反弹遇助跌

情况类似上面所述，唯一差别是反弹过程突破"仍下弯中的均线"。这种情形通常会出现在波段跌挫（红蓝第四象跌挫）的尾声，表示空头的压力力道已稍弱或已经减弱，以致不小心被多头突破。但空头仍很努力的借下弯的均线的力量，助跌打压而下。这也是属于空头的第四个战略空讯。X次反弹和Y次反弹代表多次反弹也代表不同的反弹。X次反弹未过下弯均线，Y次反弹突破下弯的均线。

Z次反弹：线下反弹，结束原跌势

红蓝第四象跌挫区在波段跌挫的过程中，会有多次因负乖离（跌深）而反弹（X或Y），但最后一次的反弹，会从反弹变回升，要特别注意。通常当时的大小均线会由下弯变走缓走平，然后被指数直接由下往上穿越，进而扭转均线上扬成铁板支撑，正式结束第四象跌挫区，趋势改变。上述XYZ各次反弹都可以利用负乖离做短多，有保险功能也有测试功能，运用之妙，存乎一心。

股市趋势改变时，

还不想学放空吗？

乐观的人等待风向，

悲观的人企图改变风向，

智慧的人调整自己的风帆。

盘中多空买卖点切入法

涨多之后 多空战法	1. 单 K 交战点之上 2. 循环仍向上 3. 委买口数大于委卖口数 4. 量潮递增震荡	1. 多单续抱 2. 准备获利
	1. 单 K 交战点之下 2. 循环涨势受阻 3. 委买委卖忽多忽空 4. 量潮递减拉回修正	1. 多单出场 2. 准备放空 （符合放空条件）
拉回之后 多空战法	1. 双 K 交战点之下 2. 　坏上一个循环位阶 3. 委卖口数大于委买口数 4. 量潮持续退潮	1. 空单续抱 2. 加码放空 3. 准备获利
	1. 双 K 短兵相接 2. 长线循环保护短线循环 3. 委买委卖消长 4. 量潮呈递增	1. 空单回补 2. 准备翻多 （符合做多条件）
跌深之后 多空战法	1. K 线高点不再屡过前高 2. 循环仍向下（钝化） 3. 委卖口数大于委买口数 4. 量潮退潮震荡走低	1. 空单续抱 2. 准备获利
	1. 出现止跌 K 棒 2. 循环交叉向上 3. 委买口数大于委卖口数 4. 量潮递增攻击反弹	1. 空单回补 2. 准备翻多 （符合做多条件
1. 空单回补 2. 准备翻多 （符合做多条件）	1. K 线低点不再屡　前低 2. 扭转上一个循环位阶 3. 委买口数大于委卖口数 4. 量潮持续递增	1. 多单续抱 2. 加码多单 3. 准备获利
	1. 出现止涨 K 棒 2. 长线循环压抑短线循环 3. 委买委卖消长 4. 量潮呈递减	1. 多单准备出场 2. 准备放空 （符合放空条件）

股市金玉良言

尊重趋势，见风转舵。

市场并没有新鲜事，只是不断地在重复。

股市赢家一定会等，市场输家乃败在急。

君子问凶不问吉，高手看盘先看跌。

最大利好是跌过头，最大利空是涨过头。

不可让获利变亏损，不可放任亏损继续。

吸纳股性，忘却人性，与市场融为一体。

利多不涨先卖，利空不跌就买。

赚钱才加码，赔钱不摊平，小心越摊越贫。

股市中充斥着各种谎言，但是成交量是唯一例外。

多空胜负在价，决定在量。

高档量退潮防大跌，低档量涨潮预备涨。

量大做多套牢居多，量小做空轧空伺候。

买前不预测买后不预期，按表操课不必带感情。

买时勿冲动，卖时要果断。

常赚比大赚更重要，不仅积累资金，更保持良好心态。

滑的速度绝对比爬的速度要快——切忌总想做多。

看对一直做，看错不要做，最对一直看，做错不要看。

不要用分析的角度操盘，而要以操盘的角度分析。

股市把钱从活跃人的口袋里，转到有耐心人的手中。

背离

有背离就会有转折

背离种类

振荡指标和其他指标与价格背离时，给出的交易信号最好。当价格创新低而振荡指标拒绝创新低时就会产生底背离，这表明空方正在丧失能量，价格呈惯性下跌，多方准备接过控制权。底背离往往标志着一轮下跌趋势的结束。

顶背离出现在上升趋势中，它们指明市场顶部。当价格创出新高而振荡指标拒绝创出新高时就会产生熊背离。顶背离表明多方能量正在耗尽，价格呈惯性上涨，空方准备接过控制权。

市场上有三种底背离和顶背离。A类背离表明的是重要的转折点，是最佳交易机会，B类背离信号没那么强烈，C类背离是最不重要的信号。有效的背离很容易识别，它们似乎要从图上跳出来。如果要用一条原则来说明是否产生了背离，那就先假设没有背离。

当价格创出新高而振荡指标只达到低于前期高点的次高点时，就会产生A类顶背离，A类顶背离往往导致价格急剧下跌；当价格创出新低而振荡指标只达到高于前期低点的次低点时，就会产生A类底背离，随后往往是迅猛的上涨。

当价格出现双重顶而振荡指标达到次高点时，就会产生B类顶背离；当价格出现双重底而振荡指标达到次低点时，就会产生B类底背离。

当价格创出新高而振荡指标出现双重顶时，就会产生C类顶背离，它表明多方既未变强也未变弱；当价格创出新低而指标出现双重底时，就会产生C类底背离。

A类背离几乎总是指示出较好的交易机会。B类和C类背离就更容易产生假信号。最好不要理它们，除非它们得到了其他指标的强势确认。

量价结构见背离，股价翻脸如翻书。

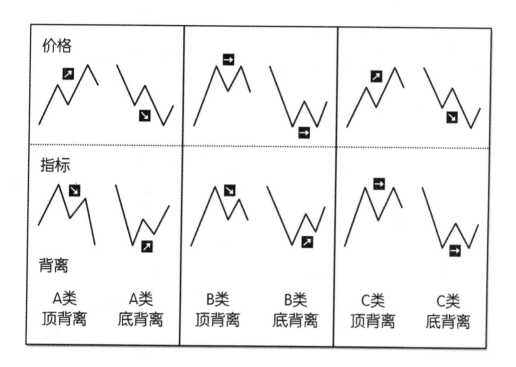

价格与指标的背离给出了技术分析中一些最有力的信号。根据价格与指标的高度或深度的背离可以将背离分为以下几类：

A类顶背离：价格创出新高而指标只打到了一个次高点。这是最强烈的卖出信号。

A类底背离：价格创出新低而指标只达到了一个次低点。这是最强烈的买入信号。

B类顶背离：价格出现双重顶而指标只达到了一个次高点。这是次强烈的卖出信号。

B类底背离：价格出现双重底而指标只达到了一个次低点。这是次强烈的买入信号。

C类顶背离：价格创出新高而指标出现双重顶。这是最弱的熊背离。

C类底背离：价格创出新低而指标出现双重底。这是最弱的牛背离。

三重底背离或三重顶背离由三重价格底和三重振荡指标底，或三重价格顶和三重振荡指标组成。它们比常规背离更强势。为了产生三重背离，首先必须有一个常规底背离或顶离，背离失败。这正是要实施严格的资金管理的又一个理由！如果在一次假信号中只损失了一小笔资金，就不会受到重大损伤，这样你还有资金和健康的心态再次交易。

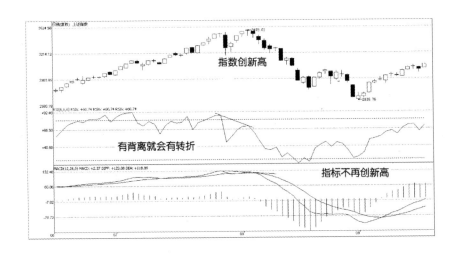

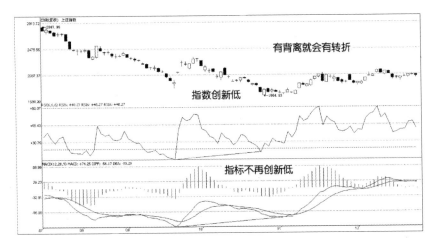

融资融券

融资融券的认识

融资就是借钱买股票，这是人云亦云的说法。很多对此不熟悉的投资者，对此噤若寒蝉，对融资融券领域不敢越雷池一步。其实这是很大的误解，也因此丧失很多权益和乐趣。

股票投资是一种有胜算的博弈游戏，不同于赌博。所谓的"融资"是向授信机构借钱融通资金，但毕竟和空手缺钱借用、改日有钱再还的意义是不一样的。如果完全没有资金，而向银行借一笔钱（尤其是没有担保品的信贷）玩股票，那无异于买空卖空，对于毫无胜算的股市新手来说，是冒险的行为。但是，股市的融资融券并不一样，它是一种有条件的借贷，是有纪律有保障的"合作"模式。投资人必须付出一笔实实在在的资金，从事这样的"合法投资"。股市早就订好了"维持率"、"追缴"、"留置款"、"断头"等明确制度，以保障授信机构的借贷安全。所以，一旦发生亏损，只有投资人赔钱，并不影响他人的财务结构。在这种"愿赌服输"的合作模式里，投资人是挺胸抬头做人的，并不因借钱而

蒙羞，所以投资人和借钱授信机构只是合作伙伴，而不算债主关系。

其次，"放空就是使股市下跌的祸害，放空就是坏人！"这也是缺乏理财常识的说法。在大多数做多的投资人眼中，"放空者"确实是讨人厌的罪魁祸首，但是如果没有"融资"，怎么"轧空"呢？在笔者的眼中，股市应该像一座翘翘板，总会有一头高，一头低。有人买，有人卖，股市才会有成交。股市更像一个拔河游戏，分处两边的人向不同的两个方向拉，这个游戏才玩得起来。所以，没有必要把其中一边人归类为好人，另一边人归类为坏人，充其量，只应该把胜利的一方称为"赢家"，失败的一方归类为"输家"，这样才合乎游戏的旨趣。

如果你是股市的高手或赢家，必然知道融资融券，还不止于扩张信用、以小博大而已。本书内容用真实的范例告诉你：即使不玩融资融券，也必须了解融资融券！因为从融资融券的筹码细节里，可以洞悉股市的涨跌奇迹；从大盘和个股的融资融券变化中，也能预卜未来的走势。这才是本书带给投资者真正的价值！现在的

市场，如果只是蒙着头用现股买卖，而对融资融券一无所知，就无法在复杂的股票世界里悠闲自在、游刃有余了！

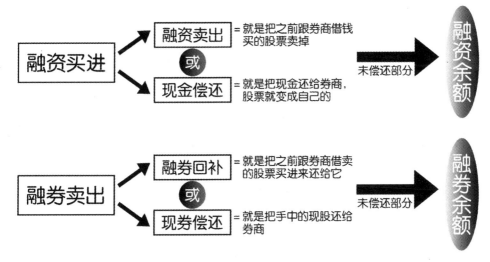

融资融券

融资买进 →
- 融资卖出 = 就是把之前跟券商借钱买的股票卖掉
- 或
- 现金偿还 = 就是把现金还给券商，股票就变成自己的

→ 末偿还部分 → 融资余额

融券卖出 →
- 融券回补 = 就是把之前跟券商借卖的股票买进来还给它
- 或
- 现券偿还 = 就是把手中的现股还给券商

→ 末偿还部分 → 融券余额

				股价与融资及融券互动表						
	股份	融资	融券	多空意义	操作策略	股价	融资	融券	多空意义	操作策略
资	↑	↑	↑	行情大好进主升段	持股抱牢准备获利	↓	↑	↑	多空交战压力沉重	多单退出空单伺候
	↑	↑	↓	涨势末期行情尾端	获利调节准备券空	↓	↑	↑	高档反转头部成型	多单出场空单进场
券	↑	↓	↑	诱空养空套空轧空	持股续抱加码买进	↓	↓	↓	跌势阶段注意杀盘	注意落底择机承接
	↑	↓	↓	人气退潮短线反弹	多单观望空单进场	↓	↓	↓	人气退潮量价同衰	多单观望空单操作

从融资和融券的变化结合研判股价涨跌

观察融资融券余额的变化，对当冲的人来说，是相当重要的。

如果融资余额增加，代表更多的投资人看好股市的表现，所以借资金来买股票。这对多头来说，是有利的。

但是，如果融资余额偏高，已有许多人手上握有股票，想买的人已经减少，想卖的人可能性增加了，因此上档卖压就会变得沉重，一旦大盘遇上重大利空，随时有人大量杀出持股，而这些以融资买股票的人一定也会赶快脱手，因此可能造成股价狂跌。这对多头来说，是很危险的，因为有造成多杀多的疑虑。

另一方面，融券余额的增加，代表许多投资人认为股价会下跌，所以借股票来卖。这对多头来说，是不利的。

但是，如果融券余额偏高，则代表会有更多的人早晚需要将股票买回来还给券商，所以到时也可能造成股价上涨。这对多头来说，反而是好事——因为隐藏着"轧空"的契机！

一般说来，由于融资者都是散户，所以从各股融资余额的增减与股价涨跌之间的变化，常能研判大户动态与未来股价的走势。

所以，融资融券余额变化，大抵可分为以下四种情形：

（1）融资余额增加而股价上涨：代表大户与散户都看好后市。

（2）融资余额减少而股价下跌：代表大户与散户都看坏后市。

（3）融资余额增加而股价下跌：代表散户看好后是，而大户看坏后市。这也表示，大户有可能趁机出脱持股。

（4）融资余额减少而股价上涨：代表散户看坏后市，而大户却看好后市。散户看跌卖出，所以融资余额减少；而大户看涨，积极买进，所以造成股价上涨的现象。

此外，在股价下跌时，若融券余额急速减少，则显示大盘可能在短期内止跌回稳。

不过，尽管如此，市场大户常用"人头户"来从事融资与融券的交易，借以混淆散户利用融资融券余额表来研判大户的动态，所以光看融资融券余额表，还是不能解读一切情况。最好是参酌各种数据，再综合加以研判。

资券战法的风险评估

每个人对风险的忍受程度不同，能够自我分析、检讨、改进，才能将投资维持在一定的报酬与风险范围内。

风险来源有很多种，包括市场、信用、流动性、法令等风险，其中，对投资人影响最大的就是"市场风险"，价格会受到股票、利率、汇率或期货波动，而无法达到预期的获利。并非操盘功力强，就什么也不怕的。

其实，经常当冲的人就会发现，当你冲来冲去的时候，往往小玩都会赢，大玩通常是输的多。这是为什么呢？

压力的问题。

压力越小，当冲胜算越大；压力越大，当冲胜算越小。所以，在你的能力范围之内小玩较容易赢。

压力产生原因，多半源于以下几点：

（1）负债阴影：当冲是透过融资、融券去完成交易的，所以并不在"借钱玩股票"的涵义内。但是，如果身上毫无基本的筹码（钱）如何放手一搏呢？负了债，就别操作这种高风险高报酬的游戏，否则心中压力太大，是会蒙蔽心灵，无法坦然面对行情、从容研判的。

（2）期望太高：一般人买卖股票，总是希望买到最低价、卖到最高价；当冲高手可不能有如此的想法。期望赚到最大的差价，就是一种不切实际的想法，徒然给自己太大的压力。为了差价要求太高，常常因小失大，最后反而不易成功。患得患失，更容易导致当冲的失败。

（3）野心太大：有一百万资金的人，绝不能做一百万额度的当冲；有五十万资金的人，绝不能做五十万资金的当冲。保留现金的重要性，在经验丰富的当冲好手眼中，是极重要的事。"赌性坚强"的人，绝不是当冲好手。即使是当冲高手，也不会是长期的当冲赢家。

（4）贪心不足：对于行情的研判，有时高手也会有盲点的，尤其"好的时候，往往看得更好；差得时候，往往看得更坏"，常是致命伤。当冲的人在股价的转折点是最重要的关键，但高手常自视能力强，希望取得更大的利润而坐失买进或卖出的时机。如果懂得在次高档（第二高点）买卖的哲学，就不会给自己太大的压力。

（5）逆势操盘：尽管从事当冲交易的时候，有时必须逆向思考，特别观察逆势突出的个股表现，甚至锁定一类股来玩当冲，但是这并不说，我们要与大盘的趋势相抗衡。我们还是必须顺势操盘的。硬要与大盘作对，当个股表现不如"想象"时，压力就来了。

（6）心存侥幸：所谓当冲，是当日冲销。并非每天都非做不可的动作。所以，没有把握就别轻易出手，因为勉强应战、心存侥幸，一旦输钱事小，把自己的信心都弄糟了，可是得不偿失。

专家的话可以听，但不必信；赢家的话，倒应该洗耳恭听。

投资大师华伦·巴菲特（Warren Buffett）是个大赢家，他的财富都是从股市赢来的。有哪些观念，是他当年所受到的致富启示？

"原则一，绝不能赔钱。原则二，绝不能忘记第一个原则。"

巴菲特这么幽默的说法，无法只是强调"一定要赢"的观念。那么，怎么做才会赢呢？他提到三个要点：

（1）把每一档投资的股票，都当做是一桩桩的生意来经营。

（2）把股市震荡波动当成是你朋友，而非你的敌人。

（3）一定要有安全的"投资成数"。

巴菲特说，这是他得自班·葛拉翰对他的启发。他觉得这三个观念即使经过一百年的时间，仍然是股市投资的最重要法则。

笔者认为，巴菲特这样的观念，不只经过一百年仍然适用；即使经过关个地球之后，在台湾投资股票，也一样适用。尤其"一定要有安全的投资成数"这段话，笔者最有同感。

不论是一般的股票买卖，或是当日冲销交易，"用多少钱去投资"绝对关系着你的一生成败！

当你在投资股票时，有没有注意到自己的资金运用比例是否恰当？当你玩当日冲销时，有没有考虑自己能玩多大？

当冲要赢，最大的关键不是买了什么股票，而是能否启动自己的资金安全机制，严控资金比例。因为当冲不是靠一、两次交易决胜负的。

你不是赌徒，绝不能把赚来的钱全部又拗下去！

奖券战法必须注重风险评估。资金的投入，需要良好的控管。首先要记得：不能搞到破产，搞到被断头！换句话说，不可以把资金全部投注在上面，否则一旦被套牢，便很难解套了。

所谓"留得青山在，不怕没柴烧"。千万要记得："保本"为赚钱之母。

进股市还没想赢之前，就应先评估自己能输多少。那么，你的风险就会因有所警觉而降低到最少的程度。

当冲亏损资金应设停损点

既然谈到资金控管，这就涉及到"持股比例"的问题了。什么时候该投入多少资金成数，并不一定。例如大多头时代，股价又在底部区时，怎么买，怎么赚，那当然要把资金的比例、成数加重投入股市，才能赚得快。但是位居空头时期，您又习惯"做多"的话，自然要将资金尽可能地抽离股市、减码、降低持股比例了。

基本上，如果你是新手，对当冲获利又有很高的期待，也应该从一张、两张开始。不可以跟着高手下注几十张、几百张。你要告诉自己，你要赚的还不是钱，而是经验。

至于当冲高手，艺高人胆大，通常很容易大量投入，企求一日翻身、一步登天。他们常这样想着："反正买卖多少股票，只要轧掉就好了，又不必真的付出那么多钱！"然而，这就是一种迷思、一个自我投下的陷阱了。许多股市高手一生中都有多次大起大落，偶然暴得大富，又不知见好就收，最后弄得血本无归、倾家荡

产。追根究底，无非因为当冲交易损失惊人。有些人投资过大，一旦操作失利，甚至造成违约交割，更是难堪无比。这都是"不自量力"的结果。

对这些输家来说，根本没人肯承认操盘功力是差的，因为他们多半曾经吃过甜头，才会误认为自己是专家，才敢大进大出，无视于风险之存在；然而，因资金控管不当造成亏损，这样的输家，事实上也不配称为专家的。

专家除了懂得操盘技巧之外，还要有风险观念。具体地说，笔者认为以下几点是必须注意的：

（1）可以投入当冲的资金，不是看你被核准的"信用交易账户"融资融券额度，而是看你现在资金的额度来评估。

（2）你在当冲所能损失的金额，应控制在你投入股市资金的十分之一。否则冲来冲去，连可以做中长线或波段投资的基本资金都会赔光了。

（3）当冲获得的计算，如果是做多（先买后卖），应见好就收，宜以

2%～3%为标准；如果你心生做空（先卖后买）的想法，意味当天卖压沉重，甚至还有恐慌性卖压，所以通常尾盘容易重挫，可以3%～4%为标准。

（4）当你一周之内连续三次当冲失利，就该歇手。这表示你的手气不顺或理念有问题，不应再战。

成功秘诀：做多，手上要有现金

当冲，是一种速战速决的战争。除了前一天晚上务必要"做功课"之外，临场的操作一定要灵活。

怎么操作才灵活呢？

子弹要多！

所谓"子弹要多"的意思，就是"做多，手上要有现金"。现金越多越好。

做多，是采取先买后卖的当冲方式，在股价仍低的时候，选择低点介入，然后在股价攀高时迅速卖掉。

换句话说，买股票要尽可能的以低价去买。但低价是很难掌握的，不妨分批介入。

当你在玩当冲时，先暗算一下你剩下的资金还有多少。当冲时，有钱能吃下那一档股票时，才能做"先买后卖"的动作，万一失败了就不必当轧认赔；手上有某一档股票时，才能做"先卖后买"的动作，万一失败了就改成融卖，当成被洗盘洗掉了，即可减少损失。

在当冲的买卖操作上，金字塔与倒金子塔操作法是值得推荐的。

很多古文明都有金字塔建筑，但以埃及的金字塔最为著名。虽然金字塔具体形状各异，但一般来说，如从任何一面来看，都大致呈现三角形的状态。而所谓"金字塔与倒金子塔操作法"，就是像金字塔一样：愈低，断面石块就愈多；愈高，断面石块就愈少。

所以，应用于股票的道理来说，就是：分批买进，并随着股价愈高的时候，买得愈少；股价愈低的时候，买的张数愈多。

在另一方面来说，分批卖出，并随着股价愈高的时候，卖得愈多；股价愈低的时候，卖的张数愈少。

于是，归结来说，当冲交易做多时，手上一定要有现金才能在"看对的时候"，往下加码以摊平成本。同时，万一冲不掉（股价掉到盘下去了），也可以用现金将它吃下来，等改天股价再攻时，伺机卖个好价钱。

　　如果手上有大量的现金，在做当冲交易时，就有了靠山，可增加不少的胜算。

成功秘诀：做空，手上要有股票

　　有人说："会买股票的只是徒弟，会卖的才是师傅。"

　　股票投资是一种多空双向操作的艺术，光是会买股票，还谈不上灵活；在大环境变恶劣、股票易跌难涨时，我们还应懂得利用做空的方式来达成战果。

　　但是，做空如果看不准，也很容易被轧空，所以如果做空时，手上已有基本的持股，那么操盘就灵活些了。

　　一档股票什么时候该卖？

　　大致上从融资或融券余额的变化可以看出端倪。

　　融券余额大减、融资余额续增，如果越来越离谱，那就是股价步入高档区、该卖的时候到了。股价全面暴涨喷出，而成交量或值也几乎达到激情的状态，而且各类股均已输涨完毕了，股价走势每每出现"价量背离"的讯息，既然股价走势不再灵光，就应迅速卖出持股，抽回现金，以待他日东山再起。

　　"资券相抵"是必须有信用交易的个股才能操作的，所以选股作当冲前，要先问清楚该股是否有信用交易的资格？以免作了融资买进之后，才发现不能作融券卖出，到时没有现金可以交割就麻烦大了。

　　在当冲时，如果觉得"做空"比"做多"胜算大，当然是采取先融券放空股票，然后伺机以融资买回股票，借以冲抵、完成交易了。

　　然而，这通常是适合于开高走低的格局。如果开低走高，你无论如何也无法在走高以后才融券放空，因为尾盘恐怕来不及回补了。

　　行情不好时，开高的股票很容易被拖累、往下掼压。不过，这时开得很高的股票也很可能正是超强的个股，当盘势大坏时，它是有"连坐"的疑虑；但如果盘势后来勉强平盘位置，说不定原先被你放空的个股最后却变成涨停板呢！那么一来，玩当冲的投资人就得赔钱了。

　　作为一个"必胜"的当冲客，心态一定要稳健。

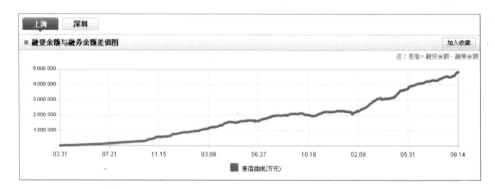

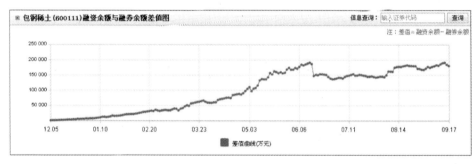

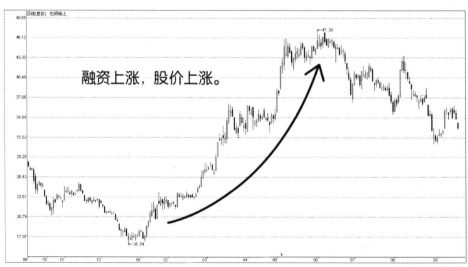

融资上涨，股价上涨。

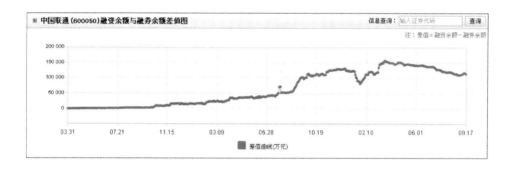

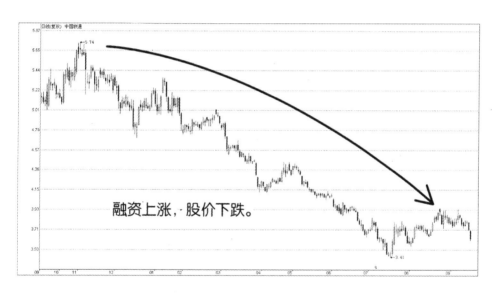

融资上涨，股价下跌。

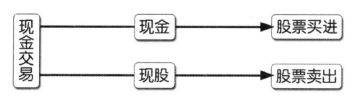

股市廖聊吧

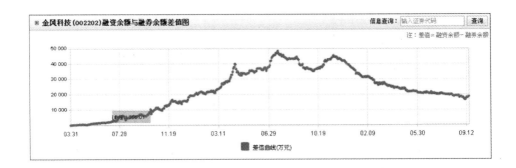

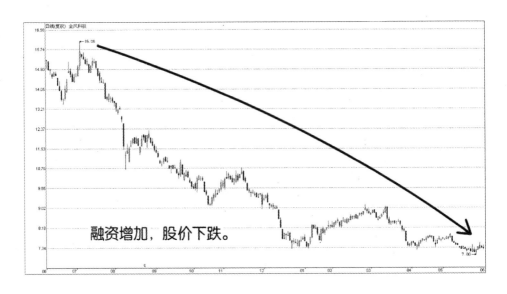

融资增加，股价下跌。

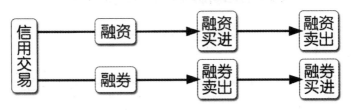

现金交易和信用交易流程的不同

教你读懂F10

如何有效识别财务报表做假账

一、主营业务突出，现金流充沛（如茅台、五粮液、云南白药、招商银行、上海机场等公司），每天都在为投资者赚钱，它们的领导人没有必要去造假，造假的机会风险与企业的破产风险相比，要高得多。

二、分析公司及同行业竞争对手的财务指标做表较，从而作出正确决定。

三、注意股价利多下跌的警讯

所谓利多下跌是指在有利润增加的消息的情况下，股价却并没有上涨，反而出现与趋势相反的滑落。这其中很有可能是公司本身藏着某些隐蔽的问题。投资人应特别注意股价下跌背后所隐藏的负面消息，以避免地雷股爆发所造成的巨额亏损。

四、注意公司董监事等内部人大举抛售股票的警讯

董监事是公司重要的决策者，对于公司的经营状况最为清楚，所以他们对公司的持股比率常被视为一个重要的参考指标。当这些内部人开始大量抛售持股时，说明他们可能认为股价已经超过公司该有的价值。

五、注意董监事或大股东占用公司资金的警讯

大股东或董监事等内部人常滥用决策权，利用关联交易等方式侵占公司资金，作为非营业之用。内部人用公司的名义筹资，资金成本及其他财务风险却由公司承担，这种情况对公司的财务状况影响深远，必然会损害一般投资大众的权益。

综观中国大陆资本市场，公司资金占用的情况相当严重，为促进信息透明，达成公平交易，有的证券交易所特别将各公司资金占用状况列于上市公司"诚信记录"中，以便投资人查询。

六、注意公司更换会计事务所的警讯

会计师的工作是依据查核后的结果，对公司财务报表出具意见。会计师如果认为财务报表恰当表达公司状况，会出具无保留意见；反之，会依情节轻重出具修正式无保留、保留或否定意见；若会计师因故无法对公司的财务报表进行查核，则会出具无法

表示意见。通常，会计师在签发意见之前必须与公司管理层沟通。当管理层不同意会计师的看法时，就可能做出更换会计师的动作。另外，公司出现舞弊嫌疑时，会计师为求自保，也可能拒绝查核，造成公司被动更换会计师。

如果一个公司在亏损年度频频更换会计师甚至会计师事务所，可视为财报做假的警讯之一。有关公司更换会计师的说明，可于各大财经报纸杂志或证交所网站内公司重大讯息处察看。

七、注意公司频繁更换高层经理人或敏感职位干部的警讯

高层经理人是公司的重要资产。学术研究显示，公司频繁更换高层经理人隐含着负面信息。除更换高层经理人外，更换相关敏感职位也是一个警讯。这类敏感性职位，比如董事长秘书等，是最能了解公司实际状况的关键人物，如果是被迫换人，或许隐含着一些不为人知的问题，投资人应详加查证。

关于经理人的更换，投资者可于报纸杂志或证交所网站中查询。

八、注意集团企业内复杂的相互担保借款、质押等行为的警讯

集团企业如果频繁地质押、借款，投资人应能看出公司对于资金的取得存在极大压力，只能以频繁质押所持股权以维持其对资金的获取。

九、注意损益项目中非营业利润百分比大幅上升的警讯

损益的组成项目众多，比如营业收入、营业成本、营业费用、营业外收支等等，由于管理层可以通过会计政策的变更来操纵损益的认列，因此投资人在检视损益项目时，不应仅看最终结果的营业净利，还需注意其损益内容。而当损益有重大变动时，投资人也应了解变动的原因。若其中多源自于管理层可控制的项目，这就是财务报表带给投资人的警讯之一。

如果投资者只考虑利润总额数，而忽视了其利润总额的构成，就无法取得财务报表本身提供的警讯。投资人可以通过分析该公司净利组成项目，或是通过该公司突如其来会计政策的改变，了解其损益暴增暴跌的原因，及时采取措施，保护自己的利益。

十、注意应收账款、存货、固定资产异常变动的警讯

当一家公司有舞弊的倾向时，通常不会仅针对一个财务报表进行，而是同时操纵多个科目，所以当投资人

发现一家公司财务报表上多个科目呈现较异常的走势时，就应该引起投资者注意。财务报表造假大多会在3个科目体现，包括应收账款、存货及固定资产。

十一、注意具有批判能力的新闻媒体对问题公司质疑的警讯

新闻媒体较一般股民具有专业知识，比较容易察觉公司舞弊的状况。许多舞弊案发前已有媒体提出批判报道，即使是美国的安然案也是如此。因此，当具有批判能力的媒体报道相关质疑时，投资人应详加参考。

十二、验证盈利质量

验证盈利质量要重点分析公司的利润来源。一般而言，投资性收益（尤其是金融资产）和补贴收入具有一定的偶然性和不确定性，这样的收入占公司净利润比重越高，表明公司盈利质量越低。此外，一般公司其营业利润（主营利润）通常要远高于净利润。这是由于在营业利润之后要扣除经营费用、管理费用和财务费用等，而如果一个公司的净利润比主营利润还高，说明其中掺杂有大量非营业性收入，对这样包装的利润要予以高度警惕！

十三、有的公司从报表上看公司还有盈利，但主要是依靠赊销等非现金业务提高规模，这种盈利只是纸面富贵，万一遇到回款不及时，造成坏账需要计提损失，立即会造成盈利大幅下降甚至亏损。

十四、税项分析法

下面通过两家上市公司的例子来解释税项分析法。

1. 调查发现，两家上市公司虚构收入亿元，可是，其欠税情况十分异常：一家小型上市公司，竟然欠税几千万元。这一欠税有可能是虚构的。税既然是虚构的，收入和利润率自然也是虚构的，其造假手法不外乎就是虚开发票。此外可以根据(应交税金期末余额＝应交税金期初余额＋本期计提税额－本期缴纳税额)去计算某上市公司期末应交所得税余额，可以发现其与实际余额相差甚远，由此不难得出该公司涉嫌财务造假的结论。

2. 最近在分析另一个公司新股时，也发现其实际税负水平非常低，与其主营收入根本不能配比，由此，可以怀疑该新股的招股说明书上的收入和利润也是虚构的。

十五、现金流量分析法

如果企业的现金净流量长期低于

净利润，则意味着与已经确认为利润相对应的资产可能属于不能转化为现金流量的虚构资产；如果反差数额极为强烈或反差持续时间过长，必然说明有关利润项目可能存在挂账利润或虚拟利润迹象。如果每股收益很高，而每股经营现金量却是负的，这样的上市公司往往在造假（每股现金流量净额，不应低于其同期的每股收益）。对现金流量表作认真细致的分析，往往会发现很多造假的蛛丝马迹。例如，有几家上市公司所支付的增值税、所得税远远小于其理论的税负，那么他们就很有可能是财务造假。

十六、毛利分析法

识别上市公司造假还有一个简单方法：测试其毛利率，如果这家上市公司某块主营业务收益大大超过同行业水平或者波动较大，就有可能在造假。上市公司虚构收入之后往往还有一些迹象，如毛利高得惊人。实际上，现在没有几个行业真正能大笔赚钱，高利的背后往往是又一个银广夏，不能不引起投资者的重视。利用这种方法应对行业有个基本大致的了解，包括同行的上市公司盈利能力。

十七、应收款项和存货分析法

（不能仅仅看应收账款，实际上往来账要结合一起看，如应收账款与预收账款、应付账款与预付账款、其他应收款和其他应付款）

当然，现在有些上市公司利用开发票虚增收入和利润，这样在税负上不会出现巨额欠税，但上市公司很少同时等额增加收入和成本（当然不排除现在有些上市公司为了做规模，也有利用对开发票同时等额增加收入和成本的情况），该公司必须虚增存货用以消化一些购货发票，这样它的存货就会出现异常增加，此处便露出了马脚。这些虚构收入的上市公司往往表现为应收款项（1. 应收款项急剧增加；2. 应收账款周转率急剧下降，存货急剧增加，存货周转率急剧下降会引起投资者和专业分析人士的怀疑，它就把应收账款往其他应收、预付账款转移，具体的操纵手法是：上市公司先把资金打出去，再叫客户把资金打回来，打出去时挂在其他应收款或预付账款，确认收入，所以要注意其他应收款、预付账款是不是名符其实；为了提高存货周转率，上市公司故意推迟办理入库手续，存货挂在预付账款上，所以，对往来账款较大的上市公司，不管这往来账款挂在哪一个科目，都要小心可能是虚构或者不良资产。一些上市公司为了避免计提巨额的坏账准备，在账龄上做文章。例如，有家上市公司收到一笔五年以上账龄的巨额应收款。据此调查巨额的减值准备，这笔钱明显就是上市公司代替的，以此来操纵账龄，以粉饰其业绩。

十八、子公司分析法

现在上市公司造假通常采用以下两种做法：一种是集中在某家子公司做假（母公司及其他子公司也有做假，但所占份额不大），如银广夏；另一种是造假分散，几乎所有子公司及母公司都在造假，如黎明股份。现在许多上市公司都有一些神奇的子公司，业绩好得不得了，这样的子公司往往是造假出来的。还有一些子公司，是年底才并购进来的，这时要注意其并购日是否合适。另外一些子公司，在母公司报表进进出出，这些子公司都很可疑。刚并入母公司时，业绩好得出奇，可过了几年，就要置换出去，这些子公司也往往在造假。

十九、资产重组与关联交易分析法

此外，对资产重组与关联交易要特别小心，现在很多资产重组与关联交易是不公允的，这些不公允的交易背后往往是欺诈。如果一家上市公司主业关联交易占较大比重，其业绩往往不可靠；资产重组与关联交易创造投资收益也一定要小心，如果往来账在增加，这里面也往往蕴含造假的可能。如果企业的营业收入和利润主要来源于关联企业，会计信息使用就应当特别关注关联交易的定价政策，分析企业是否以不等价交换的方式与关联交易发生交易进行会计报表修饰。如果母公司合并会计报表的利润总额（应剔除上市公司的利润总额）大大低于上市公司的利润总额，就可能意味母公司通过关联交易将利润悄悄包装注入上市公司。最近财政部发出文件规定，非公允的关联交易应作为资历本公积，对于资历产重组与关联交易产生的利润一定要注意是否合法。

二十、资产质量公析法

由于虚构收入等原因，上市公司账面有很多资产可能是不良资产，如子公司长期亏损或业绩平平，这时我们就可以怀疑该长期投资在减值。在建工程一直挂在账上，这也很可能是不良资产，尤其是工期长以及过时的生产设备等。不良资产要逐项分析，现在上市公司往往乱投资（如对一些电子商务的子公司、生物制药的子公司，其实际价值非常值得怀疑），所以很多长期投资实际上要提减值准备，有些投资根本就是子无虚有。对一些租赁、承包、托管子公司或分公司更要谨慎对待，租赁、承包、托管的背后往往是这个子公司或分公司不行了或者根本就不存在。

上市公司通常还喜欢虚增固定资产和在建工程。由于虚构的收入一定要被消化掉，如果一直挂在账上，总有一天会被发现。具体手法就是通过虚增固定资产和在建工程消化的收款项。对于固定资产虚构，要结合各种情况分析。例如某家上市公司，一年就1个亿的销售额，但生产设备去掉3个亿，固定资产与销售收入严重不匹配，使得成本回收变为不可能，这样的情况就值得怀疑。也就是说，这里面蕴含的可能是这些生产设备根本就不值3个亿。这家上市公司虚增固定资产的同时，也把自己给套住了，因为每年要计提巨额折旧费，为了确保匹配，必须虚增收入将虚增的折旧费消化掉。

二十一、审计意见分析法

提醒投资者，要关注非标准审计报告及管理层对此作出的说明。非标准无保留意见的审计报告往往蕴含着这家上市公司存在的严重的财务问题。会计师往往不是不知道上市公司造假，但他一般不会直接指出上市公司造假，他会在措辞时避重就轻，非常委婉，用说明段和解释段内容暗示该公司存在严重财务问题。如会计师强调"应收款项金额巨大"时，这时投资者就要注意可能这些应收款项很难收回或者是虚构的；会计师强调"主营收入主要来源于某家公司尤其是境外公司"时，这时投资者就要注意这些收入也可能虚构的。

有些上市公司一旦开始做假，就必须持续不断造假下去，否则就得不偿失。比如，在虚增收入的同时，需要上缴17%的增值税，15%的所得税，昂贵的造假成本更使其不得不靠"以假养假"。当然，这是为了配合二级市场的炒作以及圈线，更重要的是在掩盖其先前造假行为。如果前几年造假所形成巨额的亏空没有后面持续造假掩盖，就可能立刻显现出来；一旦暴露，资金链就有可能断掉。不造假，报表必然很难看，这时融资也断了，而这些上市公司主要就是靠融资而生存的，这些上市公司融资之后急于弥补亏空，进行再投资时就会非常冒险。一般产业很难刺激其投资欲望，而股市却是高风险高收益的资金投资去向，特别是中国的股市有待规范，虚假陈述、内幕交易、操纵价格情况较为严重等。这些造假上市公司与庄家狼狈为奸，企图通过不规范的股市以获得巨额暴利，以此弥补造假形成的巨额亏空。事实也是如此，如果银广夏庄家能顺利出货离场，他完全可以将10个亿的亏空补上。现在一些上市公司的部分收入根本就是依靠庄家创造的。庄家可能据此在二级市场获得更高收益。所以对有庄家操作的上市公司，投资者一定要小心，一些老庄股往往就是造假老手。在中国，资本高手实际往往是炒股高手，炒股高手也往往是造假高手，所以我们应该对一些资本运作频繁的上市公司业绩抱怀疑态度。实际上，质疑大部分上市公司起因都是由于重组，大家对重组股一定要谨慎对待，客观分析，再作出理性的投资决策。

二十二、注意公司年初所承诺的业绩到期时，是否兑现。

二十三、资产负债表和损益表上可能存在财务造假的警示信号

1. 现金或现金等物价相对于总资产的下降可能预示着流动性发生问题，说明流动性下降，将来可能发生另外的借贷。

2. 应收账款比营业收入增加得快，可能预示着该公司提前确认收入或放松对客户的信贷，并可能预示着营业收入的确认出现了问题。

3. 应收账款的增长幅度低于营业收入的增长幅度，可能预示着应收账款被重分为其他资产的类别。

4. 减少坏账准备，可能预示着该公司低估应收账款损失的水平和坏账准备提取不足，从而虚增当期利润。

5. 存货增加的速度快于营业收入、营业成本和应付账款的增加速度，可能预示着确认营业收入时没有结转营业成本，或者存货过期需要核销。

6. 存货跌价准备相对于存货呈下降趋势，可能预示着存货跌价、准备提取不足且虚增营业利润。

7. 预付费用相对于总资产呈大幅提高趋势，可能预示着公司将特定费用予以资本化了。

8. 固定资产增长速度大于总资产增加的速度，可能存在维护和修理费资本化，而不是直接进成本。

9. 固定资产总额升高，但累计折旧却下降，可能预示着公司通过未足额计提折旧费用来虚增当期经营利润。

10. 固定资产部分减少，可能预示着公司对新厂房和设备的投资不足。

11. 应付账款增加速度快于营业收入的增长速度，可能预示着公司没

有付清供货商货款，预示将来的大额现金流出。

12．应计费用相对于总资产呈下降的趋势，可能预示着公司将准备金转回，虚增营业利润。

13．营业成本的增加高于营业收入的增加，可能预示着公司面临着残酷的价格竞争，导致较低的利润率。

14．营业成本相对于营业收入呈下降趋势，可能预示着该公司没有足额结转营业成本。

15．各季营业成本的相对变动幅度大于营业收入，意味着不稳定的毛利率，可能预示着该公司存在操控利润的行为。

16．经营费用相对于营业收入的下降，可能预示着公司资本化了应该直接核销的费用。

17．经营费用相对于营业收入呈明显上升趋势，可能预示着公司的效率开始下降，或存在虚增运营成本的问题。

18．利润总额主要来自于非经常性损益，可能预示着该公司的主营业务存在问题和利润的稳定性较差。

19．长期债务的利息费用相对于长期借款大幅增加，预示着将来大量的现金流出。

20．利息费用相对于长期借款呈下降趋势，可能预示着该公司将特定

营业费用资本化。

21．利润总额处于盈亏临界点，可能预示着该公司虚盈实亏或虚亏实盈。

二十四、现金流量表上可能存在财务造假的警示信号

1．现金流入主要来自股权融资或借债或变卖资产，可能是公司营运变弱的信号，尤其是经营现金流为负时。

2．经营现金流与净利润严重不符可能预示着公司盈利质量值得怀疑，大量的非现金费用和非现金收入，也可能是公司运营成本太高。

3．没有提供经营现金流的细节，这可能是公司试图掩盖正在面临的经营现金来源的问题。

二十五、报表附注和年报中可能存在财务造假的警示信号

1．会计估计的变化，例如，固定资产使用年限和残值估计的变更，或者会计原则的变化，都预示着公司试图掩盖经营中的问题。

2．更换审计师事务所或者财务总监，可能预示着该公司是个危险的客户，或是正在采用着激进的会计做法，或可能存在非法事项。

3．已披露出来的长期承诺和或

有事项可能是一个将来会有大量现金流出的讯号。

4．已有的和将来的诉讼增加，都可能是一个将来会有大量现金流出的讯号。

5．账外负债增加，可能预示着公司将来的现金流出增加和经营收入高估。

6．其关键客户陷入财务危机的公司也可能陷入大麻烦。

7．人部分销售只依赖少数客户的公司，一旦任何一个客户离开，其都将陷入麻烦，说明公司运营外部环境脆弱。

8．预付未来的经营费用，可能虚增未来的利润，例如一次付清未来10年的租金和一次付清未来30年的保险。

9．柔软的内部控制环境，是触发财务造假的重要条件。

10．采用完工比例会计方法，可能发生营业收入虚增。

成本是否有效控制?

对象——以基本面选股之投资人。

重点——就算销售持续成长，成本是否仍在控制中?

和销货收入做比较

 销货成本的增加或减少，是否维持在销货收入的固定百分比? 为什么?

公式一:
销货收入−销货成本=销货毛利
销货毛利−营运费用=净利

公式二:
$$销货成本率= \frac{销货成本}{销货收入}$$

企业获利的三大要素为:
　　销货收入
减: 销货成本
减: 营运费用

　　股东总是希望销货收入的数字愈大愈好，销货成本和营运费用的数字愈小愈好。本章节所要讨论的是第二要素——销货成本。

　　三大要素中最容易控制的是销货成本。"销货成本"是会计专有名词，指产品从生产一直到销售过程中所发生的直接成本，传统上包括原料成本和劳务成本。

　　任何指出无法归类于销货成本则为营运费用，不过两者的界限却很模糊。例如电费通常被视为销货成本，有时候却很难准确地将其归类。一些生产过程末端的支出如包装和品管通常被视为销货成本，而管理与仓储支出则被视为营运费用。不过，当额外的生产过程有额外费用发生时，必须将这些费用视为成本。

　　总而言之，销货成本和营运费用并没有一个明确的划分方法，不需要太过计较两者间细微的差别。

　　销货收入变动所引起的利润变动程度，在成本基础高的企业会有较大的财务杠杆倍数效果。假设经营相同产业的两家公司，销货收入均为1000万人民币，销货成本分别为900万人民币和500万人民币，两家公司计划在原有的成本基础上增加10%的销货收入。

单位：人民币

	成本基础高	成本基础低
销货收入	10 000 000	10 000 000
成本支出	9 000 000	5 000 000
利润	1 000 000	5 000 000
销货收入增加10%	11 000 000	11 000 000
成本支出	9 000 000	5 000 000
利润	2 000 000	6 000 000
利润增加百分比	100%	20%

你有时看到增长倍数的企业报表。

F10里没有的东西

我们一般研究基本面总是在F10当中去寻找，但是像一些公司网站上的新闻对公司的股价也有很大的影响，如一些领导到上市公司考察、如市长省长各中央级以及总公司领导视察莅临指导，这种事情我们也要格外注意。试想，必然是这家公司有一些重大项目将要进行，或是对该地区税收作出一定贡献。但这些在F10中不可能提前发布，那么对于领导视察后的股价走势要格外注意。

营运资金

什么是营运资金比率?

公式:

$$流动比率 = \frac{流动资产}{流动负债}$$

上面两种比率被广泛运用在评估企业的营运资金(working capital)。流动比率可看出企业的偿债能力,酸性测试比率则表示资金的流动性。

流动资产的排列顺序通常依照资产的流动性大小,即资产变现的容易程度。流动性最高的当然就是现金,以下资产即依流动性高低排列如下:

·现金
·预付费用(现在通常和应收账款合并)
·应收账款
·存货

前三项流动资产是现金或者过了一段时间后会变成现金,存货则需要经过出售才能变现(通常会先称为应收账款)。

流动负债现在普遍以"一年内到期的应付账款"表示,包括公司的应付费用、应付税捐、应付薪资、短期银行借贷,以及公司在一年内必须支付的任何负债。

流动资产、存货和流动负债的数字必须揭露在资产负债表上。

"流动比率"(current ratio)最好大于1,而且愈大愈好。然而,我们必须考虑企业的时机状况和其他数字。一般来说,如果企业的现金收入速度快,流动比率的数字可以比较小,企业特性是我们必须考量的重点,像是何时以现金支付薪资、提供服务后何时可以收取现金以及企业的规模大小,大企业通常能得到较佳的收付款条件。

超级市场是一个收取现金非常快的产业。产品购入后很快的会以现金售出,供应商通常会在商品出售后才会收到货款。另一个相反的例子是地产,他们在早期购入建筑材料,等到顾客付款通常已经是几个月甚至几年之后。财务资料也许可以解释企业现金流量的情况。

"酸性测试比率"与其用来评估企业资金的流动性,其实更适合用来评估偿债能力,因其排除了流动性最低的存货。当企业对其产品的销售能力有疑问时,酸性测试比率会是一个特别重要的指标。

石油公司是一个极端的例子,石

油的立即可售性，使其变现性几乎和现金不分上下。许多矿藏也有相同特性，像黄金的变现性和现金一样（可能更好）。

绩优企业的十大特征

1. 在年度财务报告的前两页就可以看到公司强调的财务数据。

2. 在年度财务报告上，不仅强调销货收入，也强调融资状况。

3. 股价低于每股净资产的三分之二。

4. 公司负债小于公司市值的二分之一。

5. 100除以公司的本益比，至少要比银行现行基本利率多出三个百分点。

6. 流动资产比率至少为2.0（大型零售商可为1.0）。

7. 过去五年的总报酬率至少要比通货膨胀率高出五个百分点。

8. 每股盈余以高于股票市场平均值的稳定成长。

9. 股利倍数比率至少为3.0。

10. 有一个弹性的股利政策。

所得税

 公司付了多少所得税?

所得税的金额会单独列在损益表的下方。

企业将许多支出列于损益表上的减项，但是这些支出在报税时不被视为可扣抵项目，必须再加回至净利，增加课税所得的金额。包括：

· 企业主的个人花费（不包括花费在员工的支出）；

· 一般的保留和准备（reserve and provision），例如坏账准备；

· 交际费；

· 罚款；

· 员工交通津贴；

· 营业外损失；

· 保险理赔；

· 不被正常会计准则认可的或有负债（contingent liabilities）；

如果实际所得税大于法定税率乘上税前净利，则表示：

· 公司有许多非扣抵项目；

· 公司并未汰换许多固定资产。

或者两者皆是。前者我们可以从费用项目中得到数字。实务上，上述十项非扣抵项目的金额都不至于大到影响损益表上的结果。汰换固定资产的多寡才是影响损益表数目的重要因素，我们可以轻易地从资产负债表找到所需资料。

如果实际所得税小于法定税率乘上税前净利，表示：

· 公司持续投资在固定资产上。

有许多其他的理由会造成所得税的不同。我国对新兴产业和高科技产业的税率较少。

股市廖聊吧

这家公司赚钱吗?

对象——以基本面选股之投资人。

重点——就算销售持续成长，成本也在控制中，但是这个产业是否竞争过于激烈，导致没有人能赚到钱?

利润率

 何谓毛利率和净利率?

公式:

$$毛利率 = \frac{销货毛利}{销货收入}$$

$$净利率 = \frac{净利}{销货收入}$$

这两个公式是最基本的损益分析。到目前为止，对于投资人来说，净利率是两者中比较重要的资讯，因为股利的分配即来自于净利。如果企业把庞大的销货收入浪费在不加节制的经常性费用上，它就不是一个好的投资标的。

传统上，损益表可以简化如下:

营业额: 销货收入

减: 销货收入
销货成本

减: 费用
净利

假设有一家商店，收银机收据的数字代表销货收入，商品成本（即所谓的"销货成本"）是付给批发商的进货成本，营运费用就是商店的经常性费用，象电费、广告费、人事费、水费、所得税、清洁费，和收银机收据等。

如果是一家制造业，销货成本是制造产品的原料和劳务成本，再加上某个比例的经常性费用。

对于某些产业来说，特别是服务业，例如银行很难区分成本和费用，通常将其合并为一个数字，然后算出营业净利。

本章所要分析的两个比率只是简单的以销货毛利或净利除以销货收入。如果公司赚钱，数字会大于1.0;或者两者都在1.0以上。

利润率是检验企业体质是否良好的最简单指标。但是光从数字本身无法告诉你很多事情，利润率高并不一定代表是好事，也许只是公司的产品价格过高，可能会在新的竞争冲击下败下阵来。利润率是非常有意义的比较性指标，不论是和同业比较，还是公司本身不同年度的比较。

 如何对以前年度数字做比较?

行业特性对利润率的影响相当大。百货商店的销货收入通常很高，所以利润率很低。服务业的利润率很高（尤其是毛利率），因为它们的成本通常不大。

利润率的上升，通常是下列三个因素之一或一个以上的结果：

1.销货收入的增加；
2.商品价格的提高；
3.成本的降低。

在公司经营稳定的情况下，这三个因素对投资人来说都是好消息。例如，商品价格的提高不会造成销货收入的减少。

一个上升的利润率不会告诉你是哪一个因素造成的，其实投资人也不会在乎。就某种程度来说，任何利润率增加，这三个因素多多少少都会牵扯进来。如果商品价格提高，但是造成销货收入的下降；或者商品价格提高，成本也跟着水涨船高的话，利润率是不会上升的。

一个体质良好的企业，它的利润率通常保持平稳或是每年以些微的程度增加。利润率的逐渐下降通常是问题出现的前兆，就算只是缓慢的下降，也显示公司有了问题，有可能是公司无法控制它的成本。

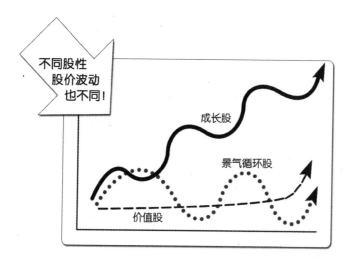

公司拥有多少现金?

对象——以基本面选股之投资人。

重点——这不是那种虽然赚钱但因周转不灵而破产的公司，对吧?

现金的流入和流出

拥有大笔现金是好是坏?

拥有大笔现金是好是坏要看情形。持有大量现金可避免公司受破产的威胁，有能力追求公司想要的目标。然而，若未有效运用，现金只会产生少量的利息收入，通常低于一家经营成功的企业获利。以股票报酬的历史基准12%为例，假设公司的获利率为优于平均值的16%，现金持有为净资产1000万英镑的一半，利率为4%，公司总获利为:

单位：百万（人民币）

金额	获利率	利润
现金：500	4%	20
其他资产：500	16%	80
总资产：1000	10%	100

你会发现，现金太多是会拖累公司营运绩效的成果。因此你必须自行判断要牺牲多少营运绩效，以取得公司得以继续经营的保障。

当现金流入的方式不值得鼓励时，即使持有大笔现金也将难以取悦投资人。

公司的现金是流入还是流出?

公司的现金是流入还是流出? 这就要让现金流量表来回答你。

财务报表主要为资产负债表和损益表。现金流量表是一个附加报表，它将资产负债表和损益表的资讯以不同形式呈现出来。

任何企业主要目的就是产生现金，它是答谢股东和提供企业成长所需资金的来源，同时也是确保账单支付和避免破产的保证。

供应商的付款条件

 公司的赊账期限为多久?

公式:

$$应付账款付款日数 = \frac{应付账款 \times 365}{销货成本}$$

应付账款付款日数(creditor period)告诉我们企业付款的平均天数,你不需要计算这个数字,因为现在规定企业要在财务报表上说明付款政策和应付账款付款日数。

通常付款政策只会是一段不痛不痒的陈述,例如"本公司会在双方约定的合约条款期限内支付所有无疑义的应付账款"。因此,公司可以对供应商施以压力,迫其接受令人不快的条款(超级市场在这方面可谓恶名昭彰),或者任意质疑任何货款"有疑义"。

就像大部分的比率一样,应付账款付款日数需要参考企业背景以及其他比率,才能得到真正的理解。许多企业例如地产业,接受较长的付款日数。

当分析应付账款付款日数时,应收账款收款日数也必须同时考虑。

F10里观察的细节

我们现在提到的所有研究都是对于一家公司的分析,但在实际分析过程中必然要对同行业进行各项对比,从里面发觉最好的公司。

股市廖聊吧

向客户收款的条件

 公司的收账期限为多久?

公式:

$$应收帐款首款日数 = \frac{应收账款 \times 365}{销货收入}$$

应收账款收款日数（debtor period）是指公司向客户收款的平均天数，某些产业如银行和超级市场的客户，一般来说都是立刻付款。

对于所有企业来说，想要真正了解应收账款收款日数的内涵，必须考虑企业特性，最好的比较对象就是同业的相关数据。

 应收账款收款日数是增加或是减少?

在正常的情况下，投资人会希望应收账款收款日数能够维持稳定。所以，如果任何变动，譬如说增加五天，也会是一个值得注意的重大事项。

应收账款收款日数的不同可能来自于公司政策的改变，公司也许决定注销某些过期的应收账款，或者改变应收账款和销货收入的定义。你必须在财务报表上寻找企业在这方面变更的说明。

应收账款收款日数的增加可能

表示公司信用控制的松散尤其当这个数字远大于同业的数字时。同时暗示公司管理部门的失职，也会导致未来的财务危机。应收账款过期会增加倒账的机会，如果应收账款的收款情形没有信用控制的规范，应收账款收款日数会不成比例地增加。

应收账款收款日数的减少，表示公司的控管有效，例如实施较严格的交易条件。

 应收账款收款日数有何重要性?

应收账款收款日数对所有企业来说是一个重要的数据，因为任何企业都是所谓的买卖业。然而，对于某些特殊行业来说，其重要性大为减少，包括:

· 产品价值的产生大部分来自于公司内部;

· 长期合约的签订;

· 公司业务大部分来自于政府机构;

· 零售业。

 应收账款除以销货收入代表的意义为何?

这个比率表示，在年底应收账

款占当年度销货收入的百分比。

如果将这个比率乘上365，你会得到应收账款收款日数。有关应收

账款收款日数的结论同样也适用在应收账款除以销货收入的比率上。

艰困企业的十大特征

1. 很难在年度财务报告上找到公司财务资料，就算找到了也不易了解。

2. 年度财务报告上提到息税折旧摊销前净利。

3. 在董事长或执行长报告书中提到"困境"、"经济衰退"或"挑战"等字眼。

4. 董事长或执行长表示他对公司将克服这些挑战有信心。

5. 连续两年都有重整成本的特殊项目。

6. 财务杠杆倍数超过200%。

7. 账户辅助的"继续经营原则"项目，有长篇大论的解释。

8. 特殊项目的金额庞大。

9. 管理层经常减持自家股票。

10. 高管人员经常出现人事变动。

股市**廖**聊吧

资产是否支持公司市值?

对象——重视"安全边际"的价值投资人。

重点——如果公司明天进行清算,它有多少可以立即变现的资产?

流动资产

如何判断存货价值是否正确评估?

在大多数的例子里,你无法也不需要知道存货价值是否经过正确的评估。

存货评估只有在特殊情况下才会成为课题,我们会在下一个问题的解答中加以说明。

何为存货周转率?

公式:

$$存货周转率 = \frac{销货收入}{存货}$$

存货周转率(stock turn)指出存货出清的次数。实际上,它也是销货毛利的估计,因为销货收入的数字包括销货毛利,但是存货数字没有。这项数字不适合用于服务业。

一般来说,存货周转率愈高愈好,表示公司存货进出有效率,可以求得收益的最大化,并且显示公司有良好的经营管理能力。

有时候我们会以"存货周转日数"(stock days)来分析存货的进出情形,它是以365日除以存货周转率,表示存货出售前(及制造完成后)待在仓库的日数。存货周转日数愈小愈好。

就像绝大多数的比率一样,存货周转率要和同业的数字做比较,才会发挥它的意义。

存货周转率对于制造业或者只是买卖业,例如零售业来说是很有用的指标。

不像几乎所有资产负债表和损益表上的其他数字,存货的数字不是从会计记录中计算得来的。存货必须实际清点仓库内各项存货的数量,然后再评估它们的价值。如果企业能想办法将存货的价值增加100万,则年度净利和公司价值都会等量增加100万。基于这个理由,审计人员对于存货的盘点和评价必须严格地加以监督。企业舞弊普遍发生在存货的控制。

众所周知，企业经常无所不用其极地将存货数字灌水。一家私人公司想要让他的审计人员相信公司拥有大量的沙拉油，审计人员坚持要看到沙拉油，然后测量桶子的容量、确定桶子有装满，甚至尝过确认它是沙拉油。对所有程序满意后，审计人员为存货数字背书。只不过后来发现沙拉油被灌水。

制造业的存货数字包括在制品（work-in-progress），有时候制造业者会利用在制品的慷慨股价来膨胀存货价值。任何企业都可能借着膨胀存货来虚增净利和公司整体价值，企业会将应该淘汰的存货仍然计入存货数量内，而且将存货价值高估。

存货周转率会透露出企业的不实评价。如果企业膨胀它的存货价值，会因为低存货周转率带来负面的影响。如果企业的存货周转率远低于产业平均数字，有可能是企业舞弊的征兆。

存货周转率非常适合在相同的零售业者间做比较。食品零售业有较低的存货周转率，而房地产业的存货周转率较高。

对企业来说，了解存货周转率每年变化的原因更为重要。维持稳定或者只是稍微下跌的存货周转率，是企业体质良好和管理完善的指标。

什么是烧钱速度？

公式：

$$烧钱速度 = \frac{现金}{每月营业费用}$$

烧钱速度（burn rate）只适用于还没有开始赚钱的新公司。对于新公司来说，有许多比率无法计算，例如本益比和股利殖利率，烧钱速度是一个有用的替代品。

大家都应该知道，新成立的公司有非常大的风险。如果你不喜欢冒险，那一开始你就不应该考虑投资这类公司，也就不需要知道什么是烧钱速度。

蓄势待发的公司会有一些开办费支出，通常来自于投入资本，包括发行股票和融资。投入资本必须能够维持到公司开始赚钱，可以自给自足。

烧钱速度是指在公司开始自给自足之前，以目前的规模能够维持多少个月。

在计算烧钱速度时，使用正确的数字是非常重要的。现金是指公司能够立即运用的资金，包括可以马上出售的股票，但是不包括其他公司的股票投资。

每月营业费用是指现金流出的项目。实务上，就是列于营业毛利和净利之间的营业费用总和。其中的折旧费用和商誉摊提是会计调整科目，没有任何现金的流出，所以可以自营业费用中扣除。这两项费用属于过去消费的一部分，然而这项支出会将费用递延到未来。

董事报告必须对于烧钱速度提出看法，没有一个董事会希望他们的资金在公司赚钱之前消耗殆尽。然而，董事们对烧钱速度抱持过度乐观的看法并非秘密。所以，一些健康的自我催眠是必要的。

企业草创时期分为两个阶段。第一个阶段是企业没有任何收入的时期；第二个阶段是企业开始有收入可是还不够应付全部开支。

在正常的情况下，你会期望在能够自给自足之前，公司的收入会持续增加。一旦公司顺利度过第一阶段，三十六个月的烧钱速度可能表示公司实际上可以再维持四年，因为这四年的少量但持续增加的收入，可以应付最后一年的支出。所以，烧钱速度必须和企业是否有收入一起考量。

如果企业在能够自给自足之前，资金已经所剩无几，企业可以尝试向外募集更多资金，以维持公司正常营运。对于投资人来说。有两个理由会认为这是一个坏消息。首先，企业可能不会成功，和一开始就得到足够资金的公司相比，放款者会对一直需要融资的企业产生怀疑。第二个理由是，新的融资条件会对放款者比较有利，对现存投资人比较不利。

你必须特别留意烧钱速度的数字。和其他大部分的会计比率比较，如果比率指出企业表现不佳，只是表示你的投资没有你所期望的那么好。但是，如果烧钱速度太快，表示企业将会破产，你的投资会一毛不剩。

烧钱速度的资讯通常每六个月会公布一次。你必须仔细观察它的数字是否维持不变，或者稍微下降。如果烧钱速度忽然加快，可能表示你最好赶快抽身，就算会有极大的损失。损失一半的钱总比一块也拿不回来得好。

什么是现金流量？

有一个基本的会计原则是配合原则，也就是所谓的应计原则。配合原则是指收入和支出必须在收入已赚得和支出已发生时即认列。只有依照配合原则入账，会计期间的收益才能准确计算。

有一个很好的例子可以解释应计原则，就是固定资产的会计处理方式。假设公司买了一台价值1万元的车床，而且打算使用十年。每年的其他费用为4000元，收入为8000元。如果我们以现金基础记账，第一年会产生损失如下：

	单位：人民币
收入	8 000
成本	10 000
其他费用	4 000
净损	6 000

第二年到第十年的账户会显示如下：

	单位：人民币
收入	8 000
其他费用	4 000
净损	4 000

我们将会在第一年报告6 000元的损失，在第二年到第十年每年每报合4 000元的收益。

这样的报告很明显是荒谬的，因为每一年的情形并没有不同，有不一样的会计结果。所以在配合原则下，我们将车床视为固定资产，而且每年认列1 000元的费用，这个费用就是所谓的折旧费用。它代表固定资产的价值在使用年限内，因为老化和损耗逐渐消耗。

所以，若我们以应计基础记账，每一年的账户会显示如下：

	单位：人民币
收入	8 000
折旧费用	1 000

其他费用	4 000
净利	3 000

应计基础的记账方式，对于企业所赚的利润是比较正确的表达。我们必须了解这十年来的总收益是完全相同的。在应计基础下，每年有3000元的净利，所以十年的总收益为30000元。在现金基础下，除了第一年的"损失"6000元外，其余九年每年的4000元净利，合计为36000元，扣掉第一年的6000元，得到的结果也是十年来的总收益为30000元。。

重点是配合原则只会在特定的会计期间影响收益的报告，若以企业整个生命周期来看，应计基础和现金基础会有相同的总利润。每一年的利润差异就是所谓的暂时性差异。

然而，以应计基础计算的利润比以现金基础计算的利润正确，它不会告诉你现金的来源和走向，这是现金流量表的工作。

现金流量表忽略不牵涉现金流动的簿记调整，所以不会有折旧、商誉摊提、应计和预付账款、资本化利息和少数股权。除非现金有换手，否则现金流量表上不会有交易出现。现金流入和现金流出的差额是现金净流量，表示现金在一段时间内流入或流出企业的净额。

现金流量表对于投资人（或者任何人）的价值是非常有真异性的。例如从中国石化公司的现金流量表发现，大部分的现金流入会以股东股利流出，一年分配四次。所以，对于喜欢收入的投资人来说，稳定和成熟的中国石化公司是一个令人满意的金牛。但是，对于追求股价成长的投资人来说，这类公司就没有什么吸引力了。想要知道一家岌岌可危的公司是否能够渡过难关，现金流量表是一个很好的参考指标。

会定期淘汰旧换新固定资产的大型企业，现金净流量和净利的差额会抵消。

有些比率会利用到现金净流量的数字，像折现后现金流量（discounted cashflow）。除此之外，投资人不需要太过担心现金流量的数字。因为你之所以投资一家企业，在乎的是它的收益，那才是你年复一年需要观察的对象。

好股票买入的时机

好时机就在股票市场全体股价大跌的时候，这样的时机才是价值股投资的良机，在价值股投资中应该活用逆向思维的方法。

买进时机是在企业财务健康但企业业绩不佳且正当股价跌入低谷时买进，并耐心等待，而在这段等待期间，就算股票市场上其他的个股不断地上涨，价值股投资者也只能坚信企业改革必将来临而耐心等待。

是否有潜在的问题?

对象——所有投资人。

重点——企业也许看起来体质良好,是否有任何不利因素会影响这个看法?

负债水准

何为负债对成本和费用的比率?

公式:

$$负债比率 = \frac{负债}{成本和费用}$$

现在我们的重点将从寻找投资的理由转变为寻找不投资的理由。我们将努力寻找可能的问题所在,这不是意见简单的任务,而且就算找到问题也很难评估,然而总是有一些诀窍可用。最大的麻烦就是退休金。

首先从最简单的开始,我们来看看开支是否在控制中。负债的总额可以在资产负债表上找到,损益表则有成本和费用的资料,费用也许不会有单独的数字,但可从营业毛利和营业净利的差额看出来。

负债比率考虑所有的成本和费用,包括折旧费用和所有的负债,不光是营业负债。

根据经验,负债比率在0.2左右是相当不错的数字。当负债比率开始超过0.2时,企业可能发生问题。但是,数字的分析还是要参考企业的特殊状况和报告书的资料。

F10就相当于我们买产品的说明书。很多的企业为了把自己的股票推销出去,会做很多粉饰工作。但是对于我们投资人来讲,要从这些细节当中辨别出到底是否存在问题。

我的获利稳定吗?

对象——所有的投资人，尤其是那些重视获利的投资人。

重点——股利分配稳定吗?

股利收入的"价格"

何谓每股盈余?

公式:

$$每股盈余 = \frac{净利}{股票发行股数}$$

何谓本益比?

公式:

$$本益比 = \frac{股票价格}{每股盈余}$$

本益比（price/earinigs，P/E）是目前为止最常用来判断股票优劣的比率，计算方法是以股票市价除以每股盈余，分母本身即为一项比率，已经在前文中介绍了。对于上市公司的股票，财经报纸上会有股票价格的数字。只有当公司近来有盈余时才可以计算本益比。

股票价格通常为前一日股市结束前的交易价格，每股盈余通常以同一个会计年度内的盈余和平均股票发行数量来计算。

简单的说，本益比是指以目前的获利水准，股票要多少年才能回本。假设公司发行20亿股股票，当年度的盈余为40亿元，股票成交价格为6元，得到每股盈余为2元，本益比为3。

本益比最主要的好处在于它让不同公司的比较变得非常简单。它可以让不同规模、不同产业的企业做比较，甚至可以和整个市场做比较。

本益比是投资人与其企业未来表现优劣的最普通指标。

不论是以股利形式给付的立即报酬，还是可以提高股票未来价格的保留盈余，公司所有赚得的利润最终都是属于投资人的。假设投资人投资政府公债这类无风险性的投资商品，每年可以获得5%的利润。它们的本益比相当于20（1除以5%），任何公司的本益比超过20，可以预期他们的经营表现会比整体环境要佳；反过来说，任何公司的本益比低于20，可以预期他们的经营表现会比整体环境要差。

　　一般来说，本益比为30或是超过30，表示市场预期这家公司的表现会出奇的好。如果你对这家公司的信心超过市场的预期，那你可以投资这只股票。本益比为4或是低于4，表示市场预期这家公司的表现会非常的糟。你可以在股市找到一些本益比很低的股票，如果你相信这些股票的表现将比市场预期要好，而且小心谨慎地监督它的表现，可能会大有斩获。

　　要小心那些有高本益比的新公司。根据买价计算的本益比至少为25的公司表示，公司在往后五年内每年都必须将销售数字加倍，而且净利润率至少要有9%。

　　在股市大好的牛市，本益比会上升（当股价大部分都上涨时）；而在股市萧条的熊市，本益比则会下降（当股价大部分都下跌时）。

　　如果市场认为所有股票将在未来表现得一模一样，它们会有相同的本益比。所以本益比之间的差距，就是市场对于企业不同预期的最清楚指标。

　　本益比愈高，表示投资人认为这家公司的表现会愈好。不要忘记

本益比的本是指股价，股价的数字已经将公司和其未来展望的所有已知资讯纳入考虑。

　　投资人不得仅因为公司的高本益比就投资它的股票，你必须要考虑相较于整个大环境或是其他企业，这家公司的未来展望会是如何。如果你认为某些公司的本益比过低，无论它的实际数字是多高，都表示它是一项很好的投资。

 何谓股利殖利率?

公式：

$$股利殖利率 = \frac{每股股利}{股票价格}$$

　　股利殖利率（dividend yield），或是简称"殖利率"是每股股利占股票价格的百分比。所以假设公司发放每股股利0.25元股票交易价格是5元，股利殖利率则为5%。当然，只有在公司有发放股利时，才可以计算股利殖利率。你可以在财经报纸上找到上市公司的股利殖利率。

　　公式中的每股股利是指会计年度里所有发放的股利。大部分分公司每年发放两次股利。

　　股利殖利率公式中的股票价格和本益比公式里的股票价格一样，是前一日股市结束前的交易价格。

股利殖利率让股票股利能和其他投资工具的获利互相比较，例如国债、银行存款和信托债券等。所以股利殖利率为5%的股票可以和银行存款账户及其他投资工具相比较。但是，不要忘记股票股利只是股票投资两种获利方式的其中之一，另外一种是股票的资本利得，大部分其他的投资工具没有这种资本利得的获利方式。

殖利率是股票两种"获利"来源之一的单一评量数字，然而股利是比较确定的获利，因为它是已经拿到手的现金，而资金本利得却必须等到你将股票脱手的那天才会"实现"也许在你卖出股票时，资本利得已经不复存在。

股票和其他投资工具相比时占有优势，由于股票拥有资本利得和股利收入两种获利来源，因此股票的殖利率通常会较低于没有资本利得的其他投资工具，像银行存款账户。

非常高的殖利率，通常表示投资人认为股利将被裁减。如果你有理由相信股利将不会被裁减，那高殖利率的股票会是一个好的投资标的。

高殖利率通常也代表公司的成长缓慢，甚至成长停滞，虽然公司不至于陷入困境。较高的殖利率补偿了股利无法成长的缺憾。

完全认识

股票像人各有不同的特性，达人把市面上的股票以基础性格分成长股、循环股、价值股三类，其对应的交易手法也完全不一样。

	投资观点	投资人天生条件	投资标的	利润	风险	其他
成长股	产业构造变化	时代感感性的	人气产业竞争激烈	如果赚就非常多	非常大	何时买进
价值股	现在企业价值	丰富财报与会计的知识	回圈产业	比较少	比较少	要有忍耐力
景气循环股	景气判断	过去的经验	重、厚、长、大的产业	比较多	比较大	不景气买股的勇气

重要的会计比率和评估方法

比率项目	公式
酸性测试比率	（流动资产－存货）÷流动负债
烧钱速度	现金÷每月营业费用
应付账款付款日数	（应付账款×365）÷销货成本
流动比率	流动资产÷流动负债
应收账款收款日数	（应收账款×365）÷销货收入
稀释后每股盈余	净利÷（股票发行股数＋可能因为选择权和可转换公司债等而发行的股票股数）
折现后现金流量	每年现金流量总数
股利倍数比率	每股盈余÷每股股利
股利殖利率	每股股利÷股票价格
息税折旧摊销前净利	税前净利＋利息费用＋折旧费用＋摊销费用
企业价值	市场价值＋所有负债－所有现金
每股盈余	净利÷股票发行股数
财务杠杆倍数	（融资总额－现金）÷股东权益
财务杠杆倍数平衡点	税后净利÷资本总额
毛利率	销货毛利÷销货收入
销货毛利	销货收入－销货成本
利息保障倍数	（税前净利＋利息费用净额）÷利息费用净额
负债比率	负债÷成本和费用
市场价值	股票发行数量×股票价格
净资产	固定资产＋流动资产－负债
净利率	净利÷销货收入
净利	销货毛利－营运费用
本益比	股票价格÷每股盈余
本益比/成长率比值	本益比÷报酬成长率
溢价或折价	（市场资本化价值－净资产）÷净资产
股价净值比率	股票价格÷股东每股投入资金
资本报酬率	（息税前净利×100）÷净使用资本
存货周转率	销货收入÷存货
总报酬	股利殖利率＋资本利得
股价波动性	（最高股价－最低股价）÷2×目前股价

财务资料外的有用资讯

财务资料的更新

 财务资料揭露的都是历史资讯，没关系吗？

没关系。不然它还能揭露什么资讯？

财务资料可以告诉我们：

公司想要做的；

公司已经做的。

前者表明公司未来可能的景象；后者让你知道管理阶层如何达成它的目标。

 我能直接询问公司有关最新的资讯吗？

你可以直接询问公司最新的资讯，但是只限于某些特定事项。最好写信给公司秘书，只要你有明确的问题，不难得到详细的答案。股东也有权利在公司年会上提出问题。

 如果企业发表有关获利警讯的声明，其重要性为何？

企业发表有关获利警讯的声明是非常重大的事件，表示公司高层得知一些坏消息。

身为投资人，你帮不了什么忙，因为股价会在新闻公布的一瞬间马上反应。你所要考虑的只是当初持有这只股票的理由是否已经改变。然而无论好坏，市场通常都会反应过度。

 对于股票资讯，分析师是否拥有一般投资大众没有的特殊管道？

是的。股市大户甚至可以和公司董事私下会面。

股票分析师和基金管理人的研究结果可以当作二手资讯，包括：

董事交易；

基金经理人交易；

股票价格的走势。

如果基金经理人开始买进某档股票，可能表示他们经由特殊管道或者经由研究分析，得知市场上还未察觉到的消息。

股票价格的走势本身就是一个二手资讯的来源。从股票价格的走势可以看出投资大众对于股票的整体看法，所以目前有许多的图表和类似的指标提供这方面的资讯。

开盘八法

股价六大基本盘态

股价所谓的六大基本盘态是指：强轧空、轧空、盘坚、盘跌、追杀、强追杀。

强轧空

当股价创新高时，因为惯性作用，隔日会出现空头抵抗，当空头完全没有抵抗的情形，且股价一路不回头并持续出现连续上涨的走势，我们称为该回不回，该回不回就是强轧空。

轧空

当股价创新高时，出现空头抵抗但是抵抗失败，且股价不回头，或是压回不破轧空低点，并持续出现上涨的走势。

盘坚

当股价创新高，出现空头抵抗而且抵抗成功，股价压回没有跌破关键支撑点或此波低点，当股价获得支撑之后仍有创新高的走势。

盘跌

当股价创新低时，出现多头抵抗而且抵抗成功，股价反弹没有突破关键压力点或此波高点，当股价受制于压力之后仍有创新低的走势。

追杀

当股价创新低时，出现多头抵抗但是抵抗失败，且股价不反弹，或是反弹不过杀多高点，并持续出现下跌的走势。

强追杀

当股价创新低时，因为惯性作用，隔日会出现多头抵抗，当多头完全没有抵抗的情形，且股价一路不反弹，并且持续出现连续下跌走势，我们称为该弹不弹，该弹不弹就是强追杀。

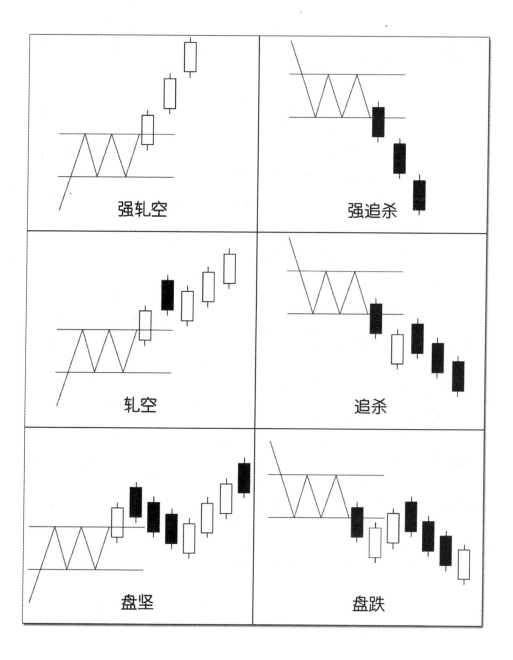

强轧空

强追杀

轧空

追杀

盘坚

盘跌

开盘八法总纲

1. 涨、涨、涨，暗示本日为多头中的强轧空行情。

2. 涨、涨、跌，暗示本日为多头中的轧空行情。

3. 涨、跌、涨，暗示本日为多头中的盘坚行情。

4. 涨、跌、跌，暗示本日为多头中的盘跌行情。

5. 跌、涨、涨，暗示本日为空头中的盘坚行情。

6. 跌、涨、跌，暗示本日为空头中的盘跌行情。

7. 跌、跌、涨，暗示本日为空头中的追杀行情。

8. 跌、跌、跌，暗示本日为空头中的强追杀行情。

涨跌涨的一高盘之一

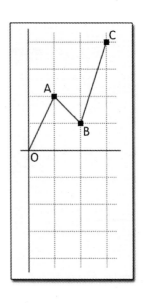

盘态模型： 第一盘涨幅较大，第二盘跌幅小，第三盘涨幅更大。

形态意义： 上涨的幅度变大代表上涨力道增强，因此代表的是能够持续上涨。

压力关卡： 无。

支撑关卡： 以8点为观察点。

关键观点： 若以盘差观点来看，C点宜大于A点7点以上，而B点的压回不宜跌破A这一段涨幅的1/2。只要后续没有跌破B点，就有机会形成"强一高盘"或是"强双星盘"。

涨跌涨的一高盘之二

盘态模型： 第一盘涨幅较大，第二盘跌幅有扩大的
情形，第三盘涨幅缩小且未过A点。

形态意义： 回档的幅度扩大代表上涨力道减缓，上
涨未过高代表反弹力道不足，所以这一
个盘态暗示尚在盘整过程。

压力关卡： 以A点为观察点，过高之后轧空或转成
强一高才能化解一律。

支撑关卡： 以B点为观察点，跌破多头不利，尤其
是跌破0点。

关键观点： 回档B点以跌回第一段的1/2以下为标
准，未转成强一高前多头暂无躁进。跌
破B点之后压力下移到C点，未过前多
头没有看好的机会。

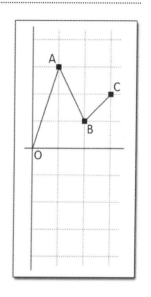

涨跌涨的一高盘之三

盘态模型： 第一盘涨幅较大，第二盘跌幅缩小，第
三盘涨幅较第一盘涨幅略小。

形态意义： 上涨的力道减缓，为多头力竭的现象，
有反转的疑虑。

压力关卡： 无。

支撑关卡： 以B点和0点为观察点。

关键观点： 如果C点大于A点7点以上，且从C压回
时不破B点则多头暂无危机，跌破B点必
须以"强一高盘"或是"强双星盘"化
解盘态的颓势。

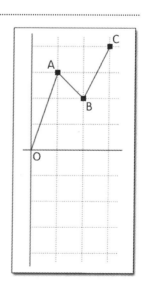

涨跌涨的一高盘之四

盘态模型：第一盘涨幅与第三盘的涨幅约略相等，虽然第二盘跌幅比第一盘小，但是接近第一盘的幅度。

形态意义：上涨的幅度相同代表上涨力道尚存，回档幅度过大代表卖出力道已经增加，属于调整待变。

压力关卡：无。

支撑关卡：以B点为观察点。

关键观点：如果C点大于A点7点以上，且从C压回时不破B点则多头暂无危机，跌破B点必须以"强一高盘"或是"强双星盘"化解盘态的颓势。如果是"弱一高盘"或是"弱双星盘"则注意转折，出货盘多做此种类型。

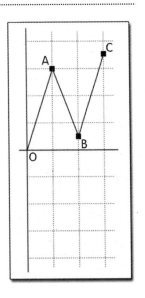

涨跌涨的一高盘之五

盘态模型：第一盘涨幅不大，第二盘跌幅扩大，第三盘涨幅与第一盘接近。

形态意义：上涨与反弹的力道不足，下跌的力道增加，因此代表的是下跌走势。

压力关卡：以A点为观察点。

支撑关卡：以B点为观察点。

关键观点：这种盘势不看"强一高盘"或是"强双星盘"，在当下反弹未过A点时，没有看好多头的理由，最怕再形成趋势杀盘。

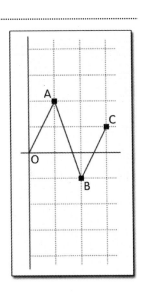

涨跌涨的一高盘之六

盘态模型：第一盘涨幅不大，第二盘跌幅扩大，第
三盘反弹涨幅更大。

形态意义：上涨的力道不足，下跌的力道增加，而
反弹的力道更强，暗示多头企图心强
烈，因此代表的是有机会持续向上挑战
压力。

压力关卡：无。

支撑关卡：以B点为观察点。

关键观点：因为短线多头已经表态，所以B点已经
不可以再跌破，跌破之后将对多方相当
不利。这种盘势不看"强一高盘"或是
"强双星盘"。

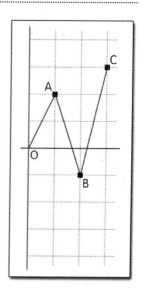

涨跌涨的一高盘之七

盘态模式：第一盘涨幅不大，第二盘跌幅扩大，第
三盘反弹幅度较第一盘缩小。

形态意义：上涨的力道不足，下跌的力道增加，而
反弹的力道更弱，暗示为一高转折盘，
是属于反转盘态或下跌盘态，将向下测
试支撑。

压力关卡：以0点和A点为观察点。

支撑关卡：以B点为观察点。

关键观点：未过0点多头没有机会，未过A点不必看
好，除非后续的走势出现趋势攻击。

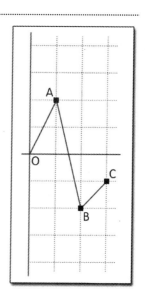

股市廖聊吧

涨跌跌的一高盘之一

盘态模型： 第一盘涨幅相对较大，第二盘回档，第三盘的跌幅较第二盘缩小。

形态意义： 上涨的力道够强，下跌的力道减缓，为多头承接盘，仍有力道向上续创新高。

压力关卡： 以A点为观察点，压力并不重。

支撑关卡： 以0点为观察点。

关键观点： 当C的回档没有跌破第一段幅度的1/2时最佳，而突破A点时观察是否出现攻击盘，最好能够形成"强一高盘"或是"强双星盘"。

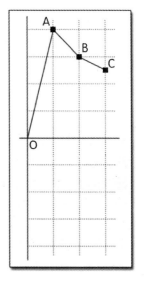

涨跌跌的一高盘之二

盘态模型： 第一盘涨幅相对较大，第二盘回档，第三盘的跌幅较第二盘增加。

形态意义： 上涨一段之后出现下跌，且下跌的幅度增强，为转折盘态，暗示多头力尽。

压力关卡： 以A点为观察点，压力相当重。

支撑关卡： 以0点为观察点。

关键观点： 这种盘态以C的回档是否跌破第一段幅度的1/2以下，而突破A点时观察是否出现攻击盘，最好能够形成"强一高盘"或是"强双星盘"。

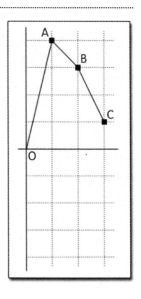

涨跌跌的一高盘之三

盘态模型：第一盘涨幅相对不大，第二盘回档幅度
　　　　　超过第一盘，第三盘的跌幅与第二盘相
　　　　　当。

形态意义：上涨一段之后出现下跌，且下跌的幅度
　　　　　增强，为转折盘态，暗示多头力尽。

压力关卡：以0点和A点为观察点，A点的压力相当
　　　　　重。

支撑关卡：无。

关键观点：这种盘态对多头相当不利，在时空背景
　　　　　不佳的情况下，反弹到0点就相当艰
　　　　　难，若不立刻反弹突破A点，就没有看
　　　　　好多头的理由。此盘态不看"强一高
　　　　　盘"或是"强双星盘"。

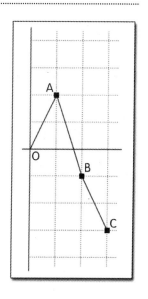

涨涨跌的二高盘之一

盘态模型：第一盘涨幅与第二盘相当，第三盘回档
　　　　　幅度相对较小。

形态意义：连续上涨两盘为多头表态，回档幅度不
　　　　　大，代表空头气势较弱，所以盘势属于
　　　　　多方有利，股价将持续向上挑战。

压力关卡：以B点为观察点。

支撑关卡：以A点和0点为观察点。

关键观点：此盘态有机会形成"强双星盘"。第一
　　　　　段上涨和第二段上涨的比较以增加为
　　　　　宜，C点不破A点最强。正常情况是防
　　　　　守到上涨新阶段的1/2。

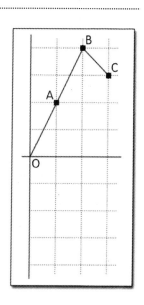

股市**廖聊吧**

涨涨跌的二高盘之二

盘态模型： 第二盘涨幅较第一盘缩小，第三盘回档幅度较低位盘或第一盘都要大。

形态意义： 连续上涨两盘但涨幅缩小，暗示多头力道渐弱，回档幅度增大为空方表态，因此为多有弱势盘。

压力关卡： 以B点为观察点。

支撑关卡： 以0点为观察点。

关键观点： 通常C点会跌破上涨争端的1/2一下。此盘太宜转成"强双星盘"或多有趋势攻击化解多头颓势，并在后续不破关键点。

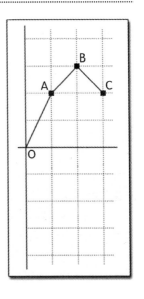

涨涨跌的二高盘之三

盘态模型： 第一盘涨幅与第二盘涨幅不大，第三盘的跌幅扩大并将整段涨幅吃掉。

形态意义： 连涨两盘之后被一盘跌幅吃掉，代表空头的力道渐渐增加，暗示空头获胜。

压力关卡： 以0点和B点为观察点，B点的压力相当重。

支撑关卡： 无。

关键观点： 这种盘态对多头相当不利，在时空背景不佳的情况下，反弹到0点就相当艰难，若不立刻反弹突破A点，就没有看好多头的理由。此盘态不像"强双星盘"。

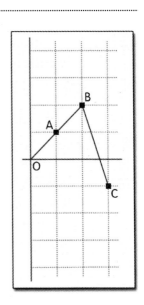

涨涨涨的三高盘之一

盘态模型： 第一盘涨幅较大，第二盘的涨幅与第
三盘的涨幅递减。

形态意义： 上涨的幅度越来越小，代表多头的力
道渐渐消失，不小心就会让空头乘虚
而入。

压力关卡： 无。

支撑关卡： 以A点和0点为观察点。

关键观点： 只要回档不破A点都算是一个强势盘
态，万一压回幅度超过整段涨幅的
1/2，就必须以"强双星盘"或多头趋
势攻击来化解。

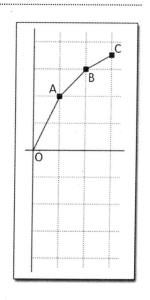

涨涨涨的三高盘之二

盘态模型： 第一盘涨幅相对较小，后续涨幅递增。

形态意义： 连续三盘且涨幅递增为多头力道渐增，
属于多方攻击盘。

压力关卡： 无。

支撑关卡： 以B点为观察点。

关键观点： 这种盘态对多头相当有利，只要回档
没有跌破B点和整段涨幅的1/2以下都
属多头强势，盘势仍会继续上涨。当
出现"强双星盘"时为另一个关键的
开始，只要没有破坏趋势，这是一个
对多头有利的盘态。

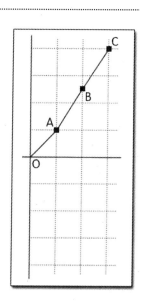

涨涨涨的三高盘之三

盘态模型： 第二盘涨幅较第一盘涨幅小，第三盘的涨幅扩大并为三盘最大。

形态意义： 涨势略微停滞之后再出现攻击，仍属于多头表态盘，多头仍会持续向上挑战。

压力关卡： 无。

支撑关卡： 以A点和B点形成的支撑带为观察点。

关键观点： 这种盘态对多头相当有利，只要回档没有跌破A点和B点形成的支撑带都属强势，盘势仍会继续上涨，当出现"强双星盘"时为另一个关键的开始，只要没有破坏趋势，这是一个对多头有利的盘态。

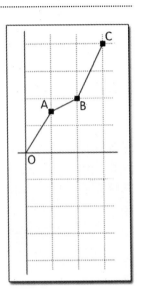

跌涨跌的一低盘之一

盘态模型： 第一盘跌幅较大，第二盘涨幅较小，第三盘跌幅更大。

形态意义： 下跌的幅度变大代表下跌力道增强，因此代表的是会持续下跌。

压力关卡： 以B点和0点为观察点。

支撑关卡： 无。

关键观点： 若以盘差观点来看，C点宜小于A点7点以上，而B点的反弹若没有超过A这一段跌幅的1/2，则下跌的幅度与力道将会较重，从C点反弹未过B点时不必看好多头。

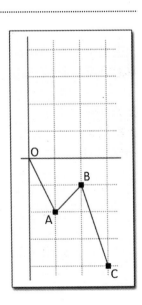

跌涨跌的一低盘之二

盘态模型： 第一盘跌幅较大，第二盘反弹有扩大
的情形，第三盘跌幅缩小且未破A点。

形态意义： 反弹的幅度扩大代表下跌力道减缓，
下跌未创低代表下跌力道不足，所以
这一个盘态暗示尚在盘整过程。

压力关卡： 以B点和0点为观察点，过高之后形成
轧空才能化解多头疑虑。

支撑关卡： 以A点为观察点，跌破多头不利。

关键观点： 反弹B点以弹至第一段的1/2以上为标
准，未过平盘前多头暂勿躁进。突破
B点之后支撑上移到C短波，未破前仍
在调整过程当中。

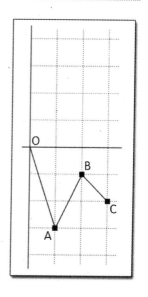

跌涨跌的一低盘之三

盘态模型： 第一盘跌幅较大，第二盘涨幅缩小，第
三盘跌幅较第一盘跌幅略小。

形态意义： 下跌的力道减缓，为空头力竭的现象，
有反转的疑虑。

压力关卡： 以B点和0点为观察点。

支撑关卡： 无。

关键观点： 如果C点与A点的差距越小越好，此时
若能够反弹突破B点则多头就有机会，
未过B点以前暂勿看好多头。

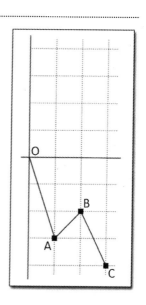

跌涨跌的一低盘之四

盘态模型： 第一盘跌幅与第三盘的跌幅约略相等，
虽然第二盘涨幅比第一盘小，但是接近
第一盘的幅度。

形态意义： 下跌的幅度相同代表下跌力道尚存，反
弹幅度过大代表买进力道已经增加，属
于调整待变。

压力关卡： 以B点为观察点。

支撑关卡： 无。

关键观点： B点越接近平盘越好，如果C点与A点很
接近则更佳，这样对多头有利。但是
B点未突破前多头暂勿看好，后续盘势
如果跌幅持续扩大则对空头有利。压低
进货盘多做此种类型。

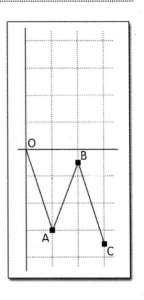

跌涨跌的一低盘之五

盘态模型： 第一盘跌幅不大，第二盘涨幅扩大，第
三盘跌幅与第一盘接近。

形态意义： 下跌的力道不足，上涨的力道增加，因
此代表的是反弹走势。

压力关卡： 以B点为观察点。

支撑关卡： 以A点为观察点。

关键观点： 这种盘势只要不破A点，最好是在C点止
稳，则多头在突破B点时轧空就会上
涨。若不过B点却跌破A点，则会形成短
线套牢，此时未过平盘前，没有看好多
头的理由。

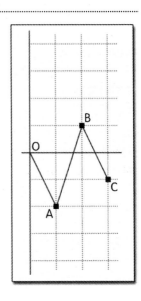

跌涨跌的一低盘之六

盘态模式：第一盘跌幅不大，第二盘涨幅扩大，第三盘跌幅更大。

形态意义：下跌的力道不足，反弹的力道增加，而再下跌的力道更强，暗示空头企图强烈，因此代表的是有机会持续向下测试支撑。

压力关卡：以O点和B点为观察点。

支撑关卡：无。

关键观点：因为短线空头已经表态，所以B点未突破 前多头不必看好，能够反弹到O点已经相当不易。

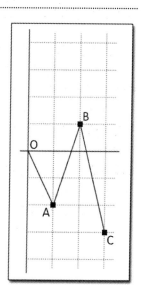

跌涨跌的一低盘之七

盘态模型：第一盘跌幅不大，第二盘涨幅扩大，第三盘跌幅较第一盘缩小。

形态意义：下跌的力道不足，上涨的力道增加，而再下跌的力道更弱，暗示为一低转折盘，是属于反转盘态或上涨盘态，将向上挑战压力。

压力关卡：以B点为观察点。

支撑关卡：以A点为观察点。

关键观点：未破O点前不必看坏多头，突破B点以轧空表态则注意压回的买进信号，除非后续再出现空头趋势攻击，不然此盘对多头有利。

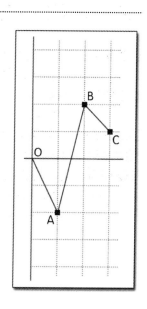

跌涨涨的一低盘之一

盘态模型：第一盘跌幅相对较大，第二盘反弹，第三盘的反弹幅度较第二盘缩小。

形态意义：下跌的力道够强，反弹的力道减缓，为空方有利，仍有力道向下持续探底。

压力关卡：以0点为观察点。

支撑关卡：以A点为观察点。

关键观点：当C的反弹没有突破第一段幅度的1/2时最弱，盘势随时会再下探新低，因此在跌破A点时不止跌，将会形成短线空头趋势杀盘。

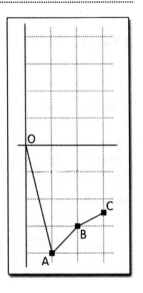

跌涨涨的一低盘之二

盘态模型：第一盘跌幅相对较大，第二盘反弹，第三盘的反弹幅度较第二盘增加。

形态意义：下跌一段之后出现反弹，而且反弹的幅度增加，为转折盘态，暗示空头力尽。

压力关卡：以0点为观察点。

支撑关卡：以A点为观察点，支撑相当强。

关键观点：这种盘态以C的反弹突破第一段幅度的1/2以上时最佳，且越接近平盘越好，当压回不破A点时，就有机会持续反弹。

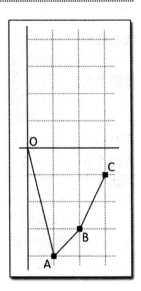

跌涨涨的一低盘之三

盘态模型： 第一盘跌幅相对不大，第二盘反弹幅
度超过第一盘，第三盘的反弹幅度与
第二盘相当。

形态意义： 下跌一段之后又出现反弹，而且反弹幅度
增强，为转折盘态，暗示空头力尽。

压力关卡： 无。

支撑关卡： 以0点和A点为观察点，A点的支撑相
当强。

关键观点： 这种盘态对空头相当不利，将有机会
成为一低承接盘，如果压回连B点都
没有跌破，就会形成短线轧空，未跌
破A点前，就没有看好空头的理由。

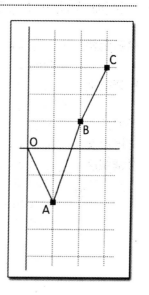

跌跌涨的二低盘之一

盘态模型： 第一盘跌幅与第二盘相当，第三盘反
弹幅度相对较小。

形态意义： 连续下跌两盘为空头表态，反弹幅度
不大代表多头气势较弱，所以盘势属
于空方有利，股价将持续向下探底。

压力关卡： 以A点和0点为观察点。

支撑关卡： 以B点为观察点。

关键观点： 此盘态属多头弱势，从C点反弹未过
A点最弱，弹不到下跌幅度整段的
1/2亦同。此盘仍须注意持续探底，尤
其是跌破B点时出现空头趋势追杀。

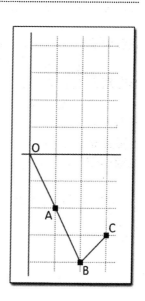

跌跌涨的二低盘之二

盘态模型： 第二盘跌幅较第一盘缩小，第三盘反弹幅度较第二盘或第一盘都要大。

形态意义： 连续下跌两盘但跌幅缩小暗示空头力道渐弱，反弹幅度增大为多方表态，因此为空头弱势盘。

压力关卡： 以0点为观察点。

支撑关卡： 以B点为观察点。

关键观点： 通常C点会反弹超过下跌整段的1/2以上。只要不跌破B点盘势能继续反弹，但是多头要变强仍需要再突破0点之后呈现多头趋势攻击。

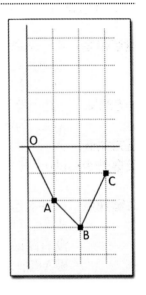

跌跌涨的二低盘之三

盘态模型： 第一盘跌幅与第二盘跌幅不大，第三盘的涨幅扩大并将整段跌幅吃掉。

形态意义： 连跌两盘之后被一盘涨幅吃掉，代表多头的力道渐渐增强，暗示多头胜出。

压力关卡： 无。

支撑关卡： 以0点和B点为观察点，B点的支撑相当强。

关键观点： 这种盘态对空头相当不利，连跌两盘可以拉高，代表多头强势，尤其是不跌破0点更强，如果在压回之后呈现轧空则更佳。没有跌破A点以前暂勿看坏多头。

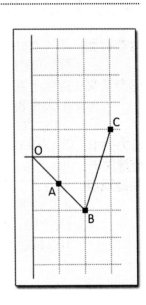

跌跌跌的三低盘之一

盘态模型： 第一盘跌幅较大，第二盘的跌幅与第三
盘的跌幅递减。

形态意义： 下跌的幅度越来越小，代表空头的力道
渐渐消失，不小心就会让多头乘虚而
入。

压力关卡： 以A点和0点为观察点。

支撑关卡： 无。

关键观点： 只要反弹没有超过A点或是整段跌幅的
1/2，多头仍属弱势，空头仍属有利。

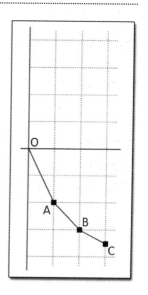

跌跌跌的三低盘之二

盘态模型： 第一盘跌幅相对较小，后续跌幅递增。

形态意义： 连续三盘且跌幅递增为空头力道渐增，
属于空方攻击盘。

压力关卡： 以B点为观察点。

支撑关卡： 无。

关键观点： 这种盘态对空头相当有利，只要反弹没
有突破B点和整段跌幅的1/2以上都属
于空头强势，盘势仍会继续下跌，这
是一个对空头有利的盘态。

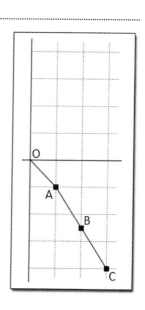

股市**廖**聊吧

跌跌跌的三低盘之三

盘态模型：第二盘跌幅较第一盘跌幅小，第三盘
的跌幅扩大并为三盘最大。

形态意义：跌势略微停滞之后再出现下跌，仍属
于空头表态盘，空头仍会持续向下测
试。

压力关卡：以A点和B点形成的压力带为观察点。

支撑关卡：无。

关键观点：这种盘态对空头相当有利，只要反弹
没有突破A点和B点形成的压力带都属
空头强势，盘势仍会继续下跌，这是
一个对空头有利的盘态。

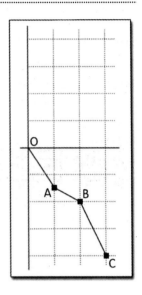

股民投资的十大败因

我在股市已经有十五年了，平时只是讲课，很少动笔写一些东西。

我总结了股民投资十大败因，把它送给读者。借一句苏格拉底的话——一个人能否成功，要视他有没有在失败中变得聪明。

舍不得眼前的利益

过去有个欧洲商人，他来到印第安人的部落做生意。某天，一个土人拿着个象牙来找他换东西，此时商人所剩的物品已经不多了。于是他和土人说："我只剩一个面包了，如果你不觉得吃亏，你现在就能把它换走。但如果你把象牙放我这，一个月后拿来兑换，我可以给你一大袋面粉。"土人犹豫了一会，把象牙放下，拿起桌上的面包转身走了。看完这个故事，我们都会笑土人太傻，舍不得眼前的利益，可我们股民又何尝不是如此。

赢了就跑，输了就抱

看到这一条不讲你也会明白，最近听一个股民讲，1997年买的四川长虹还套着那儿，给孙子留着，就不卖了。哎，真的很少听到谁1997年买了云南白药还没卖的。当然在中国可以长线投资的公司少之又少，投机者众多，真正投资的人太少了。

只有贪心，没有野心

我做股票时听到最多的一句话是"挣个菜钱就行，我不贪心"。其实这句话是贪心的最好表现。我把这种人比喻成苍蝇，一会儿叮叮这，一会儿叮叮那，最后死在苍蝇拍下。我们再看看鳄鱼，平时很少出动，大部分时间在等待，看见猎物一口咬住拖到水里。这就是野心。在股市中鳄鱼少，苍蝇多。

战国时候，楚王有一个爱将叫养由基，"百步穿杨"、"百发百中"成语都出自他。楚王跟养由基学射箭，一个月后为了看看自己学的水平如何，就下乡打猎。到了湖边看见湖上一群鸭子，正要开弓放箭，看见湖对岸有一只山羊又瞄向山羊。这时他身后草丛中一阵骚动，身后又有一只梅花鹿。当楚王正准备射向小鹿时，身边的侍卫大叫"大王，大王，树上有一只老鹰"。老鹰可是珍禽，楚王又抬头瞄老鹰。老鹰受了惊吓飞走了，回头再看梅花鹿，小鹿钻到草丛里没影了，再看湖对岸的山羊也不见了，最后再看到湖里的鸭子，早就游走了。

涨也怕，跌也怕

我们先来看看这个"怕"字，一个竖心，一个白，就是心里一片空白。其实无知才害怕，就像有人怕鬼一样。在股市中六七十岁的人较多，这些人和中国一起成长，经历过大跃进、节粮度荒、"文化大革命"、上山下乡、改革开放，下岗……反正全赶上了，这一代人经历过没有钱的日子，穷怕了，但由于历史原因没上过太多的学，或学历不高，股市又是一个集经济、政治、数学等学科于一身的战场。在战场上除了久经沙场的，谁不怕啊。想学些东西，书本上的和实战上有区别，看电视黑嘴太多，全是和你做生意的。总也找不到挣钱的方法，刚开始不怕，越做越害怕。这就是没取到股市的真经。唐僧还经历了九九八十一难，你还有多少时间，来经历这些磨难?

宁可信主力，不肯信自己

由于长时间的失败，对自己就没了信心，天天想问问看谁认识坐庄的，买点消息不劳而获。其实说不劳有些过，股民可以说是中国最关心国家大事的一群人，天天看这看那，股评从早看到半夜。总想从别人那里听到一些能开自己心里的那把锁的话，其实这么下工夫在以前早就成功了。但为什么不能有所收获呢? 就是看股评的时间太多了，静下来学习的时间太少了。

天天比画，却没规划

股民在股市中，一天不做都很难受，碰到周六日，手指敲不了电脑就不舒服，一天没买股票和卖股票就像未完成工作一样，而且买卖股票经常是随机而动，没有目标和一个长远的计划。在这里给你讲一个魔鬼终结者的故事，他就是阿诺德·施瓦辛格。出生在奥地利的他从小就立下人生三大志愿，第一是到美国发展，第二是要进入演艺圈，第三是娶肯尼迪家族的女孩为妻。后来我们看到他一一实现目标，最后还当上了美国加州的州长。你觉得他运气好吗？我觉得并不是，而是因为他有梦想，一步一步都在规划。没有梦想的未来岂能伟大。

光讲技术，不讲纪律

在股市中有很多人把技术运用得很熟，问什么都懂，但没有纪律约束。战国时期，赵国大将赵奢曾以少胜多，大败入侵的秦军，被赵惠文王提拔为上卿。他有一个儿子叫赵括，从小熟读兵书，张口爱谈军事，别人往往说不过他，因此很骄傲，自以为天下无敌。然而赵奢却很替他担忧，认为他不过是纸上谈兵，并且说："将来赵国不用他为将罢了，如果用他为将，他一定会使赵军遭受失败。"果然，公元前259年，秦军又来犯，赵军在长平（今山西高平县附近）坚持抗敌。那时赵奢已经去世。廉颇负责指挥全军，他年纪虽高，打仗仍然很有办法，使得秦军无法取胜。秦国知道拖下去于己不利，就施行了反间计，派人到赵国散布"秦军最害怕赵奢的儿子赵括将军"的话。赵王上当受骗，派赵括替代了廉颇。赵括自认为很会打仗，死搬兵书上的条文，到长平后完全改变了廉颇的作战方案，结果四十多万赵军尽被歼灭，他自己也被秦军箭射身亡。学富五车有朝一天也会翻车。

只求速度快，不愿多等待

一只股票三个月涨20%，你和很多股民去讲，我相信没有几个人去买。他们嫌慢。但这样的利润是把钱放在银行里六年的利息。我们看到在非洲草远上奔跑的豹子，他们猎食的风采让人羡慕，也希望自己可以像它那样，在股市中驰骋，但我要告诉你，你看到的豹子已经快要绝迹了。在股市中可不是谁挣钱快，谁就厉害。这可是一场比耐性的比赛，是要看谁活得久。就像猎人去打猎，带了十发子弹，如果东一枪西一枪，等到猎物真的出现了，子弹也打光了。

怨天尤人是输家的特质

　　股民赔钱总是想找到赔钱的原因，但决不是从自己身上找原因，一般是听股评听新闻，把自己的亏损赖到"政策，国外，经济，天灾……"从前有一对夫妻，家里的事，基本上都是女人干，这个男人不怎么干活。有一天这个女人要回娘家，临走的时候就和她男人说："今天我晚一点回来，你在家把门外的木头给劈一下，等我回来给你做饭"。男人说"好吧"，女人就走了。等到女人回来的时候，看到木头还在院子里放着，就很生气地问："你不是答应我劈木头吗？"男人说："我真的劈了，不知道为什么今天的木头特别硬，怎么也劈不动。"女人不相信，就说："你现在就劈一个让我看。"男人就拿起斧子使劲劈了下去，还真的没劈动。男人说："你看，没骗你吧。"女人拿过斧头说："你看看这个斧头，钝得像一个锤子，你就不能磨磨它。"讲到这，你就明白我在说什么了。在股市里很多人没有一个顺手的武器。

想致富却不知量力而为

　　有许多股民把自己所有的积蓄，几乎全放在股市，包括生活费、子女教育、养老的钱等等。无论赔钱赚钱，所有的情绪都和股市有很大的关系。在这里和你说一句：成功之路，一切随缘。

图书在版编目（CIP）数据

股市廖聊吧 /廖英强 编著. —上海：上海三联书店，2015.9重印
ISBN 978-7-5426-5076-4

I.①股… II.①廖… III.①股票投资－基本知识 IV.①F830.91

中国版本图书馆CIP数据核字（2015）第020726号

股市廖聊吧（修订版）

编　　著 / 廖英强
策　　划 / 朱美娜

责任编辑 / 陈启甸
封面设计 / 朱静蔚
版式设计 / 徐梦璐
监　　制 / 李　敏
责任校对 / 张思珍

出版发行 / 上海三联书店
　　　　　（201199）中国上海市闵行区都市路4855号2座10楼
网　　址 / www.sjpc1932.com
邮购电话 / 021-24175971
印　　刷 / 上海叶大印务发展有限公司

版　　次 / 2015年3月第1版
印　　次 / 2015年9月第5次印刷
开　　本 / 710×1000　1/16
字　　数 / 500 千字
印　　张 / 25
书　　号 / ISBN 978-7-5426-5076-4 / F・706
定　　价 / 100.00元

敬启读者，如发现本书有印装质量问题，请与印刷厂联系021-66019858